21世纪高职高专财经类专业核心课程教材

预算会计

Yusuan Kuaiji

（第五版）

吕兆海　周斌斌　主编

东北财经大学出版社　大连
Dongbei University of Finance & Economics Press

图书在版编目（CIP）数据

预算会计 / 吕兆海，周斌斌主编. —5版. —大连：东北财经大学出版社，2017.3（2019.4重印）
（21世纪高职高专财经类专业核心课程教材）
ISBN 978-7-5654-2694-0

Ⅰ. 预… Ⅱ. ①吕… ②周… Ⅲ. 预算会计-高等职业教育-教材 Ⅳ. F810.6

中国版本图书馆CIP数据核字（2017）第022033号

东北财经大学出版社出版
(大连市黑石礁尖山街217号 邮政编码 116025)
网 址：http：//www.dufep.cn
读者信箱：dufep@dufe.edu.cn
大连图腾彩色印刷有限公司印刷 东北财经大学出版社发行

幅面尺寸：185mm×260mm 字数：435千字 印张：18.75
2017年3月第5版 2019年4月第23次印刷
责任编辑：张晓鹏 张爱华 时 博 责任校对：曲焕凌
封面设计：张智波 版式设计：钟福建

定价：38.00元

教学支持 售后服务 联系电话：（0411）84710309

如有印装质量问题，请联系营销部：（0411）84710711

第五版前言

预算会计是现代会计体系中与企业会计相对应的另一分支，是以预算（政府预算和行政、事业单位预算）管理为中心，用于核算社会再生产过程分配领域的预算资金运动过程和结果的会计体系。本书依据财政部颁布的《财政总预算会计制度》、《行政单位会计制度》、《事业单位会计制度》和《事业单位会计准则》等编写。按照预算会计的构成体系，全书分四篇十四章。其中，第一篇介绍了预算会计的基本理论和基本核算方法，后三篇分别介绍了财政总预算会计、行政单位会计、事业单位会计的具体业务核算。

根据简明实用的原则，本书着重阐述预算会计的基本理论、核算要求及核算方法，对于会计学共性的内容，尽可能不再重复；对预算会计体系中核算内容和方法的共同点，如行政单位会计和事业单位会计核算内容的雷同之处，采取了详细讲一篇、另一篇简要补充的办法，以避免重复。

本书第一版于2004年9月出版，承蒙各位读者关爱，指出了在使用本书中发现的诸多不足和错误。为了提高教材质量，更好地满足读者的使用要求，责任编辑和作者及时沟通配合，虚心接受并采纳读者意见和建议，结合相关财经法规和会计制度、会计准则的变更内容，做了多次修订完善。2015年10月10日财政部公布了修订后的《财政总预算会计制度》，自2016年1月1日开始实施；自2016年5月1日起，中国全面实施营改增，营业税将逐步退出历史舞台，增值税制度将更加规范。本次修订主要根据最新修订的《财政总预算会计制度》的规定和营改增的变化，对相关内容做了修改和补充。

本书由预算会计专业教师和预算会计实际工作者合作完成，特点是理论简明，内容翔实，突出实用性和可操作性，主要适用于高等职业教育和高等专科教育财经类各专业教学，也可作为在职干部岗位培训教材及财经工作者的参考书。

本书由广州珠江职业技术学院吕兆海教授、广东农工商职业技术学院周斌斌老师修订并担任主编。各章编写分工为：第一、二章由吕兆海修订编写，第三、四章由罗俊伟修订编写，第五、六章由吕雪修订编写，第七、八章由黄玲蓉修订编写，第九、十、十一、十二章由周斌斌修订编写，第十三、十四章由陈坚修订编写。由于编者水平有限，书中难免存在疏漏甚至错误，恳请读者批评指正。

编　者

2017年1月

目　录

第一篇　绪　论

第二篇　财政总预算会计

第三篇 行政单位会计

第四篇 事业单位会计

第一篇　绪　论

第一章

预算会计的对象和任务

学习目标

通过本章的学习，要求理解预算会计的概念、特点、对象、任务等基本理论；掌握预算会计要素的含义及构成内容；了解预算会计体系，明确预算会计的任务，为继续学习以后各章内容奠定基础。

第一节 预算会计的概念和特点

一、预算会计的概念

会计作为反映和监督社会再生产过程资金运动的管理活动，按其适用范围和核算对象可分为两大类：企业会计和预算会计。

企业会计主要反映和监督社会再生产过程中处于生产、流通领域的各类企业经营资金的运动。企业会计体系主要包括工业、商业、交通、农业、金融、旅游、邮电、通信、房地产等企业会计。

预算会计主要核算和监督社会再生产过程中处于分配领域的国家预算资金的运动情况，包括中央与地方政府预算资金以及行政、事业单位业务资金的收支预算执行情况。预算会计体系主要包括财政总预算会计、行政单位会计和事业单位会计。

财政总预算会计以各级政府为会计主体，对各级政府的财政收支进行管理和核算。政府财政机关是各级政府负责组织国家财政收支、办理政府预算和决算的专职管理机关。其主要任务是将物质生产部门创造的一部分国民收入以税收、上缴利润和其他缴款等方式集中起来，形成由政府支配的财政资金，即政府预算收入；再根据国家的社会发展规划和国民经济发展计划，通过预算的形式有计划地进行分配，形成政府预算支出，用于满足国家的行政管理、国民经济建设、国防建设以及教、科、文、卫、体等各方面事业的发展需要。

行政单位会计以各级各类行政单位为会计主体，对本单位的预算收支进行管理和核算。行政单位是指管理国家事务、组织经济建设和文化建设、维护社会公共秩序的国家机关及其派出机构，包括国家立法机关、行政机关、审判机关和检察机关。行政单位的职责是完成国家所赋予的各项行政管理任务，为社会再生产创造良好的环境，提供有效的服务和安全保障。行政单位属于非物质生产部门，其运作不以营利为目的。行政单位的资金来源主要是国家预算拨款，并按国家预算开支、使用。因此，对行政单位来说，执行行政单位预算，按照预算取得和使用预算资金，使预算资金发挥应有的社会效益，是各行政单位组织财务管理和会计核算的基本任务。

事业单位会计以各类事业单位为会计主体，对事业单位的各项收支进行管理和核算。事业单位是指不具有物质产品生产和国家事务管理职能，主要以精神产品和各种劳动形式向社会提供生产性或生活性服务的单位，包括科学、教育、文艺、广播电视、信息服务、卫生、体育等科学文化事业单位；气象、水利、地震、环保等公益事业单位；孤儿院、养老院等社会福利救济事业单位。事业单位的资金来源除了从财政部门和上级主管部门按照核定的预算取得拨款外，还可以在国家规定的范围内组织创收，取得经营收入。事业单位所属的经济实体，其性质则属于企业，适用企业会计核算。

上述非物质生产部门虽然不直接创造物质财富，但对于整个社会再生产起着基础性、先行的作用，是整个国民经济不可缺少的组成部分。通过预算会计的核算，可以反映政府预算的集中、分配、使用和结果的全过程，反映政府预算执行的实际效果，为国家预算管理提供有用的信息。因此，预算会计的定义可以概括为：预算会计是以预算管理为中心的宏观管理信息系统和管理手段，是核算和监督中央与地方各级政府以及行政、事业单位收支预算执行情况的一种专业会计。另外，预算会计与企业会计一样都是以货币为主要计量单位，对会计主体的经济业务，采用专门的会计方法，进行连续、系统、完整的核算和监督。具体讲，它包括以下几个方面的含义：

（1）预算会计以预算管理为中心。预算会计作为会计学在政府财政总预算及行政、事业单位预算中的具体运用，其全部活动都围绕加强政府财政总预算及行政、事业单位预算的管理这一核心来进行，是以预算管理为中心的一门专业会计。

（2）预算会计的主体是各级政府及各类行政、事业单位。财政总预算会计的主体是各级政府；行政单位会计的主体是各类行政单位；事业单位会计的主体是各类事业单位。

（3）预算会计的客体或对象是财政性资金的运动、单位预算资金的运动以及有关经营收支的过程和结果。具体讲，财政总预算会计的核算对象主要是预算收入、预算支出和预算结余；行政单位会计的核算对象主要是行政单位预算资金的领拨、使用及其结果；事业单位会计的核算对象主要是事业单位预算资金及经营收支的过程和结果。

（4）预算会计与企业会计一样都是以货币为主要计量单位，采用专门的会计方法，对会计主体的经济业务进行连续、系统、完整的核算和监督的经济管理活动。预算会计与企业会计并列，构成了现代财务会计的两大分支。

二、预算会计的特点

由于各级政府和行政、事业单位的性质、任务、资金运动方式等方面与企业比较都显著不同，决定了预算会计与企业会计不仅核算对象、任务不同，而且核算的内容、方法也有很大差别。

企业会计是反映和监督社会再生产过程中生产、流通领域企业经营资金的运动及其结果。企业会计的主要特点是核算费用成本，计算经营盈亏，会计核算以经营盈亏核算为中心。

预算会计则是反映和监督社会再生产过程中分配领域里的政府预算资金的运作及其结果。各级政府及各类行政、事业等预算单位主要完成行政事业的业务工作，其业务目标在于谋求最广泛的社会效益。它们的资金来源除事业单位有数额不同的业务收入以外，大都直接或间接来自纳税人及其他出资者，在此条件下力求做到收支相抵。

与企业会计相比较，预算会计的特点主要表现为：

（1）适用范围不同。预算会计适用于各级政府财政部门、各类行政和事业单位，会计主体具有明显的非营利性，所以又称为非营利组织会计。而企业会计适用于以营利为目的的从事生产经营活动的各类企业。

（2）会计核算的基础不同。预算会计中，财政总预算会计和行政单位会计以收付实现制为会计核算基础，事业单位会计根据单位实际情况，分别采用收付实现制和权责发生制为会计核算基础。企业会计均以权责发生制为会计核算基础。

（3）会计要素构成不同。预算会计要素分为五大类，即资产、负债、净资产、收入和支出。企业会计要素分为六大类，即资产、负债、所有者权益、收入、费用和利润。即使是相同名称的会计要素，其内容在预算会计与企业会计上也存在较大差异。

（4）会计等式不同。预算会计的恒等式为：资产=负债+净资产，收入-支出=结余。企业会计的恒等式为：资产=负债+所有者权益，收入-费用=利润。由会计等式所决定的账户设置、试算平衡以及会计报表的编制等都有显著差别。

（5）会计核算内容及方法有其特殊性。在预算会计中，固定资产一般应与固定基金相对应，固定资产不计提折旧；对外投资一般与投资基金相对应；对专用基金实行专款专用方法；一般不实行成本核算，即使有成本核算，也是内部成本核算；一般没有损益的核算。这些均与企业会计有明显差异。

第二节 预算会计的对象和会计要素

一、预算会计的对象

会计对象是指会计核算和监督的内容，预算会计作为执行国家预算管理的组成部分，决定了预算会计的对象是核算和监督政府财政资金和行政、事业单位业务资金的收支活动及其结果。由于政府财政部门和各类行政、事业单位的业务活动和收支范围不尽相同，财政总预算会计、行政单位会计和事业单位会计的对象也就存在一定的差异。

各级政府财政部门为了履行职能，一方面要按照核定的预算，及时地组织预算收入，包括一般预算收入和基金预算收入；另一方面将集中起来的预算资金，通过预算拨款和经费使用的方式，有计划地分配出去，用于各项支出，形成总预算支出；总预算收入与总预算支出之间的差额，形成预算收支结余。同时，在执行总预算的过程中，由一级财政部门掌管的货币资金和债权形成一级财政的资产；因发行公债、与上下级财政及预算单位之间发生的应付款项形成一级财政的负债；各项结余和基金形成一级财政的净资产。因此，财政总预算会计的核算对象可以概括为：各级政府总预算执行过程中的预算收入、支出和结余，以及在资金运动过程中形成的资产、负债和净资产。

行政单位会计的主体是国家行政机关和接受国家预算拨款的人民团体，为了履行其职能，行政单位一方面从财政部门和上级单位领取行政经费，并在依法行政过程中收取其他收入；另一方面按照国家的有关规定和开支标准，安排人员经费、公用经费，并拨付下级经费，形成行政单位的各项支出。一定期间行政单位的收入和支出相抵后的余额，形成行政单位的结余。同时，行政单位在取得经费和使用经费过程中必然会有一些当期未用的货币资金和其他物资，为了保证行政单位公务活动的连续性，行政单位还必须拥有可供长期使用的房屋建筑物、机器设备等固定资产和其他资产；各项应缴和暂存款项形成行政单位的负债；固定基金和结余形成行政单位的净资产等。因此，行政单位会计的核算对象可以概括为：行政单位在行政单位预算执行过程中的收入、支出和结余，以及在资金运动过程中形成的资产、负债和净资产。

事业单位为了完成各项事业计划，可按照批准的预算向财政部门或上级主管单位领取经费，如财政补助收入、上级补助收入、事业收入等，同时在国家规定的范围内组织创收，取得经营收入，它们一同构成了事业单位的收入；事业单位资金的使用主要是按照预算规定的用途和事业计划的需要办理各项拨款与事业支出，以及为取得经营收入而发生的经营支出；收支相抵后形成事业单位的结余。此外，在执行事业单位预算和本单位实际发生的经济业务活动过程中的资金运动，也必然会形成事业单位的各种资产、负债和净资产。因此，事业单位会计的核算对象可以概括为：各类事业单位在事业单位预算执行过程中的各项收入、支出和结余，以及在资金运动过程中形成的资产、负债和净资产。

二、预算会计要素

会计要素也称会计报表要素，是指对会计对象的基本分类。会计要素是构成会计报表结构的基础。一般来说，会计对象是对会计核算和监督内容的总的概括，对会计对象进行归类，即形成会计要素；对会计要素再进行分类，即形成各个会计科目或账户。

受国家经济管理体制变更和预算会计制度改革的影响，我国对预算会计要素组成内容的划分曾有过多次变动。1951年将会计要素划分为收入、支出、资产、负债和资产负债共同类五大类；1952年取消了资产负债共同类，设立收入、支出、资产、负债四类会计要素；1965年，随着记账方法的改革，会计要素改为三大类，即资金来源、资金运用和资金结存，这种三大类会计要素的划分，一直沿用到1997年；从1998年1月1日开始实行的新预算会计制度，根据新的形势要求，借鉴企业会计改革的经验和国外的通用做法，重新确定了预算会计要素的类别和内容，将预算会计要素划分为五类，即资产、负债、净资产、收入和支出。各要素的具体内容由制度或准则加以确定。

（一）资产

资产是会计主体所占有或使用的能以货币计量的经济资源，包括各种财产、债权或其他权利。资产具有如下特征：

第一，资产必须是一种经济资源。作为经济资源的必备条件，资产能为预算单位开展业务及其他活动提供服务或带来经济利益。不具备经济资源属性的，不能确认为资产。

第二，资产必须能用货币来计量。资产必须能用货币加以计量，才能确认其价值，并据以登记入账。否则，不能用货币表现其价值的，即使符合经济资源的属性，也不能确认为资产。

第三，资产必须为预算单位所占有或使用。预算单位拥有占有权或使用权（不一定具有所有权）的经济资源才能作为预算单位的资产进行核算。

第四，资产的内容包括各项财产、债权和其他权利。资产有多种表现形式，既有以实物形态存在的，也有以非实物形态存在的。

根据有关预算会计制度的规定，各种不同预算会计主体的资产构成具有很大差别，其含义和具体内容如下：

（1）财政总预算的资产。根据《财政总预算会计制度》的规定，财政总预算的资产是指政府财政占有或控制的、能以货币计量的经济资源，包括财政存款、有价证券、应收股利、借出款项、暂付及应收款项、预拨经费、应收转贷款和股权投资等。

（2）行政单位的资产。根据《行政单位会计制度》的规定，各级行政单位的资产是指行政单位占有或者使用的、能以货币计量的经济资源，包括流动资产、固定资产、在建工程、无形资产等。

（3）事业单位的资产。根据《事业单位会计准则》的规定，各类事业单位的资产是指事业单位占有或者使用的、能以货币计量的经济资源，包括货币资金、短期投资、应收及预付款项、存货等。事业单位的资产按照流动性，分为流动资产和非流动资产。

（二）负债

负债是指会计主体承担的能以货币计量，需以资产或劳务偿还的债务。负债具有如下特征：

第一，负债是已经发生的，并在未来一定时期内必须偿付的经济责任，该责任的履行需要预算单位付出资产或提供劳务。

第二，负债必须能够用货币确切计量或者可以合理预计，不能用货币计量的经济业务，则不能作为负债来进行核算。

第三，负债通常都有确切的债权人和偿付日期，因此在会计核算上，均要求按照负债的类别和债权人进行明细核算。

第四，大部分负债是交易的结果，而这种交易一般以契约、合同、协议或者法律约束为前提。

各预算会计主体的负债含义和具体内容如下：

（1）财政总预算的负债。根据《财政总预算会计制度》的规定，财政总预算的负债是指政府财政所承担的能以货币计量、需以资产偿付的债务，包括应付国库集中支付结余、暂收及应付款项、应付政府债券、借入款项、应付转贷款、其他负债、应付代管资金等。

（2）行政单位的负债。根据《行政单位会计制度》的规定，行政单位的负债是指行政单位所承担的能以货币计量、需要以资产等偿还的债务，包括应缴财政款、应缴税费、应付职工薪酬、应付及暂存款项、应付政府补贴款等。

（3）事业单位的负债。根据《事业单位会计准则》的规定，事业单位的负债是指事业单位所承担的能以货币计量、需要以资产或者劳务偿还的债务，包括短期借款、应付及预收款项、应付职工薪酬、应缴款项等。

（三）净资产

净资产是指资产减去负债的差额。资产减去负债后的差额，在企业会计中称为所有者权益，是指企业投资人对企业净资产的所有权。在预算会计中将其称为净资产，是由于这部分经济资源的所有权属于国家，为体现单位的自主性和独立性，并尊重法律事实，将其称为净资产。

净资产的特征是由单位所掌管和支配，能在一定程度上代表单位的经济实力。各预算会计主体的净资产含义和具体内容如下：

（1）财政总预算的净资产。根据《财政总预算会计制度》的规定，财政总预算的净资产是指政府财政资产减去负债的差额，包括一般公共预算结转结余、政府性基金预算结转结余、国有资本经营预算结转结余、财政专户管理资金结余、专用基金结余、预算稳定调节基金、预算周转金、资产基金和待偿债净资产等。

(2) 行政单位的净资产。根据《行政单位会计制度》的规定，行政单位的净资产是指行政单位资产扣除负债后的余额，包括财政拨款结转、财政拨款结余、其他资金结转结余、资产基金、待偿债净资产等。

(3) 事业单位的净资产。根据《事业单位会计准则》的规定，事业单位的净资产指事业单位资产扣除负债后的余额，包括事业基金、非流动资产基金、专用基金、财政补助结转结余、非财政补助结转结余等。

(四) 收入

收入是指国家或单位依法取得的非偿还性资金。收入具有如下特征：

第一，收入必须是非偿还性的。需要偿还的资金来源不能作为收入，而是属于负债的范畴。

第二，在市场经济条件下，收入的表现形式通常为资金。对于特殊情况下取得的非资金性财物，也应是能以货币计量的收入。

各预算会计主体的收入含义和具体内容如下：

(1) 财政总预算的收入。根据《财政总预算会计制度》的规定，财政总预算的收入是指政府财政为实现政府职能、根据法律法规等所筹集的资金，包括一般公共预算本级收入、政府性基金预算本级收入、国有资本经营预算本级收入、财政专户管理资金收入、专用基金收入、转移性收入、债务收入、债务转贷收入等。

(2) 行政单位的收入。根据《行政单位会计制度》的规定，行政单位的收入是指行政单位依法取得的非偿还性资金，包括财政拨款收入和其他收入。

(3) 事业单位的收入。根据《事业单位会计准则》的规定，事业单位的收入是指事业单位开展业务及其他活动依法取得的非偿还性资金，包括财政补助收入、事业收入、上级补助收入、附属单位上缴收入、经营收入和其他收入等。

(五) 支出

支出是指政府或单位按照批准的预算所发生的资金耗费和损失。

支出的特征是：支出是单位资金的耗费或损失，最终表现为单位资产的减少；支出必须能以货币计量。各预算会计主体的支出含义和具体内容如下：

(1) 财政总预算的支出。根据《财政总预算会计制度》的规定，财政总预算的支出是指政府财政为实现政府职能，对财政资金的分配和使用，包括一般公共预算本级支出、政府性基金预算本级支出、国有资本经营预算本级支出、财政专户管理资金支出、专用基金支出、转移性支出、债务还本支出、债务转贷支出等。

(2) 行政单位的支出。根据《行政单位会计制度》的规定，行政单位的支出是指行政单位为保障机构正常运转和完成工作任务所发生的资金耗费和损失，包括经费支出和拨出经费。

(3) 事业单位的支出。根据《事业单位会计准则》的规定，事业单位的支出是指事业单位开展业务及其他活动发生的资金耗费和损失，包括事业支出、对附属单位补助支出、上缴上级支出、经营支出和其他支出等。

第三节 预算会计的组成体系

由于预算会计是为预算管理服务的，所以预算会计的组成体系是由预算管理体系决定的。我国预算管理体系与国家政权结构和行政区划相一致，一级政府相应设置一级预算。国家预算由中央预算和地方预算组成。中央预算是经法定程序批准的中央政府的财政收支计划，由中央各部门（含直属单位）的预算组成。地方预算是经法定程序批准的地方各级政府的财政收支计划的统称，由各省、自治区、直辖市及以下各级政府的预算组成。国家预算按预算收支管理范围又分为总预算和单位预算两类。各级总预算由各级政府财政部门负责组织执行，各级单位预算由各行政、事业单位负责执行。

根据国家预算的组成体系，我国预算会计也相应地分为财政总预算会计和单位预算会计。单位预算会计按单位业务活动特点分为行政单位会计和事业单位会计。

一、财政总预算会计

财政总预算会计是各级政府财政部门核算与监督政府预算执行和财政周转性资金活动的专业会计。我国政权划分为中央、省（自治区、直辖市）、市、县、乡五级，总预算会计也相应划分为五级，即一级政府要建立起一级总预算，每一级政府的总预算都在财政部门设立财政总预算会计。具体地讲，在财政部设立中央财政总预算会计；在省（自治区、直辖市）财政厅（局）设省（自治区、直辖市）级财政总预算会计；在市（地、州）级财政局设市（地、州）级财政总预算会计；在县（市）财政局设县（市）级财政总预算会计；在乡（镇）级财政所设乡（镇）级财政总预算会计。

中央级财政总预算会计，负责组织和指导全国的总预算会计工作和单位预算会计工作；省、市、县财政总预算会计，负责组织和指导本区域内的总预算会计工作和单位预算会计工作；乡（镇）财政总预算会计，负责乡（镇）自筹资金的会计核算和监督工作。

二、行政单位会计

行政单位会计是国家各级行政单位对行政单位预算资金的运动过程和结果进行核算与监督的专业会计。

行政单位是指进行国家行政管理、组织经济建设和文化建设、维护社会公共秩序的单位，包括国家权力机关、行政机关、司法机关、检察机关以及各级党政和人民团体。根据国家机构建制和经费领报关系，行政单位会计组织系统分为主管会计单位、二级会计单位和基层会计单位三级。

主管会计单位是指向财政部门领报经费，并发生预算管理关系，下面设有所属会计单位的会计单位；二级会计单位是指向主管会计单位领报经费，并发生预算管理关系，下面设有所属会计单位的会计单位；基层会计单位是指向上级会计单位领报经费，并发生预算管理关系，下面不设所属会计单位的会计单位。

上述三级会计单位实行独立会计核算，负责管理本部门、本单位的全部会计工作。不具备独立核算条件的单位，实行单据报账制度，列作“报销单位”管理。

三、事业单位会计

事业单位会计是各类事业单位对其预算资金及其经营收支过程和结果进行核算与监督的专业会计。

事业单位是指不具有社会生产职能和国家管理职能，直接或间接地为上层建筑、经济建设和人民生活服务的单位，包括：科学、教育、文化、广播电视、信息、卫生、体育等科学文化事业单位；气象、水利、环保、计划生育、社会福利等公益事业单位；公证、法律服务等中介机构。按照我国目前预算管理体制，事业单位的经费来源既有财政拨款，又有自己创收的收入。因此，事业单位会计除采用收付实现制为会计核算基础外，其经营性收支业务则应采用权责发生制为会计核算基础，也可进行成本核算。

此外，预算会计的组成体系还应包括中国人民银行在办理国库业务过程中设立的国库会计，国家税务机关、海关、农业税收管理机关等设立的收入征解会计，以及基本建设拨款会计等。

第四节 预算会计的任务

预算会计既是财政管理的宏观信息系统和管理手段，也是单位实行微观经济管理的重要组成部分，在国家预算管理和单位财务管理中占有重要地位。随着社会主义市场经济的建立与发展，预算会计在国家政权建设和社会经济领域中发挥越来越重要的作用。结合各预算会计主体的职责、任务及经济业务活动的特点，将财政总预算会计、行政单位会计和事业单位会计核算的基本任务分述如下：

一、财政总预算会计的任务

财政总预算会计在预算会计体系中居主导地位，按照《财政总预算会计制度》的规定，财政总预算会计的工作任务主要包括：

（1）进行会计核算。办理政府财政各项收支、资产负债的会计核算工作，反映政府财政预算执行情况和财务状况。

（2）严格财政资金收付调度管理。组织办理财政资金的收付、调拨，在确保资金安全性、规范性、流动性前提下，合理调度管理资金，提高资金使用效益。

（3）规范账户管理。加强对国库单一账户、财政专户、零余额账户和预算单位银行账户等的管理。

（4）实行会计监督，参与预算管理。通过会计核算和反映，进行预算执行情况分析，并对总预算、部门预算和单位预算执行实行会计监督。

（5）协调预算收入征收部门、国家金库、国库集中收付代理银行、财政专户开户银行和其他有关部门之间的业务关系。

（6）组织本地区财政总决算、部门决算编审和汇总工作。

（7）组织和指导下级政府总会计工作。

二、行政单位会计的任务

行政单位会计作为反映和监督中央与地方各级行政单位预算执行情况的专业会计，其主要职责是进行会计核算，实行会计监督，参与经济事业计划实施的管理。其基本任务是：

（1）组织资金供应，合理、节约地使用资金。行政单位会计应按批准的核定经费总额编制预算，及时从国家财政部门取得资金，以满足行政单位执行各项行政任务的需要。同时，要贯彻艰苦奋斗的精神和勤俭节约的方针，合理、节约地使用资金，充分发挥预算资金的经济效益和社会效益。

（2）做好日常会计核算的各项工作，为国家预算管理和行政单位财务管理提供准确的核算资料。行政单位会计应根据会计制度和财务制度的规定，认真做好各项资金的记账、算账、对账、报账等日常会计核算工作，并按制度的规定，妥善进行会计资料的立档归档，遵守国家保密制度。

（3）参与预算计划的编制，当好领导的财务参谋。行政单位会计不仅要恪守反映和监督经济业务的职责，而且要充分发挥会计工作的预测决策职能，主动参与行政业务计划和预算计划的编制工作，并定期检查和分析预算执行情况，当好领导的参谋和助手。

（4）实行会计监督，保证国家财产的安全。在正确做好会计核算的基础上，认真进行会计监督是行政单位会计的又一重要任务。行政单位会计要坚持依法照章办事，维护国家财经纪律，保护各项国家货币资金和财产物资的完整。

三、事业单位会计的任务

在社会主义市场经济条件下，事业单位会计的主要目的是向单位管理者、立法和监督机构、政府主管部门、投资人、社会赞助者和其他有关方面的会计信息使用者提供有用的会计信息。事业单位会计的主要职责是进行会计核算，实行会计监督，参与事业单位经济管理。其基本任务如下：

（1）正确核算，如实反映情况。事业单位会计应做好经济业务的记账、算账、对账和报账等日常会计核算工作，真实、全面地反映单位的财务状况、各项预算计划的完成情况，以及对社会公众责任的履行情况。同时，还应该按照规定妥善保管会计凭证、会计账簿、会计报表等会计资料。

（2）合理使用资金，积极组织收入。事业单位会计应根据批准的事业财务计划、资金需求情况和财力可能，及时、合理地供应资金，保证事业单位各项事业活动和经营活动的正常进行。同时，事业单位还应根据国家有关政策的规定，利用现有的人力、物力、技术、信息等方面的优势，积极开辟财源，组织合法收入，提高事业经费的自给能力，并按照规定及时、足额地向国家或上级缴纳各种应缴款项。

（3）实行会计监督，确保财产的安全性和完整性。事业单位会计不仅应通过核算，如实地反映各项资金和财产物资的增减变化及其使用情况，而且还应该协助有关职能部门建立健全各项资金、财产物资的收入、发出和保管制度，并督促其贯彻执行，使各项资金和财产物资得到妥善保管，不受损害。

本章小结

本章论述了预算会计的概念、特点以及预算会计的核算对象、任务等基本理论问题，并详细阐述了预算会计要素的具体内容和预算会计体系的构成。

预算会计是以预算管理为中心的宏观管理信息系统和管理手段，是核算和监督中央与地方各级政府以及行政、事业单位收支预算执行情况的一种专业会计。预算会计以预算管理为中心，以各级政府及各类行政、事业单位为会计主体，以财政资金和行政、事业单位业务资金的收支活动及其结果为客体或对象。预算会计与企业会计的主要区别表现在：适用范围、会计核算基础、会计要素的划分和组成内容、会计等式，以及会计核算内容及方法都有其特殊性。

会计要素是指对会计对象的基本分类，是构成会计报表结构的基础，因此也称为会计报表要素。预算会计要素包括资产、负债、净资产、收入和支出。

预算会计既是财政管理的宏观信息系统和管理手段，也是单位实行微观经济管理的重要组成部分。预算会计在国家预算管理和单位财务管理中占有重要地位，担负重要任务。结合各预算会计主体的职责、任务及其经济业务活动特点，正确理解财政总预算会计和行政、事业单位会计的任务，对于更好地履行会计职责，做好预算会计工作具有重要意义。

第二章

预算会计规范

学习目标

通过本章的学习，要求全面了解我国现行的预算会计法律制度；掌握预算会计核算的基本前提和一般原则；熟悉财政总预算单位、行政和事业单位的会计科目设置及使用要求，为深入学习预算会计各项具体内容的核算奠定基础。

第一节 预算会计的法律制度

会计法律制度是指国家权力机关和行政机关制定的各种有关会计工作的规范性文件的总称，是指导会计工作、调整会计关系的法律依据。会计关系是会计机构和会计人员在办理会计事务过程中，以及国家在管理会计工作过程中发生的经济关系。为了保证会计工作的有序进行，国家通过制定一系列会计法律制度，规范会计工作，调整各种会计关系。我国会计法律制度的构成包括3个层次：会计法律、会计行政法规和会计规章。

同样，我国预算会计应遵循的法律制度也由3个层次构成：第一层次是预算会计基本法律；第二层次是预算会计行政法规；第三层次是预算会计规章制度。

一、预算会计基本法律

会计法律是管理会计工作、调整会计关系的法律总规范，是制定会计行政法规和会计规章制度的法律依据。制定、颁布和修订会计法律的权力机关是全国人民代表大会常务委员会。由预算会计的特殊性所决定，预算会计应遵循的基本法律，除全国人民代表大会常务委员会制定并颁发的《中华人民共和国会计法》外，还包括《中华人民共和国预算法》。

（一）《中华人民共和国会计法》

《中华人民共和国会计法》（以下简称《会计法》），是我国会计工作的基本法律，经1985年1月21日第六届全国人民代表大会常务委员会第九次会议通过，1985年1月21日中华人民共和国主席令第21号公布，自1985年5月起施行。为适应我国社会主义市场经济发展的需要，《会计法》自颁布施行以来，曾先后于1993年12月29日（第八届全国人民代表大会常务委员会）和1999年10月31日（第九届全国人民代表大会常务委员会），进行了两次修订。

《会计法》全文共7章52条，分为总则，会计核算，公司、企业会计核算的特别规定，会计监督，会计机构和会计人员，法律责任，附则。

制定《会计法》的目的是规范和加强会计工作，保障会计人员依法行使职权，发挥会计工作在维护社会主义市场经济秩序、加强经济管理、提高经济效益中的作用。《会计法》作为专门规范会计工作的国家法律，是一切会计工作的最重要的根本大法。国家机关、社会团体、企业、事业单位及其他经济组织都必须遵照《会计法》办理会计事务。凡是有关会计工作的法规、准则、制度、规定，都要以此为依据。

（二）《中华人民共和国预算法》

党的十八届四中全会审议通过的《中共中央关于全面推进依法治国若干重大问题的决定》，明确提出全面推进依法治国。

为了规范政府收支行为，强化预算约束，加强对预算的管理和监督，建立健全全面规范、公开透明的预算制度，保障经济社会的健康发展，2014年8月31日，第十二届全国人民代表大会常务委员会第十次会议通过了《全国人民代表大会常务委员会关于修改〈中华人民共和国预算法〉的决定》，自2015年1月1日起施行。新预算法共计11章101条，具体包括总则、预算管理职权、预算收支范围、预算编制、预算审查和批准、预算执行、预算调整、决算、监督、法律责任和附则内容。

新预算法全面贯彻了党的十八大和十八届三中全会精神，充分体现了党中央、国务院确定的财税体制改革总体要求，并且将近年来财政改革发展的成功经验，以及现代财政制度的基本要素和理念原则等，用法律的形式确定下来，是国家法律制度和财政法制建设的重要成果。新预算法的出台实现了以法治引领改革、以改革完善法治的有机结合，在运用法治思维和法治方式推进财税体制改革进程中具有里程碑意义。

二、预算会计行政法规

会计行政法规是指由国家最高行政机关——国务院发布，或由国务院批准财政部发布的指导、规范会计工作的准则、条例、制度等行政法规。它是会计基本法律的具体化，以会计基本法律为指导，同时又统驭具体的会计规章制度，是有关具体会计规章制度的制定依据。

我国现行会计行政法规主要有：1990年12月31日国务院发布的《总会计师条例》，1992年11月16日国务院批准、同月30日财政部发布的《企业会计准则》，以及2000年6月21日国务院发布的《企业财务会计报告条例》等。这些主要针对企业会计的会计行政法规，预算会计亦可借鉴、参照执行，另外，目前我国已发布并施行了一套专门适用于预算会计的行政法规。预算会计行政法规主要有《财政总预算会计制度》、《行政单位会计制度》、《事业单位会计准则》、《事业单位财务规则》和《事业单位会计制度》等。

（一）《财政总预算会计制度》

《财政总预算会计制度》共13章63条，包括总则、会计信息质量要求、资产、负债、净资产、收入、支出、会计科目、会计结账和结算、总会计报表、信息化管理、会计监督、附则。该制度经国务院批准于1997年6月25日由财政部公布，2015年10月10日由财政部公布了修订后的《财政总预算会计制度》，自2016年1月1日起施行。制定《财政总预算会计制度》的目的是为了加强财政预算管理，进一步规范各级财政总预算的会计核算。

（二）《行政单位会计制度》

《行政单位会计制度》共10章46条，包括总则、会计信息质量要求、资产、负债、净资产、收入、支出、会计科目、财务报表、附则。该制度经国务院批准于1998年2月6日由财政部公布，2013年12月18日由财政部公布了修订后的《行政单位会计制度》，自

2014年1月1日起施行。制定《行政单位会计制度》的目的是为了规范行政单位会计核算行为。

（三）《事业单位会计准则》

《事业单位会计准则》共9章54条，包括总则、会计信息质量要求、资产、负债、净资产、收入、支出或费用、财务会计报告、附则。该准则经国务院批准于1997年5月28日由财政部公布，经2012年12月5日财政部部务会议修订，自2013年1月1日起施行。

（四）《事业单位财务规则》

《事业单位财务规则》共12章68条，包括总则、单位预算管理、收入管理、支出管理、结转和结余管理、专用基金管理、资产管理、负债管理、事业单位清算、财务报告和财务分析、财务监督、附则。该规则经国务院批准于2012年2月7日由财政部公布，自2012年4月1日起施行。

（五）《事业单位会计制度》

《事业单位会计制度》共分5个部分：第一部分是总说明；第二部分是会计科目名称和编号；第三部分是会计科目使用说明；第四部分是会计报表格式；第五部分是财务报表编制说明。该制度经国务院批准于1997年7月17日由财政部公布，2012年12月19日由财政部公布了修订后的《事业单位会计制度》，自2013年1月1日起施行。

新《事业单位会计制度》实施后，财政部陆续公布了《高校会计制度》《中小学校会计制度》《彩票机关会计制度》《科学事业单位会计制度》等一系列具体事业单位的会计制度，规范不同事业单位的会计核算。

制度与准则都是规范会计工作的规定。制度对会计工作的规定比较明确、具体，可直接据以进行会计操作；而准则比较概括、抽象和原则，在执行上有一定的灵活性，具体操作还必须依照按准则要求制定的制度。我国的财政总预算会计和行政单位会计由于计划性、统一性很强，为保证会计信息的准确、及时，由财政部直接制定会计制度，通令执行。事业单位由于行业多、类型复杂、经济业务差异很大，故由财政部制定事业单位会计准则和通用的会计制度，然后再由有关行业、部门据以制定本行业、本部门的会计制度。

三、预算会计规章制度

预算会计规章制度是由财政部发布，或是财政部与其他部门联合发布，或由国务院主管业务部门制定、财政部同意发布的，就会计工作中某些方面所制定的具体制度或具体规范性文件，如会计基础工作规范、事业单位的行业会计制度、税收会计制度、国库会计制度、会计电算化工作规范、会计档案管理办法、会计从业资格管理办法等。此外，国务院主管部门以及省、自治区、直辖市财政部门根据《会计法》和有关的法规、条例、规章、制度，结合本地区、本部门的实际情况，制定的补充规定和实施办法等，也构成了会计法规体系的组成部分。

第二节 预算会计的基本前提、一般原则和记账基础

一、预算会计的基本前提

会计的基本前提也称为会计假设，是组织会计核算工作必须具备的前提条件。预算会

计的基本前提包括会计主体、持续运行、会计分期和货币计量。

（一）会计主体

会计主体是指会计为之服务的特定单位或组织，它决定了会计核算和监督的空间范围，也界定了会计信息的主体范围。因此，各项会计工作，不论是日常的会计确认、记录、计量和计算，还是定期编制财务报告，都必须在确定的会计主体范围之内进行。

构成预算会计的财政总预算会计、行政单位会计和事业单位会计，虽然统称预算会计，但其各自为之服务的会计主体却是不同的。财政总预算会计的主体是各级政府，而不是各级财政部门。因为财政总预算各项收支的安排、使用，是国家各级政府的职权范围，财政部门只是代表政府执行预算，管理财政收支。行政单位会计的主体是会计为之服务的行政单位。事业单位会计的会计主体是会计为之服务的事业单位。各单位应当对其自身发生的经济业务或者事项进行核算。

（二）持续运行

持续运行是指会计主体的各项经济业务活动将无限期地延续下去，是针对由于某些因素可能导致会计主体终止经济业务活动的非正常情况而言的。它要求会计人员以会计主体持续、正常的经济业务活动为前提进行会计核算。

预算会计核算所采取的会计程序和一系列会计处理方法都是建立在预算会计主体持续运行前提基础上的。若没有持续运行的前提条件，则一些公认的会计处理原则将失去存在的基础，一些常用的会计核算方法将无法采用，一些重要的会计理论和概念也将没有了根据。

（三）会计分期

会计分期也称会计期间，是将会计主体的持续运行的经济业务活动，划分为一系列相互联系的间隔相等的期间，以便分期结算账目，编制会计报表，向有关方面提供会计信息。会计期间的划分界定了组织会计核算、提供会计报表的时间范围，对会计实务和会计理论都有着重要的影响。由于有了会计期间，才产生了本期与非本期的区别，才有了权责发生制与收付实现制，才使不同类型的会计主体有了记账基础的选择。

会计期间的划分，通常以年为标准，以一年为一个会计期间称为会计年度，会计年度还可以再细分为季度和月份。我国会计年度、季度和月份的起讫日期采用公历日期。

（四）货币计量

货币计量是指会计主体的会计核算应采用统一的货币单位作为计量标准，以便综合、全面、系统、完整地反映会计主体的经济业务活动。货币计量是会计的基本前提条件，离开这一前提条件，会计就失去了其价值核算的基本特征。结合现实经济生活中货币的价值时有变动的情况，货币计量前提假定作为统一计量单位的货币本身的价值是稳定的。按照国际会计管理方法，当货币本身的价值波动不大或前后能基本抵消的，会计核算事务中可不考虑这种波动。但在发生恶性通货膨胀时，则需要采用特殊的会计准则另行处理。

预算会计核算以人民币作为记账本位币。如果发生外币收支，应当按照中国人民银行当日公布的人民币外汇汇率折算为人民币核算。对于业务收支以外币为主的行政、事业单位，也可以选定某种外币作为记账本位币进行会计核算。但在编制会计报表时，应当按照编表当日人民币外汇汇率折算为人民币予以反映。

二、预算会计核算应遵循的一般原则

会计核算的一般原则是指处理具体会计核算业务的基本依据，是对会计核算工作提供会计信息的基本要求。结合预算会计的特点和实际工作对预算会计信息的要求，预算会计核算应遵循的一般原则有：

（一）真实性

真实性也称客观性，是指会计核算应以会计主体实际发生的经济业务或事项为依据进行会计核算，如实反映各项会计要素的情况和结果，保证会计信息真实可靠。真实性是对会计核算工作和会计信息质量的基本要求，遵循真实性应做到：首先，会计核算的内容必须是真实的，即以实际发生的经济业务或事项为依据，并且要求每一项经济业务或事项必须取得或填制合法的书面凭证，做到内容真实、数字准确、手续完备；其次，会计核算的过程应该是客观的，即根据相同原始资料对同一业务进行处理，两位合格的会计人员各自独立核算，应得出一致的结论；最后，会计报表应该是真实可靠的，即会计报表应该根据合法的会计账簿记录进行编制，不得弄虚作假。

（二）全面性

全面性是指会计主体进行会计核算时，应当将发生的各项经济业务或事项统一纳入会计核算，确保会计信息能够全面反映其财务状况、业务成果、预算执行等情况。全面性要求凡是能够用货币计量的经济业务或事项，会计都应反映，充分表达会计主体经济业务或事项及必需的信息，完整提供会计信息并使会计信息使用者易于理解，以满足会计信息使用者的需要。

（三）及时性

及时性是指预算会计核算应当及时进行，不得提前或者延后。只有核算及时，信息的传递及时，才能保证会计信息符合使用者的需要。遵守及时性应做到两点基本要求：一是对经济业务或事项的会计处理应当及时，一旦经济业务或事项已经发生，就应该及时进行处理，不得拖延。如收入已经取得，就应该及时地反映，不得隐匿收入；又如单位的费用已经发生，就应及时入账。二是会计报表应该及时报出，不得拖延。及时性在会计准则中占有重要的地位，只有及时反映经济业务或事项，会计报表及时报出，才能保证正确处理会计主体与各种会计信息使用者之间的关系，便于及时进行汇总，形成宏观经济信息，也便于出资者和债权人及时地了解单位的财务状况和运营成果。

（四）可比性

可比性是指会计核算应当按照统一规定的会计原则、制度和方法进行，同类会计主体中不同单位发生的相同或者相似的经济业务或事项，应当采用统一的会计政策，确保同类单位会计信息口径一致，相互可比。

可比性要求各地区、部门和单位在选择会计处理程序和方法时，应当按照财政部公布的会计制度和规定的会计处理方法进行；会计报表应当按照国家统一规定的会计指标和计算方法处理，以保证不同地区、部门和单位的会计信息相互可比。

（五）一致性

一致性也称一贯性，是指同一会计主体不同时期发生的相同或者相似的经济业务或事项，应当采用一致的会计政策，不得随意变更。确需变更的，应当将变更的内容、理由和对单位财务状况及事业成果的影响在附注中予以说明。在会计核算中坚持一致性，前后各会计期间采用相同的或基本相同的会计处理方法，有利于提高会计信息的使用价值；同时，一致性限制任意变更会计处理方法，可以起到制约和防止单位在会计核算上弄虚作假、粉饰会计报表的作用。

（六）相关性

相关性也称有用性，是指会计核算所提供的信息应当有助于信息使用者做出正确的经济决策。结合预算会计的特点和任务，预算会计信息应当：适应国家宏观经济决策和管理的需要；适应上级财政部门和本级政府财政强化预算管理和预算监督的需要；适应各有关方面了解国家预算执行过程及其结果的需要；适应行政事业单位内部加强财务管理和经济管理的需要；与单位受托责任履行情况的反映、会计信息使用者的管理、决策需要相关，有助于会计信息使用者对单位过去、现在或者未来的情况做出评价或者预测。

（七）清晰性

清晰性是指预算会计记录和会计报表必须清晰、明了，便于会计信息使用者理解和利用；对于重要复杂的经济业务或事项，应用规范的文字单独加以表达反映。对预算收支项目和会计科目的分类，要做到科学合理，有条不紊，项目内容清晰明了。在会计核算中坚持清晰性，有利于会计信息的使用者准确、完整地把握会计信息所要说明的内容，从而更好地加以利用。同时，清晰性要求预算各项目之间应有明确的界限，不得彼此超越，不能跨越年度或提前使用，这样既有利于增加国家预算的透明度，又能够使国家预算、决算进一步公开，接受社会监督。

（八）专款专用

专款专用是指对于国家预算拨款和其他有指定用途的资金，应当按规定的用途使用，不得擅自改变用途，挪作他用。这一原则是预算会计核算所特有的原则，是由预算会计性质所决定的。国家或出资人为了发展某项事业而拨出的专门款项，为了保证达到预定的目的或使该项事业能够顺利发展，必然要求按取得资金时规定的用途使用资金，并对使用情况进行检查、考核。这就要求预算会计对该项资金的使用进行监督，设置专门的账户进行核算。

三、预算会计的记账基础

记账基础一般习惯叫做会计基础，亦称会计处理原则或收支结账原则，是指结账所应遵循的原则，包括权责发生制（或应计制）和收付实现制（或现金制）两种。

新中国成立以来，我国预算会计基本上实行收付实现制。改革开放以后，特别是随着社会主义市场经济体制的建立和发展，单位预算会计特别是事业单位的经济核算业务和核算内容发生了很大变化，要求预算会计一律实行收付实现制已脱离现实。因此，预算会计改革后，根据预算会计核算特点和实际工作需要，可采用不同的记账基础。按照现行预算会计制度的规定，财政总预算会计和行政单位会计应统一实行收付实现制；事业单位会计核算一般采用收付实现制，部分经济业务或事项采用权责发生制核算的，由财政部在会计制度中具体规定。按照一贯性要求，记账基础一经确定，不得随意变动。

（一）收付实现制

收付实现制也称现金制或实收实付制，是指以实收实付为标准确认本期收入和费用的原则。收付实现制以各项收入和费用是否发生货币资金的收付为标准来确定其归属期，凡是本期实际收进款项的收入和本期实际支出款项的费用，不论其是否体现本期的工作成果或劳动消耗，都作为本期的收入或费用处理；反之，凡本期未收到的收入和未支付的费用，即使应归属本期，也不能作为本期的收入和费用。

收付实现制账务处理同货币资金的收付紧密联系，而与权利和责任的发生无关。实行收付实现制，不采用预收、预付科目，也很少使用应收、应付科目，只在某些情况下使用暂存、暂付科目。因为实收的收入和实付的支出均已登记入账，于是根据账簿记录就可以确定本期的收入和支出，不存在对账簿记录进行期末账项调整的问题。

（二）权责发生制

权责发生制也称应计制或应收应付制，是指以应收应付为标准来确认本期收入和费用的原则。权责发生制以各项收入和费用是否体现本期经营成果和生产消耗为标准来确定其归属期，凡是体现本期经营成果的收入和体现本期生产消耗的支出，不论款项是否实际收进或付出，都作为本期的收入或费用处理；反之，不应归属本期的收入和费用，即使款项是在本期内收到或付出的，也不作为本期收入或费用。

采用权责发生制，可以正确反映各个会计期间所实现的收入和实现收入所负担的费用，从而可以把各期的收入和与其相关的费用、成本相匹配，加以比较，并在此基础上正确确定各期的经营成果。按照权责发生制的要求，则需要根据账簿记录对期末账项进行调整，即将本期应收未收的收入和应付未付的费用登记入账；同时，将本期已收取现金的预收收入和已付出现金的预付费用在本期与以后各期之间进行分摊并转账。实行内部成本费用核算的事业单位，根据权责发生制的要求，需要设置“应收账款”“应付账款”“预收账款”“预付账款”等账户。

第三节 预算会计科目

预算会计科目是对预算会计要素的具体内容所做的进一步分类，是分类核算各项经济业务的依据。科学地设置和正确地使用会计科目，是做好预算会计工作的重要条件。

为了保证会计信息的可比性，使预算会计核算提供的指标在国民经济各部门口径一致，便于有关部门和单位对会计指标逐级汇总和分析利用，财政部分别规定了财政总预算会计科目、行政单位会计科目和事业单位会计科目。

一、财政总预算会计科目

财政总预算会计科目是对财政总预算会计要素进行分类核算所设置的科目。它是财政总预算会计归集和核算各项经济业务的依据，也是汇总和检查财政总预算资金活动情况及其结果的依据。按照财政总预算会计要素的类别，财政总预算会计科目可分为资产、负债、净资产、收入和支出五类。

各级财政总预算会计统一适用的会计科目及核算内容见表2-1。

表2-1　　财政总预算会计科目及核算内容

编号	会计科目名称	核算内容
一、资产类		
1001	1.国库存款	核算政府财政存放在国库单一账户的款项
1003	2.国库现金管理存款	核算政府财政实行国库现金管理业务存放在商业银行的款项
1004	3.其他财政存款	核算政府财政未列入“国库存款”“国库现金管理存款”科目反映的各项存款
1005	4.财政零余额账户存款	核算财政国库支付执行机构在代理银行办理财政直接支付的业务。财政国库支付执行机构未单设的地区不使用该科目
1006	5.有价证券	核算政府财政按照有关规定取得并持有的有价证券金额
1007	6.在途款	核算决算清理期和库款报解整理期内发生的需要通过本科目过渡处理的属于上年度收入、支出等业务的资金数
1011	7.预拨经费	核算政府财政预拨给预算单位尚未列为预算支出的款项
1021	8.借出款项	核算政府财政按照对外借款管理相关规定借给预算单位临时急需的，并需按期收回的款项
1022	9.应收股利	核算政府因持有股权投资应当收取的现金股利或利润
1031	10.与下级往来	核算本级政府财政与下级政府财政的往来待结算款项
1036	11.其他应收款	核算政府财政临时发生的其他应收、暂付、垫付款项。项目单位拖欠外国政府和国际金融组织贷款本息与相关费用导致相关政府财政履行担保责任，代偿的贷款本息费，也通过本科目核算
1041	12.应收地方政府债券转贷款	核算本级政府财政转贷给下级政府财政的地方政府债券资金的本金及利息
1045	13.应收主权外债转贷款	核算本级政府财政转贷给下级政府财政的外国政府和国际金融组织贷款等主权外债资金的本金及利息
1071	14.股权投资	核算政府持有的各类股权投资，包括国际金融组织股权投资、投资基金股权投资和企业股权投资等
1081	15.待发国债	核算为弥补中央财政预算收支差额，中央财政预计发行国债与实际发行国债之间的差额
二、负债类		
2001	16.应付短期政府债券	核算政府财政部门以政府名义发行的期限不超过1年（含1年）的国债和地方政府债券的应付本金和利息
2011	17.应付国库集中支付结余	核算政府财政采用权责发生制列支，预算单位尚未使用的国库集中支付结余资金
2012	18.与上级往来	核算本级政府财政与上级政府财政的往来待结算款项
2015	19.其他应付款	核算政府财政临时发生的暂收、应付和收到的不明性质款项。税务机关代征入库的社会保险费、项目单位使用并承担还款责任的外国政府和国际金融组织贷款，也通过本科目核算

续表

编号	会计科目名称	核算内容
2017	20.应付代管资金	核算政府财政代为管理的、使用权属于被代管主体的资金
2021	21.应付长期政府债券	核算政府财政部门以政府名义发行的期限超过1年的国债和地方政府债券的应付本金和利息
2022	22.借入款项	核算政府财政部门以政府名义向外国政府和国际金融组织等借入的款项，以及经国务院批准的其他方式借入的款项
2026	23.应付地方政府债券转贷款	核算地方政府财政从上级政府财政借入的地方政府债券转贷款的本金和利息
2027	24.应付主权外债转贷款	核算本级政府财政从上级政府财政借入的主权外债转贷款的本金和利息
2045	25.其他负债	核算政府财政因有关政策明确要求其承担支出责任的事项而形成的应付未付款项
2091	26.已结报支出	核算政府财政国库支付执行机构已清算的国库集中支付支出数额。财政国库支付执行机构未单设的地区不使用该科目
三、净资产类		
3001	27.一般公共预算结转结余	核算政府财政纳入一般公共预算管理的收支相抵形成的结转结余
3002	28.政府性基金预算结转结余	核算政府财政纳入政府性基金预算管理的收支相抵形成的结转结余
3003	29.国有资本经营预算结转结余	核算政府财政纳入国有资本经营预算管理的收支相抵形成的结转结余
3005	30.财政专户管理资金结余	核算政府财政纳入财政专户管理的教育收费等资金收支相抵后形成的结余
3007	31.专用基金结余	核算政府财政管理的专用基金收支相抵形成的结余
3031	32.预算稳定调节基金	核算政府财政设置的用于弥补以后年度预算资金不足的储备资金
3033	33.预算周转金	核算政府财政设置的用于调剂预算年度内季节性收支差额周转使用的资金。预算周转金应根据《中华人民共和国预算法》的要求设置
3081 308101 308102 308103 308104	34.资产基金 应收地方政府债券转贷款 应收主权外债转贷款 股权投资 应收股利	核算政府财政持有的应收地方政府债券转贷款、应收主权外债转贷款、股权投资和应收股利等资产（与其相关的资金收支纳入预算管理）在净资产中占用的金额
3082 308201 308202 308203 308204 308205 308206	35.待偿债净资产 应付短期政府债券 应付长期政府债券 借入款项 应付地方政府债券转贷款 应付主权外债转贷款 其他负债	核算政府财政因发生应付政府债券、借入款项、应付地方政府债券转贷款、应付主权外债转贷款、其他负债等负债（与其相关的资金收支纳入预算管理）相应需在净资产中冲减的金额

续表

编号	会计科目名称	核算内容
四、收入类		
4001	36.一般公共预算本级收入	核算政府财政筹集的纳入本级一般公共预算管理的税收收入和非税收入
4002	37.政府性基金预算本级收入	核算政府财政筹集的纳入本级政府性基金预算管理的非税收入
4003	38.国有资本经营预算本级收入	核算政府财政筹集的纳入本级国有资本经营预算管理的非税收入
4005	39.财政专户管理资金收入	核算政府财政纳入财政专户管理的教育收费等资金收入
4007	40.专用基金收入	核算政府财政按照法律法规和国务院、财政部规定设置或取得的粮食风险基金等专用基金收入
4011	41.补助收入	核算上级政府财政按照财政体制规定或因专项需要补助给本级政府财政的款项，包括税收返还、转移支付等
4012	42.上解收入	核算按照体制规定由下级政府财政上交给本级政府财政的款项
4013	43.地区间援助收入	核算受援方政府财政收到援助方政府财政转来的可统筹使用的各类援助、捐赠等资金收入
4021	44.调入资金	核算政府财政为平衡某类预算收支、从其他类型预算资金及其他渠道调入的资金
4031	45.动用预算稳定调节基金	核算政府财政为弥补本年度预算资金的不足，调用的预算稳定调节基金
4041	46.债务收入	核算政府财政按照国家法律、国务院规定以发行债券等方式取得的，以及向外国政府、国际金融组织等机构借款取得的纳入预算管理的债务收入
4042	47.债务转贷收入	核算省级以下（不含省级）政府财政收到上级政府财政转贷的债务收入
五、支出类		
5001	48.一般公共预算本级支出	核算政府财政管理的由本级政府使用的列入一般公共预算的支出
5002	49.政府性基金预算本级支出	核算政府财政管理的由本级政府使用的列入政府性基金预算的支出
5003	50.国有资本经营预算本级支出	核算政府财政管理的由本级政府使用的列入国有资本经营预算的支出
5005	51.财政专户管理资金支出	核算政府财政用纳入财政专户管理的教育收费等资金安排的支出
5007	52.专用基金支出	核算政府财政用专用基金收入安排的支出

续表

编号	会计科目名称	核算内容
5011	53.补助支出	核算本级政府财政按财政体制规定或因专项需要补助给下级政府财政的款项，包括对下级的税收返还、转移支付等
5012	54.上解支出	核算本级政府财政按照财政体制规定上交给上级政府财政的款项
5013	55.地区间援助支出	核算援助方政府财政安排用于受援方政府财政统筹使用的各类援助、捐赠等资金支出
5021	56.调出资金	核算政府财政为平衡预算收支、从某类资金向其他类型预算调出的资金
5031	57.安排预算稳定调节基金	核算政府财政按照有关规定安排的预算稳定调节基金
5041	58.债务还本支出	核算政府财政偿还本级政府财政承担的纳入预算管理的债务本金支出
5042	59.债务转贷支出	核算本级政府财政向下级政府财政转贷的债务支出

各级财政总预算会计在使用会计科目时，应当遵循如下要求：

（1）各级总预算会计应当对有关法律、法规允许进行的经济活动，按照《财政总预算会计制度》的规定使用会计科目进行核算；不得以《财政总预算会计制度》规定的会计科目及使用说明作为进行有关经济活动的依据。

（2）各级总预算会计应当按照《财政总预算会计制度》的规定设置和使用会计科目，不需使用的总账科目可以不用；在不影响会计处理和编报会计报表的前提下，各级总预算会计可以根据实际情况自行增设《财政总预算会计制度》规定以外的明细科目，或者自行减少、合并《财政总预算会计制度》规定的明细科目。

（3）各级总预算会计应当使用《财政总预算会计制度》统一规定的会计科目编号，不得随意打乱重编。

二、行政单位会计科目

行政单位会计科目是对行政单位会计要素进行分类核算所设置的科目。它是行政单位会计归集和核算各项经济业务的依据，也是汇总和检查行政单位资金活动情况及其结果的依据。按照行政单位会计要素的类别，行政单位会计科目可分为资产、负债、净资产、收入和支出五类。

各级行政单位统一适用的会计科目及核算内容见表2-2。

表2-2 行政单位会计科目及核算内容

编号	会计科目名称	核算内容
一、资产类		
1001	1.库存现金	核算行政单位的库存现金
1002	2.银行存款	核算行政单位存入银行或者其他金融机构的各种存款
1011	3.零余额账户用款额度	核算实行国库集中支付的行政单位根据财政部门批复的用款计划收到和支用的零余额账户用款额度

续表

编号	会计科目名称	核算内容
1021 102101 102102	4.财政应返还额度 财政直接支付 财政授权支付	核算实行国库集中支付的行政单位应收财政返还的资金额度
1212	5.应收账款	核算行政单位出租资产、出售物资等应当收取的款项
1213	6.预付账款	核算行政单位按照购货、服务合同规定预付给供应单位（或个人）的款项
1215	7.其他应收款	核算行政单位除应收账款、预付账款以外的其他各项应收及暂付款项
1301	8.存货	核算行政单位在开展业务活动及其他活动中为耗用而储存的各种物资
1501	9.固定资产	核算行政单位各类固定资产的原价
1502	10.累计折旧	核算行政单位固定资产、公共基础设施计提的累计折旧
1511	11.在建工程	核算行政单位已经发生必要支出，但尚未完工交付使用的各种建筑（包括新建、改建、扩建、修缮等）、设备安装工程和信息系统建设工程的实际成本
1601	12.无形资产	核算行政单位各项无形资产的原价
1602	13.累计摊销	核算行政单位无形资产计提的累计摊销
1701	14.待处理财产损溢	核算行政单位待处理财产的价值及财产处理损溢
1801	15.政府储备物资	核算行政单位直接储存管理的各项政府应急或救灾储备物资等
1802	16.公共基础设施	核算由行政单位占有并直接负责维护管理、供社会公众使用的工程性公共基础设施资产
1901	17.受托代理资产	核算行政单位接受委托方委托管理的各项资产
二、负债类		
2001	18.应缴财政款	核算行政单位取得的按规定应当上缴财政的款项
2101	19.应缴税费	核算行政单位按照税法等规定应当缴纳的各种税费
2201	20.应付职工薪酬	核算行政单位按照有关规定应付给职工及为职工支付的各种薪酬
2301	21.应付账款	核算行政单位因购买物资或服务、工程建设等而应付的偿还期限在1年以内（含1年）的款项
2302	22.应付政府补贴款	核算负责发放政府补贴的行政单位，按照规定应当支付给政府补贴接受者的各种政府补贴款
2305	23.其他应付款	核算行政单位除应缴财政款、应缴税费、应付职工薪酬、应付政府补贴款、应付账款以外的其他各项偿还期在1年以内（含1年）的应付及暂存款项

续表

编号	会计科目名称	核算内容
2401	24.长期应付款	核算行政单位发生的偿还期限超过1年（不含1年）的应付款项
2901	25.受托代理负债	核算行政单位接受委托，取得受托管理资产时形成的负债
三、净资产类		
3001	26.财政拨款结转	核算行政单位滚存的财政拨款结转资金，包括基本支出结转、项目支出结转
3002	27.财政拨款结余	核算行政单位滚存的财政拨款项目支出结余资金
3101	28.其他资金结转结余	核算行政单位除财政拨款收支以外的其他各项收支相抵后剩余的滚存资金
3501 350101 350111 350121 350131 350141 350151 350152	29.资产基金 预付账款 存货 固定资产 在建工程 无形资产 政府储备物资 公共基础设施	核算行政单位的预付账款、存货、固定资产、在建工程、无形资产、政府储备物资、公共基础设施等非货币性资产在净资产中占用的金额
3502	30.待偿债净资产	核算行政单位因发生应付账款和长期应付款而相应需在净资产中冲减的金额
四、收入类		
4001	31.财政拨款收入	核算行政单位从同级财政部门取得的财政预算资金
4011	32.其他收入	核算行政单位取得的除财政拨款收入以外的其他各项收入
五、支出类		
5001	33.经费支出	核算行政单位在开展业务活动中发生的各项支出
5101	34.拨出经费	核算行政单位向所属单位拨出的纳入单位预算管理的非同级财政拨款资金

各级行政单位在使用统一设置的会计科目时，应当遵循以下要求：

（1）应当使用按规定统一设置的会计科目，非经财政部门同意，不得减并或自行增设会计科目，不得擅自更改统一设置的会计科目的名称，不需要的会计科目可以不用。

（2）在不影响会计处理和编报财务报表的前提下，行政单位可以根据实际情况自行增设《行政单位会计制度》规定以外的明细科目，或者自行减少、合并《行政单位会计制度》规定的明细科目。

（3）在使用会计科目的编号时，应同时使用会计科目的名称，可以只使用会计科目的名称，不使用会计科目的编号，但不得只使用会计科目的编号，而不使用会计科目的名称。

三、事业单位通用会计科目

事业单位通用会计科目是对各级各类事业单位会计要素进行分类核算所设置的科目。它是事业单位会计归集和核算经济业务的依据，也是汇总和检查事业单位资金活动情况及其结果的依据。按照事业单位会计要素的类别，事业单位会计科目可分为资产、负债、净资产、收入和支出五类。

各级各类事业单位统一适用的会计科目及核算内容见表2-3。

表2-3 事业单位会计科目及核算内容

编号	会计科目名称	核算内容
一、资产类		
1001	1.库存现金	核算事业单位的库存现金
1002	2.银行存款	核算事业单位存入银行或其他金融机构的各种存款
1011	3.零余额账户用款额度	核算实行国库集中支付的事业单位根据财政部门批复的用款计划收到和支用的零余额账户用款额度
1101	4.短期投资	核算事业单位依法取得的，持有时间不超过1年（含1年）的投资
1201 120101 120102	5.财政应返还额度 财政直接支付 财政授权支付	核算实行国库集中支付的事业单位应收财政返还的资金额度
1211	6.应收票据	核算事业单位因开展经营活动销售产品、提供有偿服务等而收到的商业汇票
1212	7.应收账款	核算事业单位因开展经营活动销售产品、提供有偿服务等而应收取的款项
1213	8.预付账款	核算事业单位按照购货、劳务合同规定预付给供应单位的款项
1215	9.其他应收款	核算事业单位除财政应返还额度、应收票据、应收账款、预付账款以外的其他各项应收及暂付款项
1301	10.存货	核算事业单位在开展业务活动及其他活动中为耗用而储存的各种材料、燃料、包装物、低值易耗品及达不到固定资产标准的用具、装具、动植物等的实际成本
1401	11.长期投资	核算事业单位依法取得的，持有时间超过1年（不含1年）的股权和债权性质的投资
1501	12.固定资产	核算事业单位固定资产的原价
1502	13.累计折旧	核算事业单位固定资产计提的累计折旧
1511	14.在建工程	核算事业单位已经发生必要支出，但尚未完工交付使用的各种建筑（包括新建、改建、扩建、修缮等）和设备安装工程的实际成本
1601	15.无形资产	核算事业单位无形资产的原价

续表

编号	会计科目名称	核算内容
1602	16.累计摊销	核算事业单位无形资产计提的累计摊销
1701	17.待处置资产损溢	核算事业单位待处置资产的价值及处理损溢
二、负债类		
2001	18.短期借款	核算事业单位借入的期限在1年内（含1年）的各种借款
2101	19.应缴税费	核算事业单位按照税法等规定计算应缴纳的各种税费，包括增值税、城市维护建设税、教育费附加、车船税、房产税、城镇土地使用税、企业所得税等
2102	20.应缴国库款	核算事业单位按规定应缴入国库的款项（应缴税费除外）
2103	21.应缴财政专户款	核算事业单位按规定应缴入财政专户的款项
2201	22.应付职工薪酬	核算事业单位按有关规定应付给职工及为职工支付的各种薪酬，包括基本工资、绩效工资、国家统一规定的津贴补贴、社会保险费、住房公积金等
2301	23.应付票据	核算事业单位因购买材料、物资等而开出、承兑的商业汇票，包括银行承兑汇票和商业承兑汇票
2302	24.应付账款	核算事业单位因购买材料、物资等而应付的款项
2303	25.预收账款	核算事业单位按合同规定预收的款项
2305	26.其他应付款	核算事业单位除应缴税费、应缴国库款、应缴财政专户款、应付职工薪酬、应付票据、应付账款、预收账款之外的其他各项偿还期限在1年内（含1年）的应付及暂收款项
2401	27.长期借款	核算事业单位借入的期限超过1年（不含1年）的各种借款
2402	28.长期应付款	核算事业单位发生的偿还期限超过1年（不含1年）的应付款项，如以融资租赁租入固定资产的租赁费、跨年度分期付款购入固定资产的价款等
三、净资产类		
3001	29.事业基金	核算事业单位拥有的非限定用途的净资产，主要为非财政补助结余扣除结余分配后滚存的金额
3101 310101 310102 310103 310104	30.非流动资产基金 长期投资 固定资产 在建工程 无形资产	核算事业单位长期投资、固定资产、在建工程、无形资产等非流动资产占用的金额
3201	31.专用基金	核算事业单位按规定提取或者设置的具有专门用途的净资产，主要包括修购基金、职工福利基金等

续表

编号	会计科目名称	核算内容
3301 330101 330102	32.财政补助结转 基本支出结转 项目支出结转	核算事业单位滚存的财政补助结转资金，包括基本支出结转和项目支出结转
3302	33.财政补助结余	核算事业单位滚存的财政补助项目支出结余资金
3401	34.非财政补助结转	核算事业单位除财政补助收支以外的各专项资金收入与其相关支出相抵后剩余滚存的、必须按规定用途使用的结转资金
3402	35.事业结余	核算事业单位一定期间除财政补助收支、非财政专项资金收支和经营收支以外各项收支相抵后的余额
3403	36.经营结余	核算事业单位一定期间各项经营收支相抵后余额弥补以前年度经营亏损后的余额
3404	37.非财政补助结余分配	核算事业单位本年度非财政补助结余分配的情况和结果
四、收入类		
4001	38.财政补助收入	核算事业单位从同级财政部门取得的各类财政拨款，包括基本支出补助和项目支出补助
4101	39.事业收入	核算事业单位开展专业业务活动及其辅助活动取得的收入
4201	40.上级补助收入	核算事业单位从主管部门和上级单位取得的非财政补助收入
4301	41.附属单位上缴收入	核算事业单位附属独立核算单位按照有关规定上缴的收入
4401	42.经营收入	核算事业单位在专业业务活动及其辅助活动之外开展非独立核算经营活动取得的收入
4501	43.其他收入	核算事业单位除财政补助收入、事业收入、上级补助收入、附属单位上缴收入、经营收入以外的各项收入
五、支出类		
5001	44.事业支出	核算事业单位开展专业业务活动及其辅助活动发生的基本支出和项目支出
5101	45.上缴上级支出	核算事业单位按照财政部门和主管部门的规定上缴上级单位的支出
5201	46.对附属单位补助支出	核算事业单位用财政补助收入之外的收入对附属单位补助发生的支出
5301	47.经营支出	核算事业单位在专业业务活动及其辅助活动之外开展非独立核算经营活动发生的支出
5401	48.其他支出	核算事业单位除事业支出、上缴上级支出、对附属单位补助支出、经营支出以外的各项支出

各级各类事业单位在使用统一设置的事业单位通用会计科目时，应当遵循以下要求：

（1）应当使用按规定统一设置的会计科目，不得擅自更改统一设置的会计科目的名称，不需要的会计科目可以不用。

（2）在不影响会计处理和编报财务报表的前提下，可以根据实际情况自行增设、减少或合并某些明细科目。

（3）在使用会计科目的编号时，应当同时使用会计科目的名称，不得只使用会计科目的编号而不使用会计科目的名称。

（4）对于统一设定的会计科目的编号，各事业单位只能使用，不得打乱重编。

第四节 国库集中收付制度

一、国库集中收付制度的概念

国库集中收付制度一般也称为国库单一账户制度，包括国库集中支付制度和收入收缴管理制度，是由财政部门代表政府设置国库单一账户体系，所有财政性资金均纳入国库单一账户体系收缴、支付和管理的制度。财政收入通过国库单一账户体系，直接缴入国库；财政支出通过国库单一账户体系，以财政直接支付和财政授权支付的方式，将资金支付到商品和劳务供应者或用款单位。也就是说，预算单位使用资金但见不到资金，未支用的资金均保留在国库单一账户，由财政部门代表政府进行管理运作，以降低政府筹资成本，为实施宏观调控政策提供可选择的手段。

二、国库单一账户体系

（一）国库单一账户体系的构成

国库单一账户体系由下列银行账户构成：

1.财政部门在中国人民银行开设的国库单一账户，简称国库单一账户

国库单一账户用于记录、核算、反映财政预算资金和纳入预算管理的政府性基金的收入和支出。国库单一账户在财政总预算会计中使用，行政单位和事业单位会计中不设置该账户。

2.财政部门在商业银行开设的零余额账户，简称财政部门零余额账户

财政部门零余额账户用于财政直接支付和与国库单一账户清算，该账户在国库会计中使用。

3.财政部门在商业银行为预算单位开设的零余额账户，简称预算单位零余额账户

预算单位零余额账户用于财政授权支付和清算，可以办理转账、提取现金等结算业务，可以向本单位按账户管理规定保留的相应账户划拨工会经费、住房公积金及提租补贴以及经财政部门批准的特殊款项，但不得违反规定向本单位其他账户和上级主管单位、所属下级单位账户划拨资金。预算单位零余额账户在行政单位和事业单位会计中使用。

4.财政部门在商业银行开设的预算外资金财政专户，简称预算外资金专户

预算外资金专户用于记录、核算和反映预算外资金的收入和支出活动，并用于预算外资金日常收支清算，预算外资金专户只在财政部门设立和使用。

5.经国务院或国务院授权财政部批准为预算单位在商业银行开设的特殊专户，简称特设专户

特设专户用于记录、核算和反映预算单位的特殊专项支出活动，并用于与国库单一账户清算，特设专户在按规定申请设置了特设专户的预算单位使用。

（二）财政性资金银行账户的设立

预算单位（包括使用财政性资金的行政单位和事业单位）使用财政资金，应当按照规

定的程序和要求，向财政部门提出设立零余额账户、特设专户等银行账户的申请，财政部门审核同意后，书面通知代理银行，为预算单位开设预算单位零余额账户。但需要开设特设专户的预算单位，需经财政部审核并报国务院批准或经国务院授权财政部批准后，由财政部在代理银行为预算单位开设。一个基层预算单位只开设一个预算单位零余额账户。

三、财政性资金的支付方式和支付程序

（一）财政性资金的支付方式

财政性资金的支付方式实行财政直接支付和财政授权支付两种方式。

财政直接支付是指由财政部门向中国人民银行和代理银行签发支付指令，代理银行根据支付指令通过国库单一账户体系将资金直接支付到收款人（即商品或劳务的供应商等）或用款单位（即具体申请和使用财政性资金的预算单位）账户。

财政授权支付是指预算单位按照财政部门的授权，自行向代理银行签发支付指令，代理银行根据支付指令，在财政部门批准的预算单位的用款额度内，通过国库单一账户体系将资金直接支付到收款人（即商品或劳务的供应商等）或用款单位（即具体申请和使用财政性资金的预算单位）账户。

（二）财政性资金的支付程序

1.财政直接支付

预算单位实行财政直接支付的财政性资金包括工资支出、工程采购支出、物品和服务采购支出。

（1）一级预算单位填写“财政直接支付汇总申请书”，报财政部门国库支付执行机构。

（2）财政部门国库支付执行机构审核一级预算单位提出的支付申请无误后，开具“财政直接支付汇总额度通知单”和“财政直接支付凭证”，经财政部门国库管理机构加盖印章签发后，分别送中国人民银行和代理银行。

（3）代理银行根据“财政直接支付凭证”及时将资金直接支付给收款人或用款单位。

（4）代理银行依据财政部门国库支付执行机构的支付指令，将当日实际支付的资金，按一级预算单位分预算科目汇总，附实际支付清单与国库单一账户进行资金清算。

（5）代理银行根据“财政直接支付凭证”办理支出后，开具“财政直接支付入账通知书”发给一级预算单位和基层预算单位。

（6）“财政直接支付入账通知书”作为一级预算单位和基层预算单位收到或付出款项的凭证；一级预算单位有所属二级或多级预算单位的，由一级预算单位负责向二级或多级预算单位提供收到和付出款项的凭证。预算单位根据收到的支付凭证做好相应的会计核算。

2.财政授权支付

财政授权支付程序适用于未纳入工资支出、工程采购支出、物品和服务采购支出管理的购买支出和零星支出。

本章小结

本章系统地介绍了预算会计的法律制度、预算会计核算的基本前提和一般原则、预算会计的记账基础，以及预算会计科目的设置与使用要求等预算会计规范的基本内容。

我国预算会计法律制度包括三个层次：第一层次是预算会计基本法律，是由全国人民代表大会常务委员会制定并发布的有关会计工作的法律规范，是管理会计工作、调整会计关系的法律总规范，也是制定会计行政法规和会计规章制度的法律依据；第二层次是预算会计行政法规，是指由国家最高行政机关——国务院发布，或由国务院批准财政部发布的指导、规范预算会计工作的准则、条例、制度等行政法规，是会计基本法律规范的具体化，同时又是有关具体会计规章制度的制定依据；第三层次是预算会计规章制度，是由财政部发布，或是财政部与其他部门联合发布，或由国务院主管业务部门制定、财政部同意发布的，针对会计工作中某些方面所制定的具体制度或具体规范性文件。

会计基本前提也称为会计假设，是组织会计核算工作必须具备的前提条件，是会计人员对会计核算所处的环境做出的合理判断，会计核算所依据的基本原则、程序和方法等都是建立在这个基本前提之上的。预算会计的基本前提包括会计主体、持续运行、会计分期和货币计量。

会计核算的一般原则是指处理具体会计核算业务的基本依据，是对会计核算工作提供会计信息的基本要求。结合预算会计的特点和实际工作对预算会计信息的要求，预算会计核算应遵循的一般原则有真实性原则、全面性原则、及时性原则、可比性原则、一致性原则、相关性原则、清晰性原则、专款专用原则等。

预算会计科目是对预算会计要素的具体内容所做的进一部分类，是分类核算各项经济业务的依据。我国预算会计科目由财政部颁布会计制度统一规定，因此预算会计科目也是预算会计规范体系的重要组成内容。

国库集中收付制度一般也称为国库单一账户制度，包括国库集中支付制度和收入收缴管理制度，是指由财政部门代表政府设置国库单一账户体系，所有的财政资金均纳入国库单一账户体系收缴、支付和管理的制度。

第二篇　财政总预算会计

第三章

财政总预算资产的核算

学习目标

通过本章的学习，要求明确财政总预算资产的概念和内容；准确掌握各项资产的管理和核算要求；掌握各项资产的核算方法，并能正确地进行资产的核算业务。

第一节 财政总预算财政性存款

一、财政总预算财政性存款的内容和管理要求

财政性存款是指财政部门代表政府所掌管的财政资金，财政部门对其拥有支配权。财政总预算会计根据同级人民代表大会通过的年度预算和财政有关职能部门根据上述预算核定的单位预算，具体支配库款，并负责管理、调度，统一收付，不得透支，不得提取现金。

财政性存款按财政资金存放的地点分为国库存款、国库现金管理存款和其他财政存款等。国库存款是指各级总预算会计在国库单一账户的存款，包括存入国库的一般预算存款和基金预算存款。国库现金管理存款是指政府财政实行国库现金管理业务存放在商业银行的款项。其他财政存款是指未存入国库存款、国库现金管理存款的存款，根据国务院或财政部有关规定，存放在指定的专业银行的各项财政性存款，主要包括财政周转金存款、未设国库的乡镇财政在专业银行的预算资金存款以及部分由财政部指定存入专业银行的专用基金存款等。

财政总预算会计在管理财政性存款中，应遵循以下要求：

（一）集中资金，统一调度

各种应由财政部门掌管的资金，包括一般预算资金、基金预算资金、专用基金等，均应纳入财政性存款的有关存款户，由财政总预算会计统一收纳、支拨和管理。根据各项事业进度和资金使用情况拨付资金，保证满足计划内各项正常支出的需求，以便充分发挥资金效益，把资金用活、用好。

（二）严格控制存款开户

财政部门的预算资金除财政部有明确规定外，一律由财政总预算会计统一在国库或指定的银行开立存款账户，不得在国家规定之外将预算资金或其他财政性资金任意转存其他金融机构。

财政性存款的开户，一般采用“自开证明”的方式，即由财政机关开具证明，加盖机关公章，并提交印鉴卡到同级国库或指定的银行办理开户，待第一笔收入（预算收入或上

级财政拨入）收到后，该户即成立。财政性存款开户一般应预备财政机关公章，机关首长、预算部门负责人和财政总预算会计的印鉴。

（三）执行预算，计划支拨

财政总预算会计应根据同级人民代表大会通过的年度预算和经财政有关职能部门批准的单位季度分月用款计划拨付资金，不得办理超预算、无计划的拨款，以发挥财政总预算会计控制资金源头的作用。

（四）转账结算，不提现金

财政是分配财政资金的部门，不是资金的具体使用单位，不需要支付现金，所以财政总预算会计的各种支拨凭证，都只能用以转账结算而不得提取现金。不提现金不仅适应了财政总预算会计的实际情况，有利于现金管理，而且还保障了国库资金的安全。

（五）在存款余额内支付，不得透支

财政总预算会计只能在国库存款和其他财政存款余额内办理资金支付，不得透支。不得透支既是金融管理的规定，也是管理财政资金的原则。因此，财政总预算会计必须根据本级财政收支和库存的实际情况，做好预算资金的调度工作，解决资金的季节性平衡问题。

二、财政总预算国库存款的核算

财政总预算会计应设置“国库存款”账户，用来核算各级总预算会计在国库单一账户的预算资金存款。它属于资产类账户，本账户借方登记国库存款的增加数，贷方登记国库存款的减少数，期末余额在借方，反映国库存款的结存数。

财政总预算会计收到预算收入时，根据国库报来的预算收入日报表入账，借记本账户，贷记“一般公共预算本级收入”或“政府性基金预算本级收入”账户；收到上级预算补助时，根据国库转来的有关结算凭证入账，借记本账户，贷记“补助收入”等有关账户；办理库款支付时，根据支付凭证回单入账，借记有关支出账户，贷记本账户。

为避免不同口径的预算资金相互流用，“国库存款”应按政府预算收支账户，分设“一般预算存款”和“基金预算存款”两个明细账户，进行明细分类核算。有外币收支业务的总预算会计，还应按外币的种类设置外币存款明细账。发生外币收支业务时，应根据中国人民银行公布的人民币外汇汇率折合为人民币记账，并登记外国货币金额和折合率。年度终了，应将外币账户余额按照期末中国人民银行公布的人民币外汇汇率折合为人民币，作为外币账户期末人民币余额。调整后的各种外币账户人民币余额与原账面余额的差额，作为汇兑损益列入有关支出账户。

现举例说明国库存款的主要核算业务。

［例3-1］某市总预算会计收到本市国库报来预算收入日报表及缴款书等原始凭证，列明当日一般公共预算本级收入为120万元。根据相关凭证，编制会计分录如下：

借：国库存款——一般预算存款	1 200 000	
贷：一般公共预算本级收入		1 200 000

［例3-2］某市总预算会计收到国库报来基金预算收入日报表，列明收入为80万元。根据相关凭证，编制会计分录如下：

借：国库存款——基金预算存款	800 000	
贷：政府性基金预算本级收入		800 000

［例3-3］某市总预算会计收到下级财政上解款50万元。根据相关凭证，编制会计分录如下：

借：国库存款 500 000

　贷：上解收入 500 000

［例3-4］某市总预算会计根据财政有关职能部门的批准拨款数，拨付水利局农田水利经费20万元，收到国库预算拨款凭证回单。根据相关凭证，编制会计分录如下：

借：一般公共预算本级支出 200 000

　贷：国库存款——一般预算存款 200 000

［例3-5］某市财政局用基金预算结余购买国家指定由地方政府购买的国库券600万元，收到国库转来的预算拨款凭证回单和国库券（券面或凭证）。根据相关凭证，编制会计分录如下：

借：有价证券 6 000 000

　贷：国库存款——基金预算存款 6 000 000

三、财政总预算国库现金管理存款、财政零余额账户存款和其他财政存款的核算

（一）国库现金管理存款的核算

国库现金管理，是在确保国库资金安全完整和财政支出需要的前提下，对国库现金进行有效的运作管理，实现国库闲置现金余额最小化、投资收益最大化的一系列财政资金管理活动。通过实行国库现金管理，可以减少闲置现金与弥合资金缺口，最大限度提高国库库存资金使用效率。

财政总预算会计应设置“国库现金管理存款”账户，用来核算政府财政实行国库现金管理业务存放在商业银行的款项。它属于资产类账户，借方登记国库现金管理存款的增加数，贷方登记国库现金管理存款的减少数，期末余额在借方，反映国库现金管理存款的实际结存数。

现举例说明国库现金管理存款的主要核算业务。

［例3-6］某市总预算会计将国库存款5 000 000元转存到商业银行。根据相关凭证，编制会计分录如下：

借：国库现金管理存款 5 000 000

　贷：国库存款——一般预算存款 5 000 000

［例3-7］某市总预算会计将商业银行存款收回国库，本金5 000 000元，利息17 500元。根据相关凭证，编制会计分录如下：

借：国库存款——基金预算存款 5 017 500

　贷：国库现金管理存款 5 000 000

　　一般公共预算本级收入 17 500

（二）财政零余额账户存款的核算

按照财政国库管理制度的基本发展要求，建立国库单一账户体系，财政部门按资金使用性质在商业银行开设零余额账户，财政部门的零余额账户，用于财政直接支付和与国库单一账户支出清算。

为核算财政国库支付执行机构在代理银行办理财政直接支付的业务，财政总预算会计应设置“财政零余额账户存款”账户，它属于资产类账户，借方登记财政国库支付执行机

构每日按部门分“类”“款”“项”汇总的预算支出结算清单等结算单与中国人民银行国库划款凭证核对无误后，送总会计结算资金；贷方登记财政国库支付执行机构为预算单位直接支付的款项，当日资金结算后该账户一般应无余额。

［例3-8］某市国库支付执行机构在代理银行办理财政直接支付8 000 000元。根据相关凭证，编制会计分录如下：

借：一般公共预算本级支出　　8 000 000

　贷：财政零余额账户存款　　8 000 000

［例3-9］国库支付执行机构每日将按部门分“类”“款”“项”汇总的预算支出结算清单等结算单与中国人民银行国库划款凭证核对无误后，送总会计结算资金8 000 000元。根据相关凭证，编制会计分录如下：

借：财政零余额账户存款　　8 000 000

　贷：已结报支出　　8 000 000

（三）其他财政存款的核算

政府财政部门除一般预算存款和基金预算存款以及国库现金管理存款在商业银行存款外，一律在国库开立存款账户；未设国库的乡镇财政因无法在国库开户，只能在国库外的其他金融机构开户；粮食风险基金等专用基金经财政部批准，也可在相应的其他金融机构开户。

财政总预算会计应设置“其他财政存款”账户，用来核算各级总预算会计未列入“国库存款”、“国库现金管理存款”账户反映的各项财政性存款和政府采购资金专户的存款。它属于资产类账户，借方登记其他财政存款增加数，贷方登记其他财政存款的减少数，期末余额在借方，反映其他财政存款的实际结存数。

财政总预算会计收到其他财政存款时，应根据经办行报来的收入日报表或银行收款通知入账；财政总预算会计支付其他财政存款时，应根据有关支付凭证的回单入账。

其他财政存款的内容比较复杂，为了便于分类管理，避免资金混淆，一般可先按资金的性质分设“财政周转金存款”、乡镇财政“预算资金存款”和“专用基金存款”等明细账，然后再按交存地点分开户行进行明细分类核算。需要说明的是，以上三项内容不是每一个地方财政都有，如有的地方财政周转金已另设专门机构管理，财政总预算会计当然也就不必再设“财政周转金存款”明细账。县以上财政及已建立了国库的乡镇财政也不需要设置“预算资金存款”这个明细账。

现举例说明其他财政存款的主要核算业务。

［例3-10］某县总预算会计收到上级安排的粮食风险基金80万元，根据银行报来的收款通知入账。根据相关凭证，编制会计分录如下：

借：其他财政存款——专用基金存款　　800 000

　贷：专用基金收入　　800 000

［例3-11］未设国库的某乡财政收到县财政拨来的应归本级财政的预算收入200万元。根据相关凭证，编制会计分录如下：

借：其他财政存款——预算资金存款　　2 000 000

　贷：一般公共预算本级收入　　2 000 000

［例3-12］未设国库的某乡财政拨付给本乡农技站经费5万元。根据相关凭证，编制会计分录如下：

借：一般公共预算本级支出 50 000

贷：其他财政存款——预算资金存款 50 000

第二节 财政总预算有价证券

一、财政总预算有价证券的内容和管理要求

有价证券是国家指定的证券发行部门依照法定程序发行的，并约定在一定期限内还本付息的信用凭证。财政总预算会计核算的有价证券是指中央政府以信用方式发行的国家公债。

财政总预算会计管理和核算有价证券应遵循以下要求：

（1）各级政府只能用各项财政结余资金（包括一般预算结余和基金预算结余）购买国家指定的有价证券，如国库券、国家重点建设债券等，但不能购买公司债券和股票。

（2）支付购买有价证券的资金不得列作支出。

（3）当期有价证券兑付的利息及转让有价证券取得的收入与账面成本的差额，应分别按购入有价证券时的资金来源作为一般预算收入或基金预算收入处理。

（4）购入的有价证券（包括债券收款单）要视同货币妥善保管，防止遗失。

二、财政总预算有价证券的核算

财政总预算会计应设置“有价证券”账户，用来核算各级政府按国家统一规定用各项财政结余资金购买有价证券的库存数。它属于资产类账户，其借方登记购入有价证券增加的实际金额，贷方登记到期兑付或提前转让有价证券减少的实际金额，期末余额在借方，反映政府财政持有的有价证券金额。

有价证券按购券的资金来源性质设置“一般预算结余购入”和“基金预算结余购入”两个明细账户，在持有多种有价证券时，还应进一步按有价证券种类进行明细核算。

[例3-13] 某市财政局根据市政府指示，用一般预算结余购买政府债券800万元。根据相关凭证，编制会计分录如下：

借：有价证券——一般预算结余购入 8 000 000

贷：国库存款 8 000 000

[例3-14] 某市财政局将用基金预算结余购买的3年期政府债券200万元，提前1年转让，取得转让净收入220万元。根据相关凭证，编制会计分录如下：

借：国库存款 2 200 000

贷：有价证券——基金预算结余购入 2 000 000

政府性基金预算本级收入 200 000

[例3-15] 某市财政局持有的5年期国库券70万元到期兑付，国库券的年利率为10%，本息为105万元（70×（1+5×10%）），其中用一般预算结余购入40万元，用基金预算结余购入30万元。根据相关凭证，编制会计分录如下：

借：国库存款 1 050 000

贷：有价证券——一般预算结余购入 400 000

——基金预算结余购入 300 000

一般公共预算本级收入 200 000

政府性基金预算本级收入 150 000

第三节 财政总预算在途款、借出款项及应收款项

一、财政总预算在途款的核算

在途款是指在途未到达的款项。财政总预算在途款是指在规定的决算清理期和国库款报解整理期内发生的跨年度收支业务需要过渡处理的资金。

由于库款的报解需要一定的传递时间，年终就会存在国库经收处或各级国库已在年前收纳，但尚未划转到支库或尚未报解到上级国库的各项收入。为了保证国库经收处当年收到的预算收入及时反映到当年的决算中去，就需要对资金活动发生在下一年度，但会计事项却属于上一年度的这些上下年度间的交接资金进行过渡处理。

财政总预算会计应设置“在途款”账户，用来核算决算清理期和库款报解整理期内发生的上下年度收入、支出业务及需要通过本账户过渡处理的资金数。它属于资产类账户，借方登记决算清理期内收到属于上年度的收入数，贷方登记转入“一般公共预算本级收入”“补助收入”“上解收入”等收入账户的收入数；收回属于上年度拨款或支出时，借记本账户，贷记“预拨经费”或“一般公共预算本级支出”账户等支出账户；冲转在途款时，借记“国库存款”账户，贷记本账户。

[例3-16] 某县财政局在决算清理期内收到国库报来预算收入日报表，列示所属上年度的一般预算收入5万元。

在上年度账上反映上年度预算收入。根据相关凭证，编制会计分录如下：

借：在途款 50 000

贷：一般公共预算本级收入 50 000

在本年度新账上冲转在途款。根据相关凭证，编制会计分录如下：

借：国库存款 50 000

贷：在途款 50 000

[例3-17] 某市财政局在决算清理期内收到国库报来的收回上年度各单位预拨款7万元。

反映上年预算拨款收回，冲减上年度预算支出。根据相关凭证，编制会计分录如下：

借：在途款 70 000

贷：预拨经费 70 000

在本年度新账上冲转在途款。根据相关凭证，编制会计分录如下：

借：国库存款 70 000

贷：在途款 70 000

二、财政总预算借出款项的核算

借出款项是指核算政府财政按照对外借款管理相关规定借给预算单位临时急需的，并需按期收回的款项。借出款项是在没有预算的情况下，财政部门借给预算单位紧急周转用，财政总预算会计不能将其列入支出项目，因此列入借出款项处理。

财政总预算会计应设置“借出款项”账户，用来核算政府财政按照对外借款管理相关规定借给预算单位临时急需的，并需按期收回的款项。将款项借出时，按照实际支付的金额，借记本科目，贷记“国库存款”等科目；收回借款时，按照实际收到的金额，借记

"国库存款"等科目，贷记本科目。本科目期末借方余额反映政府财政借给预算单位尚未收回的款项。借出款项应当按照借款单位等进行明细核算。

［例3-18］某市教育局因抢修危险校舍，向市财政紧急借款80万元。根据相关凭证，编制会计分录如下：

借：借出款项——市教育局　　800 000

　贷：国库存款　　800 000

［例3-19］上述市教育局修理校舍款项经核准已落实预算，转作一般预算支出。根据相关凭证，编制会计分录如下：

借：一般公共预算本级支出　　800 000

　贷：借出款项——市教育局　　800 000

三、财政总预算其他应收款及与下级往来的核算

（一）其他应收款核算

预算总会计应设置"其他应收款"账户，用来核算政府财政临时发生的其他应收、暂付、垫付款项。项目单位拖欠外国政府和国际金融组织贷款本息和相关费用导致相关政府财政履行担保责任，代偿的贷款本息费，也通过本科目核算。其他应收款科目应及时清理结算。年终，原则上应无余额。其他应收款科目应当按照资金性质、债务单位等进行明细核算。

发生其他应收款项时，借记本账户，贷记"国库存款""其他财政存款"等账户；收回或转作预算支出时，借记"国库存款""其他财政存款"或有关支出账户，贷记本账户；政府财政对使用外国政府和国际金融组织贷款资金的项目单位履行担保责任，代偿贷款本息费时，借记本账户，贷记"国库存款""其他财政存款"等账户。政府财政行使追索权，收回项目单位贷款本息费时，借记"国库存款""其他财政存款"等账户，贷记本账户。政府财政最终未收回项目单位贷款本息费，经核准列支时，借记"一般公共预算本级支出"等账户，贷记本账户。

［例3-20］某市财政局为市教育局借某国贷款项目资金提供担保，期限已到，市教育局资金临时周转困难，由市财政局代偿付贷款的利息80万元。根据相关凭证，编制会计分录如下：

借：其他应收款——市教育局　　800 000

　贷：国库存款　　800 000

［例3-21］收到市教育局缴来的由市财政局代垫的贷款利息款项。根据相关凭证，编制会计分录如下：

借：国库存款　　800 000

　贷：其他应收款——市教育局　　800 000

（二）与下级往来的核算

政府财政上下级之间，由于财政资金周转调度的需要，以及补助、上解结算等事项而形成的应补未补、应解未解等待结算的资金称为上下级往来。这种往来结算既可能是上级财政欠下级财政的款，也可能是下级财政欠上级财政的款，所以不论是与上级往来还是与下级往来，都有可能形成债权，也都有可能形成债务。但在一般情况下，多数表现为下级财政对上级财政的欠款，因此在财政总预算会计核算中，通常将与下级往来作为债权列在资产类，而将与上级往来作为债务列在负债类。

财政总预算会计应设置“与下级往来”账户，用来核算本级政府财政与下级政府财政的往来待结算款项。它属于资产类账户，借方登记借给下级政府财政的款项及应由下级政府财政上缴的收入；贷方登记借款的收回或转作应给下级政府财政的补助数额；该账户期末如为借方余额，表示下级政府财政应归还本级政府财政的款项，如为贷方余额，则表示本级政府财政欠下级政府财政的款项，此时在资产负债表上可用负数或红字反映。本账户应按资金的性质和下级财政部门名称设置明细账，进行明细分类核算。

[例3-22] 某市财政局同意所属××县财政局的申请，借给其临时周转金50万元。根据相关凭证，编制会计分录如下：

借：与下级往来——××县财政　　500 000

　贷：国库存款　　500 000

[例3-23] 某市财政局将借给所属县财政的款项30万元转作对该县财政的补助。根据相关凭证，编制会计分录如下：

借：补助支出　　300 000

　贷：与下级往来——××县财政　　300 000

[例3-24] 某市财政局收到所属××县财政局归还的借款20万元。根据相关凭证，编制会计分录如下：

借：国库存款　　200 000

　贷：与下级往来——××县财政　　200 000

第四节 财政总预算预拨经费

一、财政总预算预拨经费的内容及拨款原则

预拨经费是政府财政部门预拨给行政、事业单位而尚未列入预算支出的经费，包括两种情况：一是年度预算执行中，总预算会计用预算资金拨给有关用款单位应在以后各期列支的款项；二是会计年度终了前预拨给用款单位的下年度经费。前者主要是有些用款单位距财政部门路途较远，且交通、通信不便，当期汇款不能及时到达，影响按时支付，需要上一个月即拨付下一个月的经费；后者主要是如列入下年农田水利建设计划，但须在今年抓紧准备或施工，在此情况下，往往需要提前拨付，但又不能在本年度列为支出。

财政部门在预拨款项时，应遵循以下原则：

（1）严格执行预算。根据批准的年度预算和季度分月用款计划拨付，不得办理无预算、无用款计划、超预算、超计划的拨款。

（2）按照用款单位的预算级次和审定的用款计划，逐级转拨，不得越级办理拨款。凡有上级主管部门的行政、事业单位，不能作为主管会计单位直接与各级财政部门发生领报关系。

（3）根据用款单位的实际用款进度拨付。既要保证资金需要，又要防止积压浪费；既要考虑本期计划需要，又要掌握上期资金使用情况，以促进各单位有效地使用资金。

（4）根据财政部门的国库存款情况拨付，以保证资金调度平衡。

财政部门预算拨款的方式有划拨资金和限额拨款两种。划拨资金方式适用于行政、事

业经费拨款，限额拨款方式则适用于基本建设拨款。

二、财政总预算预拨经费的核算

财政总预算会计应设置“预拨经费”账户，用来核算政府财政部门预拨给行政、事业单位，尚未列为预算支出的经费。它属于资产类账户，借方登记预拨给用款单位的款项，贷方登记用款单位交回的款项和转列支出的款项，期末余额在借方，反映政府财政尚待转列支出或尚待收回的预拨经费数。规定在当年列支的，余额不得跨年；规定在下年度列支的，年终余额结转下年。本账户应按接受拨款的单位设置明细账，进行明细分类核算。

［例3-25］某市财政局根据下年度计划和水利局申请，预拨下年度农田水利经费10万元。根据相关凭证，编制会计分录如下：

借：预拨经费——水利局——下年度水利经费	100 000	
贷：国库存款		100 000

［例3-26］续例3-25，下年度将预拨水利局的农田水利经费转作一般预算支出。根据相关凭证，编制会计分录如下：

借：一般公共预算本级支出	100 000	
贷：预拨经费——水利局——下年度水利经费		100 000

［例3-27］某县部分学校位于偏远山区，县财政局预拨给县教育局下月份经费15万元。根据相关凭证，编制会计分录如下：

借：预拨经费——县教育局	150 000	
贷：国库存款		150 000

［例3-28］续例3-27，该县财政局根据核准的教育局预算经费请拨单，应拨付教育事业费85万元给县教育局，扣除已预拨的15万元转列支出，实际拨出70万元。根据相关凭证，编制会计分录如下：

借：一般公共预算本级支出	850 000	
贷：预拨经费——县教育局		150 000
国库存款		700 000

三、财政总预算待发国债的核算

财政总预算应当设置“待发国债”账户，核算为弥补中央财政预算收支差额，中央财政预计发行国债与实际发行国债之间的差额，该账户属于资产类账户，借方登记年度终了，实际发行国债收入用于债务还本支出后，小于为弥补中央财政预算收支差额中央财政预计发行国债时两者的差额，贷方登记实际发行国债收入用于债务还本支出后，大于为弥补中央财政预算收支差额中央财政预计发行国债时的差额，期末借方余额反映中央财政尚未使用的国债发行额度。

第五节 财政总预算应收转贷款

应收转贷款是指政府财政将借入的资金转贷款给下级财政部门使用，包括应收地方政府债券转贷款、应收主权外债转贷款等。

一、应收地方政府债券转贷款的核算

财政总预算会计应当设置“应收地方政府债券转贷款”账户，用来核算本级政府财政

转贷给下级政府财政的地方政府债券资金的本金及利息。该账户属于资产类账户，主要账务处理如下：

（一）向下级政府财政转贷地方政府债券资金时，按照转贷的金额，借记“债务转贷支出”账户，贷记“国库存款”账户；根据债务管理部门转来的相关资料，按照到期应收回的转贷本金金额，借记本账户，贷记“资产基金——应收地方政府债券转贷款”账户。

（二）期末确认地方政府债券转贷款的应收利息时，根据债务管理部门计算出的转贷款本期应收未收利息金额，借记本账户，贷记“资产基金——应收地方政府债券转贷款”账户。

（三）收回下级政府财政偿还的转贷款本息时，按照收回的金额，借记“国库存款”等账户，贷记“其他应付款”或“其他应收款”账户；根据债务管理部门转来的相关资料，按照收回的转贷款本金及已确认的应收利息金额，借记“资产基金——应收地方政府债券转贷款”账户，贷记本账户。

（四）扣缴下级政府财政的转贷款本息时，按照扣缴的金额，借记“与下级往来”账户，贷记“其他应付款”或“其他应收款”账户；根据债务管理部门转来的相关资料，按照扣缴的转贷款本金及已确认的应收利息金额，借记“资产基金——应收地方政府债券转贷款”账户，贷记本账户。应收地方政府债券转贷款期末借方余额反映政府财政应收未收的地方政府债券转贷款本金和利息。

应收地方政府债券转贷款下应当设置“应收地方政府一般债券转贷款”和“应收地方政府专项债券转贷款”明细账户，其下分别设置“应收本金”和“应收利息”账户，并按照转贷对象进行明细核算。

[例3-29] 某省财政部门2016年1月1日代下级财政部门发行一年期专项债券1 000万元，年利率6%，省财政部门将发行债券的资金转贷给下级政府部门，期限结束后支付本金和利息。根据相关凭证，编制会计分录如下：

（1）向下级政府财政转贷地方政府专项债券款时：

借：债务转贷支出　　10 000 000

　贷：国库存款　　10 000 000

同时，按到期应收回的转贷本金，

借：应收地方政府债券转贷款——专项债券转贷款——应收本金　　10 000 000

　贷：资产基金——应收地方政府债券转贷款　　10 000 000

（2）根据债务部门计算的转贷款应收未收的专项债券的利息金额，确认应收地方政府财政应收未收利息5万元：

借：应收地方政府债券转贷款——专项债券转贷款——应收利息　　50 000

　贷：资产基金——应收地方政府债券转贷款　　50 000

（3）收回下级政府转贷款的本金及利息。根据相关凭证，编制会计分录如下：

借：国库存款　　10 600 000

　贷：其他应收款　　10 600 000

同时，

借：资产基金——应收地方政府债券转贷款　　10 600 000

　贷：应收地方政府债券转贷款——专项债券转贷款——应收本金　　10 000 000

　　　　　　　　　　　　　　　　　　　　　　——应收利息　　600 000

二、应收主权外债转贷款的核算

为了核算应收主权外债转贷款，财政总预算会计应当设置“应收主权外债转贷款”账户，用来核算本级政府财政转贷给下级政府财政的外国政府和国际金融组织贷款等主权外债资金的本金及利息。该账户属于资产类账户，主要账务处理如下：

（一）本级政府财政向下级政府财政转贷主权外债资金，且主权外债最终还款责任由下级政府财政承担的，相关账务处理如下：

1.本级政府财政支付转贷资金时，根据转贷资金支付相关资料，借记“债务转贷支出”科目，贷记“其他财政存款”科目；根据债务管理部门转来的相关资料，按照实际持有的债权金额，借记本科目，贷记“资产基金——应收主权外债转贷款”科目。

2.外方将贷款资金直接支付给用款单位或供应商时，本级政府财政根据转贷资金支付相关资料，借记“债务转贷支出”科目，贷记“债务收入”或“债务转贷收入”科目；根据债务管理部门转来的相关资料，按照实际持有的债权金额，借记本科目，贷记“资产基金——应收主权外债转贷款”科目；同时，借记“待偿债净资产”科目，贷记“借入款项”或“应付主权外债转贷款”科目。

（二）期末确认主权外债转贷款的应收利息时，根据债务管理部门计算出转贷款的本期应收未收利息金额，借记本科目，贷记“资产基金——应收主权外债转贷款”科目。

（三）收回转贷给下级政府财政主权外债的本息时，按照收回的金额，借记“其他财政存款”科目，贷记“其他应付款”或“其他应收款”科目；根据债务管理部门转来的相关资料，按照实际收回的转贷款本金及已确认的应收利息金额，借记“资产基金——应收主权外债转贷款”科目，贷记本科目。

（四）扣缴下级政府财政的转贷款本息时，按照扣缴的金额，借记“与下级往来”科目，贷记“其他应付款”或“其他应收款”科目；根据债务管理部门转来的相关资料，按照扣缴的转贷款本金及已确认的应收利息金额，借记“资产基金——应收主权外债转贷款”科目，贷记本科目。

应收主权外债转贷款账户期末借方余额反映政府财政应收未收的主权外债转贷款本金和利息。应收主权外债转贷款账户下应当设置“应收本金”和“应收利息”两个明细账户，并按照转贷对象进行明细核算。

第六节　财政总预算股权投资与应收股利

一、股权投资的核算

财政总预算会计的股权投资，是指政府财政通过投资活动所持有的各类股权投资。它包括国际金融组织股权投资、投资基金股权投资和企业股权投资等。财政总预算会计股权投资一般采用权益法进行核算，就是政府财政对外的股权投资，其初始投资按投资成本入账，以后，每年应随着被投资主体所有者权益的变动按投资比例调整增加或减少“股权投资”账户账面金额，使股权投资账面金额始终反映占被投资主体所有者权益份额。

财政总预算会计应设置“股权投资”账户，核算政府持有的各类股权投资。股权投资的主要账务处理如下：

（一）国际金融组织股权投资

1.政府财政代表政府认缴国际金融组织股本时，按照实际支付的金额，借记“一般公共预算本级支出”等账户，贷记“国库存款”账户；根据股权投资确认相关资料，按照确定的股权投资成本，借记本账户，贷记“资产基金——股权投资”账户。

2.从国际金融组织撤出股本时，按照收回的金额，借记“国库存款”账户，贷记“一般公共预算本级支出”账户；根据股权投资清算相关资料，按照实际撤出的股本，借记“资产基金——股权投资”账户，贷记本账户。

（二）投资基金股权投资

1.政府财政对投资基金进行股权投资时，按照实际支付的金额，借记“一般公共预算本级支出”等账户，贷记“国库存款”等账户；根据股权投资确认相关资料，按照实际支付的金额，借记本账户（投资成本），按照确定的在被投资基金中占有的权益金额与实际支付金额的差额，借记或贷记本账户（其他权益变动），按照确定的在被投资基金中占有的权益金额，贷记“资产基金——股权投资”账户。

2.年末，根据政府财政在被投资基金当期净利润或净亏损中占有的份额，借记或贷记本账户（损益调整），贷记或借记“资产基金——股权投资”账户。

3.政府财政将归属财政的收益留作基金滚动使用时，借记本账户（收益转增投资），贷记本账户（损益调整）。

4.被投资基金宣告发放现金股利或利润时，按照应上缴政府财政的部分，借记“应收股利”账户，贷记“资产基金——应收股利”账户；同时按照相同的金额，借记“资产基金——股权投资”账户，贷记本账户（损益调整）。

5.被投资基金发生除净损益以外的其他权益变动时，按照政府财政持股比例计算应享有的部分，借记或贷记本账户（其他权益变动），贷记或借记“资产基金——股权投资”账户。

6.投资基金存续期满、清算或政府财政从投资基金退出需收回出资时，政府财政按照实际收回的资金，借记“国库存款”等账户，按照收回的原实际出资部分，贷记“一般公共预算本级支出”等账户，按照超出原实际出资的部分，贷记“一般公共预算本级收入”等账户；根据股权投资清算相关资料，按照因收回股权投资而减少在被投资基金中占有的权益金额，借记“资产基金——股权投资”账户，贷记本账户。

（三）企业股权投资

企业股权投资的账务处理，根据管理条件和管理需要，参照投资基金股权投资的账务处理。

“股权投资”账户期末借方余额反映政府尚未收回的现金股利或利润。“股权投资”账户应当按照“国际金融组织股权投资”“投资基金股权投资”“企业股权投资”设置一级明细账户，在一级明细账户下，可根据管理需要，按照被投资主体进行明细核算。对每一被投资主体还可按“投资成本”“收益转增投资”“损益调整”“其他权益变动”进行明细核算。

二、应收股利的核算

财政总预算会计应设置“应收股利”账户，核算政府因持有股权投资应当收取的现金股利或利润。应收股利的主要账务处理如下：

（一）持有股权投资期间被投资主体宣告发放现金股利或利润的，按应上缴政府财政的部分，借记本账户，贷记“资产基金——应收股利”账户；按照相同的金额，借记“资产基金——股权投资”账户，贷记“股权投资（损益调整）”账户。

（二）实际收到现金股利或利润，借记“国库存款”等账户，贷记有关收入账户；按照相同的金额，借记“资产基金——应收股利”账户，贷记本账户。

“应收股利”账户应当按照被投资主体进行明细核算。

[例3-30] 经批准，某市财政1月1日对A投资基金投资400万元，占该基金10%的股份，该基金所有者权益总额为4 600万元，12月31日该投资基金会计报表显示实现净利润800万元，次年4月30日，A投资基金投资公司宣告发放现金股利700万元，现金股利在5日后财政已收到，次年5月20日，A投资基金发生除净损益外的收益40万元，财政根据年度财政预算安排对资金的需要，于次年6月30日出售A投资基金中的投资股份5%，收回投资实际金额为252万元。假设政府按投资股份分得的股利留作基金滚动使用。

某市财政与投资基金投资有关的会计分录如下：

1.1月1日，财政购买A投资基金股权投资时，

按实际支付金额，

借：一般公共预算本级支出 4 000 000

　贷：国库存款 4 000 000

同时，

借：股权投资——投资基金股权投资——A投资基金——投资成本 4 000 000

　　　　　　　　　　　　　　　　　　　　——其他权益 600 000

　贷：资产基金——股权投资 4 600 000

2.12月31日，按A投资基金当期净利润所占份额计算损益时，8 000 000×10%=800 000（元）

借：股权投资——投资基金股权投资——A投资基金——损益调整 800 000

　贷：资产基金——股权投资 800 000

3.次年4月30日，A投资基金投资公司宣告发放现金股利时，本级政府财政应分得股利=7 000 000×10%=700 000（元）

借：应收股利 700 000

　贷：资产基金——应收股利 700 000

同时，

借：资产基金——股权投资 700 000

　贷：股权投资——投资基金股权投资——A投资基金——损益调整 700 000

4.财政收到现金股利时，

借：国库存款 700 000

　贷：一般公共预算本级收入 700 000

同时，

借：资产基金——应收股利 700 000

　贷：应收股利 700 000

5.按规定将政府财政的投资基金投资收益留作基金滚动使用时，

借：股权投资——投资基金股权投资——A投资基金——收益转增投资 100 000

贷：股权投资——投资基金股权投资——A投资基金——损益调整 100 000

6.次年5月20日，A投资基金发生除净损益外其他收益时，

其他收益按财政持股比例计算享有的份额：400 000×10%=40 000（元）

借：股权投资——投资基金股权投资——A投资基金——其他权益 40 000

贷：资产基金——股权投资 40 000

7.次年6月30日，出售A投资基金中的投资股份时，

借：国库存款 2 520 000

贷：一般公共预算本级支出 2 000 000

一般公共预算本级收入 520 000

同时，因收回投资而减少在A投资基金中占有的权益金额：（46 000 000+8 000 000-7 000 000+400 000）×5%=2 370 000（元）

借：资产基金——股权投资 2 370 000

贷：股权投资——投资基金股权投资——A投资基金——投资成本 2 000 000

——其他权益 320 000

——收益转增投资 50 000

本章小结

本章全面介绍了财政总预算会计各项资产的内容和核算方法。

财政总预算会计所核算的资产，是一级财政掌管或控制的能以货币计量的经济资源，包括财政性存款、有价证券、在途款、借出款项及应收款项、预拨经费以及应收转贷款、股权投资及应收股利等内容。

财政性存款是财政部门代表政府所掌管的财政资金，财政部门对其拥有支配权，按财政资金存放的地点分为国库存款和国库现金管理存款。有价证券是国家指定的证券发行部门依照法定程序发行的，并约定在一定期限内还本付息的信用凭证。在途款是指核算决算清理期和库款报解整理期内发生的需要通过本科目过渡处理的属于上年度收入、支出等业务的资金数。预拨经费是指核算政府财政预拨给预算单位尚未列为预算支出的款项。借出款项是指政府财政按照对外借款管理相关规定借给预算单位临时急需的，并需按期收回的款项。与下级往来是指本级政府财政与下级政府财政的往来待结算款项。其他应收款是指政府财政临时发生的其他应收、暂付、垫付款项。项目单位拖欠外国政府和国际金融组织贷款本息与相关费用导致相关政府财政履行担保责任，代偿的贷款本息费，也通过本科目核算。股权投资是指政府持有的各类股权投资，包括国际金融组织股权投资、投资基金股权投资和企业股权投资等。应收股利是指政府因持有股权投资应当收取的现金股利或利润。应收地方政府债券转贷款是指本级政府财政转贷给下级政府财政的地方政府债券资金的本金及利息。应收主权外债转贷款是指本级政府财政转贷给下级政府财政的外国政府和国际金融组织贷款等主权外债资金的本金及利息。

财政总预算会计通过“国库存款”“国库现金管理存款”“财政零余额账户存款”“其

他财政存款”“有价证券”“在途款”“待发国债”“借出款项”“与下级往来”“预拨经费”“其他应收款”“应收地方政府债券转贷款”“应收主权外债转贷款”“股权投资”“应收股利”等账户核算资产的增减变动情况。

第四章

财政总预算负债和净资产的核算

学习目标

通过本章的学习，要求明确财政总预算会计负债和净资产的基本概念及其构成内容；掌握各项负债和净资产的核算方法。

第一节 财政总预算负债

一、财政总预算负债的内容

财政总预算会计的负债是指一级财政所承担的能以货币计量、需以资产偿付的债务，由于财政总预算会计核算的是政府财政资金分配环节的经济业务活动过程和结果，其债务主要是发现政府债券、借款和资金调度形成的债务。

财政总预算会计的负债按照偿还期限的长短，分为流动负债和非流动负债。流动负债是指预计在1年内（含1年）偿还的负债；非流动负债是指流动负债以外的负债。财政总预算负债主要内容包括应付国库集中支付结余、应付短期政府债券、与上级往来、应付代管资金、其他应付款、应付长期政府债券、借入款项、应付地方政府债券转贷款、其他负债、已结报支出等。

二、财政总预算负债的确认和计量

财政总预算承担的债务，应当在对其承担偿还责任，并且能够可靠地进行货币计量时确认。

符合负债定义并确认的负债项目，应当列入资产负债表。政府财政承担或有责任（偿债责任需要通过未来不确定事项的发生或不发生予以证实）的负债，不列入资产负债表，但应当在报表附注中披露。

财政总预算负债，应当按照承担的相关合同金额或实际发生金额进行计量。

三、财政总预算应付国库集中支付结余核算

在国库集中支付制度下，预算单位在年末可能存在尚未使用的财政直接支付结余资金和尚未下达或尚未使用的财政授权支付结余资金。应付国库集中支付结余是指国库集中支付中，按照财政部门批复的部门预算，当年未支而需要结转下一年度支付的款项，采用权责发生制列支后形成的债务。

财政总预算会计应设置“应付国库集中支付结余”账户，用来核算政府财政采用权责发生制列支，预算单位尚未使用的国库集中支付结余资金。年末，对当年形成的国库集中支付结余采用权责发生制列支时，借记有关支出账户，贷记本账户；以后年度实际支付国库集中支付结余资金时，分以下情况处理：

1.按原结转预算科目支出的，借记本账户，贷记“国库存款”账户。

2.调整支出预算科目的，应当按原结转预算科目作冲销处理，借记本账户，贷记有关支出账户。同时，按实际支出预算科目作列支账务处理，借记有关支出账户，贷记“国库存款”账户。

“应付国库集中支付结余”账户应当根据管理需要，按照政府收支分类科目等进行相应明细核算。期末贷方余额反映政府财政尚未支付的国库集中支付结余。

［例4-1］某市财政局年终核定当年确实无法拨付、预算单位尚未使用的国库集中支付结余资金共计800 000元，编制会计分录如下：

借：一般公共预算本年支出　　800 000

　贷：应付国库集中支付结余　　800 000

下一年，将结转结余资金实际拨付支出时：

借：应付国库集中支付结余　　800 000

　贷：国库存款　　800 000

四、财政总预算其他应付款的核算

其他应付款是指政府财政临时发生的暂收、应付和收到的不明性质款项。

财政总预算会计应设置“其他应付款”账户，核算政府财政临时发生的暂收、应付和收到的不明性质款项。税务机关代征入库的社会保险费、项目单位使用并承担还款责任的外国政府和国际金融组织贷款，也通过本账户核算

其他应付款的主要账务处理如下：

1.收到暂存款项时，借记“国库存款”“其他财政存款”等账户，贷记本账户。

2.将暂存款项清理退还或转作收入时，借记本账户，贷记“国库存款”“其他财政存款”或有关收入账户。

3.社会保险费代征入库时，借记“国库存款”账户，贷记本账户。社会保险费国库缴存社保基金财政专户时，借记本账户，贷记“国库存款”账户。

4.收到项目单位承担还款责任的外国政府和国际金融组织贷款资金时，借记“其他财政存款”账户，贷记本账户；付给项目单位时，借记本账户，贷记“其他财政存款”账户。收到项目单位偿还贷款资金时，借记“其他财政存款”账户，贷记本账户；付给外国政府和国际金融组织项目单位还款资金时，借记本账户，贷记“其他财政存款”账户。

“其他应付款”应当按照债权单位或资金来源等进行明细核算。期末贷方余额反映政府财政尚未结清的其他应付款项。

［例4-2］某市财政因临时急需资金，向上级省财政借入款项500 000元。根据相关凭证，编制会计分录如下：

借：国库存款——一般预算存款　　500 000

　贷：其他应付款——省财政　　500 000

［例4-3］续例4-2，省财政经研究已落实对该笔借款的预算，该市财政将其全数转作收入。根据相关凭证，编制会计分录如下：

借：其他应付款——省财政　　500 000

　贷：一般公共预算本级收入　　500 000

［例4-4］某市财政一般预算存款户收到性质不明的款项50 000元。根据相关凭证，

编制会计分录如下：

借：国库存款——一般预算存款 50 000

贷：其他应付款 50 000

［例4-5］续例4-4，经查明，上述性质不明的款项中，有45 000元是市公安局交来的罚没收入，转作基金预算收入。根据相关凭证，编制会计分录如下：

借：其他应付款 45 000

贷：政府性基金预算本级收入 45 000

［例4-6］续例4-5，经查明，上述性质不明的款项中，另5 000元是市工商行政管理局错收的罚款。经核准后办理退库，返还被罚者。根据相关凭证，编制会计分录如下：

借：其他应付款 5 000

贷：国库存款——一般预算存款 5 000

五、财政总预算与上级往来的核算

与上级往来是指本级政府财政与上级政府财政往来待结算款项。

财政总预算会计应设置“与上级往来”账户，用来核算与上级财政的往来结算款项。它属于负债类账户，借方登记应上缴上级财政款项的结转情况，贷方登记应上缴上级财政款项，期末该账户的贷方余额表示本级财政欠上级财政的款项，借方余额表示上级财政欠本级财政的款项。该账户应及时清理结算，年终未能结清的余额结转下年。有基金预算往来的地区，该账户可按资金性质设置明细账，进行明细分类核算。

从上级财政借入周转款项或体制结算中发生应上缴上级财政款项时，借记“国库存款”“上解支出”等账户，贷记本账户；归还借款、转作上级补助收入或体制结算中应由上级补给款项时，借记本账户，贷记“国库存款”“补助收入”等账户。

［例4-7］在财政体制结算中，某市财政应上解省财政款项500 000元。根据相关凭证，编制会计分录如下：

借：上解支出 500 000

贷：与上级往来 500 000

［例4-8］在财政体制结算中，某省财政应补助所属市财政款项300 000元。根据相关凭证，编制会计分录如下：

借：与上级往来 300 000

贷：补助收入 300 000

［例4-9］某市财政为了满足其对财政资金周转调度的需要，向上级省财政借入资金800 000元。根据相关凭证，编制会计分录如下：

借：国库存款——一般预算存款 800 000

贷：与上级往来 800 000

［例4-10］续例4-9，该市财政向上级省财政归还财政资金周转借款80 000元。根据相关凭证，编制会计分录如下：

借：与上级往来 80 000

贷：国库存款——一般预算存款 80 000

六、财政总预算借入款项的核算

财政总预算借入款项是指政府财政部门以政府名义向外国政府和国际金融组织等借入

的款项，以及经国务院批准的其他方式借入的款项。

财政总预算会计应当设置“借入款项”账户，核算政府财政部门以政府名义向外国政府和国际金融组织等借入的款项，以及经国务院批准的其他方式借入的款项。该账户属于负债类账户，主要账务处理如下：

（一）借入主权外债的账务处理

1.本级政府财政收到借入的主权外债资金时，借记“其他财政存款”账户，贷记“债务收入”账户；根据债务管理部门转来的相关资料，按照实际承担的债务金额，借记“待偿债净资产——借入款项”账户，贷记本账户。

2.本级政府财政借入主权外债，且由外方将贷款资金直接支付给用款单位或供应商时，应根据以下情况分别处理：

（1）本级政府财政承担还款责任，贷款资金由本级政府财政同级部门（单位）使用的，本级政府财政部门根据贷款资金支付相关资料，借记“一般公共预算本级支出”等账户，贷记“债务收入”账户；根据债务管理部门转来的相关资料，按照实际承担的债务金额，借记“待偿债净资产——借入款项”账户，贷记本账户。

（2）本级政府财政承担还款责任，贷款资金由下级政府财政同级部门（单位）使用的，本级政府财政部门根据贷款资金支付相关资料及预算指标文件，借记“补助支出”账户，贷记“债务收入”账户；根据债务管理部门转来的相关资料，按照实际承担的债务金额，借记“待偿债净资产——借入款项”账户，贷记本科目。

（3）下级政府财政承担还款责任，贷款资金由下级政府财政同级部门（单位）使用的，本级政府财政部门根据贷款资金支付相关资料，借记“债务转贷支出”科目，贷记“债务收入”账户；根据债务管理部门转来的相关资料，按照实际承担的债务金额，借记“待偿债净资产——借入款项”账户，贷记本账户；同时，借记“应收主权外债转贷款”账户，贷记“资产基金——应收主权外债转贷款”账户。

3.期末确认借入主权外债的应付利息时，根据债务管理部门计算出的本期应付未付利息金额，借记“待偿债净资产——借入款项”账户，贷记本账户。

4.偿还本级政府财政承担的借入主权外债本金时，借记“债务还本支出”账户，贷记“国库存款”“其他财政存款”等账户；根据债务管理部门转来的相关资料，按照实际偿还的本金金额，借记本账户，贷记“待偿债净资产——借入款项”账户。

5.偿还本级政府财政承担的借入主权外债利息时，借记“一般公共预算本级支出”等账户，贷记“国库存款”“其他财政存款”等账户；实际偿还利息金额中属于已确认的应付利息部分，还应根据债务管理部门转来的相关资料，借记本账户，贷记“待偿债净资产——借入款项”账户。

6.偿还下级政府财政承担的借入主权外债的本息时，借记“其他应付款”或“其他应收款”账户，贷记“国库存款”“其他财政存款”等账户；根据债务管理部门转来的相关资料，按照实际偿还的本金及已确认的应付利息金额，借记本账户，贷记“待偿债净资产——借入款项”账户。

7.被上级政府财政扣缴借入主权外债的本息时，借记“其他应收款”账户，贷记“与上级往来”账户；根据债务管理部门转来的相关资料，按照实际扣缴的本金及已确认的应付利息金额，借记本账户，贷记“待偿债净资产——借入款项”账户。列报支出时，对应由本级政府财政承担的还本支出，借记“债务还本支出”账户，贷记“其他应收款”账户；对应由本级政府财政承担的利息支出，借记“一般公共预算本级支出”等账户，贷记“其他应收款”账户。

8.债权人豁免本级政府财政承担偿还责任的借入主权外债本息时，根据债务管理部门转来的相关资料，按照被豁免的本金及已确认的应付利息金额，借记本账户，贷记“待偿债净资产——借入款项”账户。

债权人豁免下级政府财政承担偿还责任的借入主权外债本息时，根据债务管理部门转来的相关资料，按照被豁免的本金及已确认的应付利息金额，借记本账户，贷记“待偿债净资产——借入款项”账户；同时，借记“资产基金——应收主权外债转贷款”账户，贷记“应收主权外债转贷款”账户。

（二）其他借入款项账务处理参照本科目使用说明中借入主权外债业务的账务处理

“借入款项”账户期末贷方余额反映本级政府财政尚未偿还的借入款项本金和利息。“借入款项”账户下应当设置“应付本金”“应付利息”明细账户，分别对借入款项的应付本金和利息进行明细核算，还应当按照债权人进行明细核算。债务管理部门应当设置相应的辅助账，详细记录每笔借入款项的期限、借入日期、偿还及付息情况等。

［例4-11］某市政府借入主权外债5 000万元，有本级政府财政国库承担还款责任。根据相关凭证，编制会计分录如下：

借：其他财政性存款	50 000 000	
贷：债务收入		50 000 000

同时，根据债务部门转来的相关资料，按照实际承担的债务金额：

借：待偿债净资产——借入款项	50 000 000	
贷：借入款项——应付本金		50 000 000

如果外方将贷款资金直接支付给本级政府财政同级部门（单位）使用时，本级政府财政承担还款责任，根据相关凭证，编制会计分录如下：

借：一般公共预算本级支出	50 000 000	
贷：债务收入		50 000 000

同时，根据债务部门转来的相关资料，按照实际承担的债务金额：

借：待偿债净资产——借入款项	50 000 000	
贷：借入款项——应付本金		50 000 000

如果外方将贷款资金直接支付给下级政府财政同级部门（单位）时，本级政府财政承担还款责任，根据相关凭证，编制会计分录如下：

借：补助支出	50 000 000	
贷：债务收入		50 000 000

同时，根据债务部门转来的相关资料，按照实际承担的债务金额：

借：待偿债净资产——借入款项	50 000 000	
贷：借入款项——应付本金		50 000 000

如果外方将贷款资金直接支付给下级政府财政同级部门（单位）时，下级政府财政承担还款责任，根据相关凭证，编制会计分录如下：

借：债务转贷支出	50 000 000	

贷：债务收入 50 000 000

同时，根据债务部门转来的相关资料，按照实际承担的债务金额：

借：待偿债净资产——借入款项 50 000 000

贷：借入款项——应付本金 50 000 000

同时，

借：应收主权外债转贷款 50 000 000

贷：资产基金——应收主权外债转贷款 50 000 000

［例4-12］接例4-11，期末确认借入主权外债利息1 000 000元。根据相关凭证，编制会计分录如下：

借：待偿债净资产——借入款项 1 000 000

贷：借入款项——应付利息 1 000 000

［例4-13］接例4-11，主权外债到期，本级政府财政偿还承担的借入外债本金5 000万元、利息100万元。根据相关凭证，编制会计分录如下：

借：债务还本支出 50 000 000

一般公共预算本级支出 1 000 000

贷：国库存款 51 000 000

借：借入款项——应付本金 50 000 000

——应付利息 1 000 000

贷：待偿债净资产——借入款项 51 000 000

七、财政总预算应付政府债券的核算

应付政府债券是指政府财政采用发行债券的方式筹集资金而形成的负债，包括应付短期政府债券和应付长期政府债券。

（一）应付短期政府债券的核算

财政总会计应设置“应付短期政府债券”账户，用来核算政府财政部门以政府名义发行的期限不超过1年（含1年）的国债和地方政府债券的应付本金和利息。“应付短期政府债券”账户属于负债类账户，主要账务处理如下：

1.实际收到短期政府债券发行收入时，按照实际收到的金额，借记“国库存款”账户，按照短期政府债券实际发行额，贷记“债务收入”账户，按照发行收入和发行额的差额，借记或贷记有关支出账户；根据债券发行确认文件等相关债券管理资料，按照到期应付的短期政府债券本金金额，借记“待偿债净资产——应付短期政府债券”账户，贷记本账户。

2.期末确认短期政府债券的应付利息时，根据债务管理部门计算出的本期应付未付利息金额，借记“待偿债净资产——应付短期政府债券”账户，贷记本账户。

3.实际支付本级政府财政承担的短期政府债券利息时，借记“一般公共预算本级支出”或“政府性基金预算本级支出”账户，贷记“国库存款”等账户；实际支付利息金额中属于已确认的应付利息部分，还应根据债券兑付确认文件等相关债券管理资料，借记本账户，贷记“待偿债净资产——应付短期政府债券”账户。

4.实际偿还本级政府财政承担的短期政府债券本金时，借记“债务还本支出”账户，贷记“国库存款”等账户；根据债券兑付确认文件等相关债券管理资料，借记本账户，贷记“待偿债净资产——应付短期政府债券”账户。

5.省级财政部门采用定向承销方式发行短期地方政府债券置换存量债务时，根据债权债务确认相关资料，按照置换本级政府存量债务的额度，借记“债务还本支出”账户，贷记“债务收入”账户；根据债务管理部门转来的相关资料，按照置换本级政府存量债务的额度，借记“待偿债净资产——应付短期政府债券”账户，贷记本账户。

“应付短期政府债券”账户期末贷方余额，反映政府财政尚未偿还的短期政府债券本金和利息。“应付短期政府债券”下应当设置“应付国债”“应付地方政府一般债券”“应付地方政府专项债券”等一级明细账户，在一级明细账户下，再分别设置“应付本金”“应付利息”明细账户，分别核算政府债券的应付本金和利息。债务管理部门应当设置相应的辅助账，详细记录每期政府债券金额、种类、期限、发行日、到期日、票面利率、偿还本金及付息情况等。

[例4-14] 某省财政部门经政府批准于1月1日发行一年期一般债券2 000万元，期间支付发行债券印刷费，以及相关承销费用120万元，债券按月5‰计息，次年1月1日偿还一年期债券本金及利息。根据相关凭证，编制会计分录如下：

(1) 借：国库存款　18 800 000
　　一般公共预算本级支出　1 200 000
　　贷：债务收入　20 000 000

同时，
借：待偿债净资产——应付短期政府债券　20 000 000
　贷：应付短期政府债券——应付地方政府一般债券——应付本金　20 000 000

(2) 1—11月，每月末确认应付债券应付利息：
借：待偿债净资产——应付短期政府债券　100 000
　贷：应付短期政府债券——应付地方政府一般债券——应付利息　100 000

(3) 12月31日，偿还短期债券利息：
借：一般公共预算本级支出　1 200 000
　贷：国库存款　1 200 000

同时，
借：应付短期政府债券——应付地方政府一般债券——应付利息　1 100 000
　贷：待偿债净资产——应付短期政府债券　1 100 000

(3) 12月31日，偿还本级政府承担的短期政府债券本金时：
借：债务还本支出　20 000 000
　贷：国库存款　20 000 000

同时，
借：应付短期政府债券——应付地方政府一般债券——应付本金　20 000 000
　贷：待偿债净资产——应付短期政府债券　20 000 000

(二) 应付长期政府债券的核算

财政总预算会计应设置“应付长期政府债券”账户，用来核算政府财政部门以政府名义发行的期限超过1年的国债和地方政府债券的应付本金和利息。“应付长期政府债券”账户属于负债类账户，主要账务处理如下：

1.实际收到长期政府债券发行收入时，按照实际收到的金额，借记“国库存款”账户，按照长期政府债券实际发行额，贷记“债务收入”账户，按照发行收入和发行额的差额，借记或贷记有关支出账户；根据债券发行确认文件等相关债券管理资料，按照到期应付的长期政府债券本金金额，借记“待偿债净资产—应付长期政府债券”账户，贷记本账户。

2.期末确认长期政府债券的应付利息时，根据债务管理部门计算出的本期应付未付利息金额，借记“待偿债净资产——应付长期政府债券”账户，贷记本账户。

3.实际支付本级政府财政承担的长期政府债券利息时，借记“一般公共预算本级支出”或“政府性基金预算本级支出”账户，贷记“国库存款”等账户；实际支付利息金额中属于已确认的应付利息部分，还应根据债券兑付确认文件等相关债券管理资料，借记本账户，贷记“待偿债净资产——应付长期政府债券”账户。

4.实际偿还本级政府财政承担的长期政府债券本金时，借记“债务还本支出”账户，贷记“国库存款”等账户；根据债券兑付确认文件等相关债券管理资料，借记本账户，贷记“待偿债净资产——应付长期政府债券”账户。

5.本级政府财政偿还下级政府财政承担的地方政府债券本息时，借记“其他应付款”或“其他应收款”账户，贷记“国库存款”账户；根据债券兑付确认文件等相关债券管理资料，按照实际偿还的长期政府债券本金及已确认的应付利息金额，借记本账户，贷记“待偿债净资产——应付长期政府债券”账户。

6.省级财政部门采用定向承销方式发行长期地方政府债券置换存量债务时，根据债权债务确认相关资料，按照置换本级政府存量债务的额度，借记“债务还本支出”账户，按照置换下级政府存量债务的额度，借记“债务转贷支出”账户，按照置换存量债务的总额度，贷记“债务收入”账户；根据债务管理部门转来的相关资料，按照置换存量债务的总额度，借记“待偿债净资产——应付长期政府债券”账户，贷记本账户。同时，按照置换下级政府存量债务额度，借记“应收地方政府债券转贷款”账户，贷记“资产基金——应收地方政府债券转贷款”账户。

“应付长期政府债券”期末贷方余额反映政府财政尚未偿还的长期政府债券本金和利息。

“应付长期政府债券”下应当设置“应付国债”“应付地方政府一般债券”“应付地方政府专项债券”等一级明细账户，在一级明细账户下，再分别设置“应付本金”“应付利息”明细账户，分别核算政府债券的应付本金和利息。债务管理部门应当设置相应的辅助账，详细记录每期政府债券金额、种类、期限、发行日、到期日、票面利率、偿还本金及付息情况等。

八、预算总会计应付代管资金和其他负债的核算

（一）应付代管资金的核算

财政代管资金是指随着现代财政国库管理制度改革推进，财政部门开设单一银行账户取代预算单位除国库集中支付零余额账户外的所有实有资金账户后，由该单一银行账户统一归集管理的预算单位原实有资金账户的资金。

财政总预算应设置“应付代管资金”账户，用来核算政府财政代为管理的、使用权属于被代管主体的资金。“应付代管资金”属于负债类科目，主要账务处理如下：

1.收到代管资金时，借记“其他财政存款”等科目，贷记本科目。

2.支付代管资金时，借记本科目，贷记“其他财政存款”等科目。

3.代管资金产生的利息收入按照相关规定仍属于代管资金的，借记“其他财政存款”等科目，贷记本科目。“应付代管资金”账户期末贷方余额反映政府财政尚未支付的代管资金。应当根据管理需要进行相关明细核算。

（二）其他负债的核算

其他负债是指政府财政因有关政策明确要求其承担支出责任的事项而形成的应付未付款项。

财政总预算应设置“其他负债”账户，用来核算政府财政因有关政策明确要求其承担支出责任的事项而形成的应付未付款项。“其他负债”属于负债类账户，主要账务处理如下：

1.有关政策已明确政府财政承担的支出责任，按照确定应承担的负债金额，借记“待偿债净资产”账户，贷记本账户。

2.实际偿还负债时，借记有关支出等账户，贷记“国库存款”等账户，同时，按照相同的金额，借记本账户，贷记“待偿债净资产”账户。

“其他负债”账户贷方余额反映政府财政承担的尚未支付的其他负债余额。应当按照债权单位和项目等进行明细核算。

第二节　财政总预算净资产

一、财政总预算净资产的内容

财政总预算净资产是指政府财政资产减去负债的差额，包括一般公共预算结转结余、政府性基金预算结转结余、国有资本经营预算结转结余、财政专户管理资金结余、专用基金结余、预算稳定调节基金、预算周转金、资产基金和待偿债净资产。

（一）结转结余

结转结余是指收入减去支出后的差额，它是各级财政执行政府预算的结果，是各级财政下年度可以结转使用或者可以重新安排的财政资金。财政总预算会计核算的结余包括一般公共预算结转结余、政府性基金预算结转结余、国有资本经营预算结转结余、财政专户管理资金结余和专用基金结余等。

一般公共预算结转结余是指政府财政纳入一般公共预算管理的收支相抵形成的结转结余，它是各级财政执行政府一般预算的结果。一般公共预算类收入包括一般公共预算本级收入、补助收入的一般公共预算补助收入、上解收入的一般公共预算上解收入、调入资金的一般公共预算调入资金等；一般公共预算类支出包括一般公共预算本级支出、补助支出的一般公共预算补助支出、上解支出的一般公共预算上解支出、调出资金的一般公共预算调出资金等。

政府性基金预算结转结余是指政府财政纳入政府性基金预算管理的收支相抵形成的结转结余，它是各级财政执行政府基金预算的结果。政府性基金预算类收入包括政府性基金预算收入、补助收入中的政府性基金预算补助收入、上解收入中的政府性基金补助收入等，政府性基金预算类支出包括政府性基金预算本级支出、补助支出中的政府性基金预算补助支出、上解支出、调出资金等。

国有资本经营预算结转结余是指国有资本经营预算收支的执行结果。

财政专户管理资金结余是指纳入财政专户管理的教育收费等资金收支的执行结果。

专用基金结余是指专用基金收入减去专用基金支出后的差额。它表示财政总预算会计管理的专用基金收支的年终执行结果。

各项结转结余全部于每年年终进行结算，平时不结转结算。

（二）预算周转金

预算周转金是指各级财政为调剂预算年度内预算收支的季节性差异，保证及时供应预算资金而设置的周转资金。

各级财政的预算收支往往存在着季节性差异。虽然预算年度内的预算收支可以做到基本平衡，但年度内各月份或各季度之间的预算收支通常是不平衡的，而且预算收入是逐日收取的，而每月的预算支出却要集中在月初拨出，财政资金从征收、报解到转拨又需要一定的时日。各级财政为了平衡收支的季节性差异，保证按计划及时供应预算资金，必须设置相应的预算周转金。

预算周转金的来源渠道一般有两个：一是从本级财政的年度预算结余中设置或补充；二是由上级财政部门拨入。一般来说，新成立的一级财政，由于原来没有预算周转金，通常由上级财政在财力许可的范围内拨入相应数额的预算周转金。之后，该级财政应从本级的预算结余中逐步补充预算周转金。

由于预算周转金是供预算周转使用的，因此它不能用来安排支出，也不能随意减少。预算周转金存入国库存款账户，不另设存款户。动用预算周转金时，作为国库存款的减少，不作为预算周转金的减少。若国库存款的余额小于预算周转金的数额，即表明预算周转金已经动用。

预算稳定调节基金是指政府财政安排用于弥补以后年度预算资金不足的储备资金。

资产基金是指政府财政持有的债权和股权投资等资产（与其相关的资金收支纳入预算管理）在净资产中占用的金额。

待偿债净资产是指政府财政承担应付短期政府债券、应付长期政府债券、借入款项、应付地方政府债券转贷款、应付主权外债转贷款、其他负债等负债（与其相关的资金收支纳入预算管理）而相应需在净资产中冲减的金额。

二、财政总预算结余的核算

（一）一般公共预算结转结余的核算

财政总预算会计应设置“一般公共预算结转结余”账户，用来核算各级财政预算收支的年终执行结果。它属于净资产类账户，年终转账时，将一般公共预算的有关收入账户贷方余额转入本账户的贷方，借记“一般公共预算本级收入”“补助收入——一般公共预算补助收入”“上解收入——一般公共预算上解收入”“地区间援助收入”“调入资金——一般公共预算调入资金”“债务收入（一般债务收入）”“债务转贷收入（地方政府一般债务转贷收入）”“动用预算稳定调节基金”等账户，贷记本账户；将一般公共预算的有关支出科目借方余额转入本账户的借方，借记本账户，贷记“一般公共预算本级支出”“上解支出——一般公共预算上解支出”“补助支出——一般公共预算补助支出”“地区间援助支出”“调出资金——一般公共预算调出资金”“安排预算稳定调节基金”“债务转贷支出

（地方政府一般债务转贷支出）”“债务还本支出（一般债务还本支出）”等账户。设置和补充预算周转金时，借记本账户，贷记“预算周转金”账户。

“一般公共预算结转结余”账户的年终贷方余额，反映一般公共预算收支相抵后的滚存结转结余。本年预算滚存结余与上年预算滚存结余以及本年各项预算收入和支出项目之间的关系，可用下列公式表示：

$$\text{本年预算滚存结余}=\text{上年预算滚存结余}+\left[\text{一般公共预算本级收入}+\text{补助收入}\left(\text{一般公共预算补助收入}\right)+\text{上解收入}+\text{调入资金}\right]-\left[\text{一般公共预算本级支出}+\text{补助支出}\left(\text{一般公共预算补助支出}\right)+\text{上解支出}\right]-\text{用预算结余增设的预算周转金}$$

［例4-15］某市财政总预算会计进行年终结算，预算结余账户年初贷方余额（上年预算滚存结余）为190万元；本年结账前有关一般预算收支范畴的各账户的余额见表4-1。另经市政府批准，用预算结余600万元增加预算周转金。

表4-1　**有关一般预算收支范畴的各账户余额表**　单位：万元

会计账户	借方余额	贷方余额
一般公共预算本级收入		35 000
补助收入——一般公共预算补助收入		2 000
上解收入		1 000
调入资金		500
一般公共预算本级支出	35 500	
补助支出——一般公共预算补助支出	1 600	
上解支出	400	

根据上述资料，有关预算结转结余年终结算业务的会计处理如下：

（1）根据表4-1的资料，结转“一般公共预算本级收入”“补助收入——一般公共预算补助收入”“上解收入”“调入资金”账户全年累计余额。根据相关凭证，编制会计分录如下：

借：一般公共预算本级收入　350 000 000
　　补助收入——一般公共预算补助收入　20 000 000
　　上解收入　10 000 000
　　调入资金　5 000 000
　贷：一般公共预算结转结余　385 000 000

（2）根据表4-1的资料，结转“一般公共预算本级支出”“补助支出——一般公共预算补助支出”“上解支出”账户全年累计余额。根据相关凭证，编制会计分录如下：

借：一般公共预算结转结余　375 000 000
　贷：一般公共预算本级支出　355 000 000
　　　补助支出——一般公共预算补助支出　16 000 000
　　　上解支出　4 000 000

（3）根据市政府批准的数额用预算结余600万元增加预算周转金。根据相关凭证，编制会计分录如下：

借：一般公共预算结转结余 6 000 000

贷：预算周转金 6 000 000

经过上述会计处理后，可以计算出本年预算滚存结转结余为590万元。其计算过程如下：

190+（35 000+2 000+1 000+500）-（35 500+1 600+400）-600=590（万元）

（二）政府性基金预算结转结余的核算

财政总预算会计应设置“政府性基金预算结转结余”账户，用来核算各级财政管理的政府性基金收支的年终执行结果。它属于净资产类账户，年终转账时，应将政府性基金预算的有关收入账户贷方余额按照政府性基金种类分别转入本账户下相应明细账户的贷方，借记“政府性基金预算本级收入”“补助收入——政府性基金预算补助收入”“上解收入——政府性基金预算上解收入”“调入资金——政府性基金预算调入资金”“债务收入——专项债务收入”“债务转贷收入——地方政府专项债务转贷收入”等账户，贷记本账户；将政府性基金预算的有关支出账户借方余额按照政府性基金种类分别转入本账户下相应明细账户的借方，借记本账户，贷记“政府性基金预算本级支出”“上解支出——政府性基金预算上解支出”“补助支出——政府性基金预算补助支出”“调出资金——政府性基金预算调出资金”“债务还本支出——专项债务还本支出”“债务转贷支出——地方政府专项债务转贷支出”等账户。“政府性基金预算结转结余”年终贷方余额反映政府性基金预算收支相抵后的滚存结转结余。应当根据管理需要，按照政府性基金的种类进行明细核算。

［例4-16］某市财政总预算会计年终结算时，“政府性基金预算本级收入”账户的贷方余额为600 000元；“补助收入——政府性基金预算补助收入”账户的贷方余额为80 000元；“政府性基金预算本级支出”账户的借方余额为580 000元；“补助支出——政府性基金预算补助支出”账户的借方余额为60 000元；“调出资金”账户的借方余额为10 000元。

根据上述资料，有关基金预算结余年终结算业务的会计处理如下：

（1）结转“政府性基金预算本级收入”“补助收入——政府性基金预算补助收入”账户全年累计余额。根据相关凭证，编制会计分录如下：

借：政府性基金预算本级收入 600 000

补助收入——政府性基金预算补助收入 80 000

贷：政府性基金预算结转结余 680 000

（2）结转“政府性基金预算本级支出”“补助支出——政府性基金预算补助支出”“调出资金”等账户全年累计余额。根据相关凭证，编制会计分录如下：

借：政府性基金预算结转结余 650 000

贷：政府性基金预算本级支出 580 000

补助支出——政府性基金预算补助支出 60 000

调出资金 10 000

（三）专用基金结余的核算

财政总预算会计应设置“专用基金结余”账户，用来核算总预算会计管理的专用基金收支的年终执行结果。它属于净资产类账户，年终转账时，贷方登记“专用基金收入”账户的贷方余额转入数，借方登记“专用基金支出”账户的借方余额转入数。年终贷方余额，表示当年专用基金的滚存结余，该结余应逐年转入下年度。

[例4-17] 某市财政总预算会计年终结算时，“专用基金收入”账户的贷方余额为180 000元；“专用基金支出”账户的借方余额为150 000元。

根据上述资料，有关专用基金结余年终结算业务的会计处理如下：

（1）结转“专用基金收入”账户的全年累计贷方余额。根据相关凭证，编制会计分录如下：

借：专用基金收入　　180 000

　贷：专用基金结余　　180 000

（2）结转“专用基金支出”账户的全年累计借方余额。根据相关凭证，编制会计分录如下：

借：专用基金结余　　150 000

　贷：专用基金支出　　150 000

三、财政总预算预算周转金的核算

财政总预算会计应设置“预算周转金”账户，用来核算各级财政设置的用于平衡季节性预算收支差额周转使用的资金。它属于净资产类账户，设置和补充预算周转金时，借记“预算结余”账户，贷记本账户。本账户借方一般无发生额，其贷方余额为逐年累计形成的预算周转金总额。

[例4-18] 某乡财政收到上级县财政拨来资金200 000元，用于该乡设置预算周转金。根据相关凭证，编制会计分录如下：

借：国库存款——一般预算存款　　200 000

　贷：预算周转金　　200 000

[例4-19] 某县财政用预算结余300 000元补充预算周转金。根据相关凭证，编制会计分录如下：

借：一般公共预算结转结余　　300 000

　贷：预算周转金　　300 000

四、财政总预算资产基金和待偿债净资产的核算

（一）财政总预算资产基金

财政总预算会计应当设置“资产基金”账户，用来核算政府财政持有的应收地方政府债券转贷款、应收主权外债转贷款、股权投资和应收股利等资产（与其相关的资金收支纳入预算管理）在净资产中占用的金额。本账户下应当设置“应收地方政府债券转贷款”“应收主权外债转贷款”“股权投资”“应收股利”等明细科目，进行明细核算。本科目期末贷方余额，反映政府财政持有应收地方政府债券转贷款、应收主权外债转贷款、股权投资和应收股利等资产（与其相关的资金收支纳入预算管理）在净资产中占用的金额。

资产基金的账务处理参见“应收地方政府债券转贷款”“应收主权外债转贷款”“股权投资”“应收股利”等科目的使用说明。

（二）待偿债净资产的核算

财政总预算会计应当设置“待偿债净资产”账户，核算政府财政因发生应付政府债券、借入款项、应付地方政府债券转贷款、应付主权外债转贷款、其他负债等负债（与其相关的资金收支纳入预算管理）相应需在净资产中冲减的金额。本账户下应当设置“应付短期政府债券”“应付长期政府债券”“借入款项”“应付地方政府债券转贷款”“应付主权外债转贷款”“其他负债”等明细账户，进行明细核算。本账户期末借方余额，反映政府财政承担应付政府债券、借入款项、应付地方政府债券转贷款、应付主权外债转贷款和其他负债等负债（与其相关的资金收支纳入预算管理）而相应需冲减净资产的金额。

待偿债净资产的账务处理参见“应付短期政府债券”“应付长期政府债券”“借入款项”“应付地方政府债券转贷款”“应付主权外债转贷款”和“其他负债”等科目的使用说明。

本章小结

本章分别阐述了财政总预算会计负债和净资产的内容、会计核算方法。

财政总预算会计所核算的负债是指一级财政所承担的能以货币计量、需以资产偿付的债务，包括应付国库集中支付结余、应付短期政府债券、与上级往来、其他应付款、应付长期政府债券、借入款项、应付地方政府债券转贷款、应付主权外债转贷款、其他负债、已结报支出。应付国库集中支付结余是指政府财政采用权责发生制列支，预算单位尚未使用的国库集中支付结余资金。其他应付款是指政府财政临时发生的暂收、应付和收到的不明性质款项。税务机关代征入库的社会保险费、项目单位使用并承担还款责任的外国政府和国际金融组织贷款，也通过本科目核算。与上级往来是指本级政府财政与上级政府财政的往来待结算款项。借入款项是指政府财政部门以政府名义向外国政府和国际金融组织等借入的款项，以及经国务院批准的其他方式借入的款项。应付政府债券是指政府财政采用发行债券的方式筹集资金而形成的负债，包括应付短期政府债券和应付长期政府债券。应付代管资金是指政府财政代为管理的、使用权属于被代管主体的资金。

财政总预算会计通过“应付短期政府债券”“应付国库集中支付结余”“与上级往来”“其他应付款”“应付代管资金”“应付长期政府债券”“借入款项”“应付地方政府债券转贷款”“应付主权外债转贷款”“其他负债”“已结报支出”等账户核算各项负债内容的增减变动情况。

净资产是指资产减去负债后的差额。财政总预算会计核算的净资产包括结转结余、预算周转金和资产基金和待偿债净资产等。结转结余是指收入减去支出后的差额，它是各级财政执行政府预算的结果，包括一般公共预算结转结余、政府性基金预算结转结余和专用基金结余等；预算周转金是指各级财政为调剂预算年度内预算收支的季节性差异，保证及时供应预算资金而设置的周转资金；资产基金，是指政府财政持有的应收地方政府债券转贷款、应收主权外债转贷款、股权投资和应收股利等资产（与其相关的资金收支纳入预算管理）在净资产中占用的金额；待偿债净资产是指政府财政因发生应付政府债券、借入款项、应付地方政府债券转贷款、应付主权外债转贷款、其他负债等负债（与其相关的资金收支纳入预算管理）相应需在净资产中冲减的金额。

财政总预算会计通过“一般公共预算结转结余”“政府性基金预算结转结余”“国有资本经营预算结转结余”“财政专户管理资金结余”“专用基金结余”“预算稳定调节基金”“预算周转金”“资产基金”“待偿债净资产”等账户核算各项结余内容的增减变动情况。

第五章

财政总预算收入与支出的核算

学习目标

通过本章的学习，要求了解预算收入与支出、专用基金收入与支出、资金调拨收入与支出的核算内容；明确预算收入的收纳、划分、报解程序，以及预算支出的列报标准和要求；掌握各项收入与支出核算的科目设置和账务处理方法。

第一节 财政总预算预算收入

一、财政总预算预算收入的内容

预算收入是国家为实现其职能的需要，根据法律法规等所筹集的资金，是一级财政的资金主要来源。预算收入主要包括一般公共预算本级收入、政府性基金预算本级收入、国有资本经营预算本级收入、财政专户管理资金收入、专用基金收入、转移性收入、债务收入、债务转贷收入等。

（一）一般公共预算收入

一般公共预算收入是指政府财政筹集的纳入一般公共预算管理的税收收入和非税收入。根据《政府收支分类科目》，我国一般预算收入科目分设类、款、项、目4级。类级科目下分为税收收入、非税收入、债务收入和转移性收入4类。

1.税收收入，分设19款

（1）增值税，分设5项：国内增值税、进口货物增值税、出口货物退增值税、改征增值税、改征增值税出口退税。

（2）消费税，分设3项：国内消费税、进口消费品消费税、出口消费品退消费税。

（3）企业所得税，分设48项：国有冶金工业所得税、国有有色金属工业所得税、国有煤炭工业所得税、国有电力工业所得税、国有石油和化学工业所得税、国有机械工业所得税、国有汽车工业所得税、国有核工业所得税、国有航空工业所得税、国有航天工业所得税、国有电子工业所得税、国有兵器工业所得税、国有船舶工业所得税、国有建筑材料工业所得税、国有烟草企业所得税、国有纺织企业所得税、国有铁道企业所得税、国有交通企业所得税、国有邮政企业所得税、国有民航企业所得税、国有海洋石油天然气企业所得税、国有外贸企业所得税、国有银行所得税、国有非银行金融企业所得税、国有保险企业所得税、国有文教企业所得税、国有水产企业所得税、国有森林工业企业所得税、国有电信企业所得税、国有农垦企业所得税、其他国有企业所得税、集体企业所得税、股份制企业所得税、联营企业所得税、港澳台和外商投资企业所得税、私营企业所得税、其他企业所得税、分支机构预缴所得税、总机构预缴所得税、总机构汇算清缴所得税、企业所得税待分配收入、跨市县分支机构预缴所得税、跨市县总机构预缴所得税、跨市县总机构汇算清缴所得税、省以下企业所得税待分配收入、跨市县分支总机构汇算清缴所得税、分支机构汇算清缴所得税和企业所得税税收滞纳金、罚款、加收利息收入。

（4）企业所得税退税，分设37项：国有冶金工业所得税退税、国有有色金属工业所得税退税、国有煤炭工业所得税退税、国有电力工业所得税退税、国有石油和化学工业所得税退税、国有机械工业所得税退税、国有汽车工业所得税退税、国有核工业所得税退税、国有航空工业所得税退税、国有航天工业所得税退税、国有电子工业所得税退税、国有兵器工业所得税退税、国有船舶工业所得税退税、国有建筑材料工业所得税退税、国有烟草企业所得税退税、国有纺织企业所得税退税、国有铁道企业所得税退税、国有交通企业所得税退税、国有邮政企业所得税退税、国有民航企业所得税退税、海洋石油天然气企业所得税退税、国有外贸企业所得税退税、国有银行所得税退税、国有非银行金融企业所得税退税、国有保险企业所得税退税、国有文教企业所得税退税、国有水产企业所得税退税、国有森林工业企业所得税退税、国有电信企业所得税退税、其他国有企业所得税退税、集体企业所得税退税、股份制企业所得税退税、联营企业所得税退税、私营企业所得税退税、跨省市总分机构企业所得税退税、跨市县总分机构企业所得税退税、其他企业所得税退税。

（5）个人所得税，分设2项：个人所得税、个人所得税税款滞纳金罚款收入。

（6）资源税，分设4项：海洋石油资源税、水资源税收入、其他资源税、资源税税款滞纳金罚款收入。

（7）城市维护建设税，分设11项：国有企业城市维护建设税、集体企业城市维护建设税、股份制企业城市维护建设税、联营企业城市维护建设税、港澳台和外商投资企业城市维护建设税、私营企业城市维护建设税、中国铁路总公司集中缴纳的铁路运输企业城市维护建设税待分配收入、其他城市维护建设税、城市维护建设税税款滞纳金罚款收入、成品油价格和税费改革城市维护建设税划出、成品油价格和燃油税费改革城市维护建设税划入。

（8）房产税，分设8项：国有企业房产税、集体企业房产税、股份制企业房产税、联营企业房产税、港澳台和外商投资企业房产税、私营企业房产税、其他房产税、房产税税款滞纳金罚款收入。

（9）印花税，分设3项：证券交易印花税、其他印花税、印花税税款滞纳金罚款收入。

（10）城镇土地使用税，分设8项：国有企业城镇土地使用税、集体企业城镇土地使用税、股份制企业城镇土地使用税、联营企业城镇土地使用税、私营企业城镇土地使用税、港澳台和外商投资企业城镇土地使用税、其他城镇土地使用税、城镇土地使用税税款滞纳金罚款收入。

（11）土地增值税，分设8项：国有企业土地增值税、集体企业土地增值税、股份制企业土地增值税、联营企业土地增值税、港澳台和外商投资企业土地增值税、私营企业土地增值税、其他土地增值税、土地增值税税款滞纳金罚款收入。

（12）车船税，分设2项：车船税、车船税税款滞纳金罚款收入。

（13）船舶吨税，分设2项：船舶吨税、船舶吨税税款滞纳金罚款收入。

（14）车辆购置税，分设2项：车辆购置税、车辆购置税税款滞纳金罚款收入。

（15）关税，分设4项：关税、特别关税、关税和特别关税税款滞纳金罚款收入、关税退税。

（16）耕地占用税，分设3项：耕地占用税、耕地占用税退税、耕地占用税税款滞纳金罚款收入。

（17）契税，分设2项：契税、契税税款滞纳金罚款收入。

（18）烟叶税，分设2项：烟叶税、烟叶税税款滞纳金罚款收入。

（19）其他税收收入。

上述有关税收收入的项级科目，再根据具体情况分设若干目级科目。比如，“国内增值税”项级科目下分设国有企业增值税、集体企业增值税、股份制企业增值税、联营企业增值税、港澳台和外商投资企业增值税、私营企业增值税等目级科目。

2.非税收入，分设6款

（1）专项收入，分设16项：排污费收入、水资源费收入、教育费附加收入、铀产品出售收入、三峡库区移民专项收入、国家留成油上缴收入、场外核应急准备收入、地方教育附加收入、文化事业建设费收入、残疾人就业保障金收入、教育资金收入、农田水利建设资金收入、育林基金收入、植被恢复费收入、水利建设专项收入、其他专项收入。

（2）行政事业性收费，分设58项：公安行政事业性收费收入、法院行政事业性收费收入、司法行政事业性收费收入、外交行政事业性收费收入、工商行政事业性收费收入、商贸行政事业性收费收入、财政行政事业性收费收入、税务行政事业性收费收入、海关行政事业性收费收入、审计行政事业性收费收入、人口和计划生育行政事业性收费收入、国管局行政事业性收费收入、外专局行政事业性收费收入、保密行政事业性收费收入、质量监督检验检疫行政事业性收费收入、出版行政事业性收费收入、安全生产行政事业性收费收入、档案行政事业性收费收入、港澳办行政事业性收费收入、贸促会行政事业性收费收入、宗教行政事业性收费收入、人防办行政事业性收费收入、中直管理局行政事业性收费收入、文化行政事业性收费收入、教育行政事业性收费收入、科技行政事业性收费收入、体育行政事业性收费收入、发展与改革（物价）行政事业性收费收入、统计行政事业性收费收入、国土资源行政事业性收费收入、建设行政事业性收费收入、知识产权行政事业性收费收入、环保行政事业性收费收入、旅游行政事业性收费收入、海洋行政事业性收费收入、测绘行政事业性收费收入、铁路行政事业性收费收入、交通运输行政事业性收费收入、工业和信息产业行政事业性收费收入、农业行政事业性收费收入、林业行政事业性收费收入、水利行政事业性收费收入、卫生行政事业性收费收入、食品药品监管行政事业性收费收入、民政行政事业性收费收入、人力资源和社会保障行政事业性收费收入、证监会行政事业性收费收入、银监会行政事业性收费收入、保监会行政事业性收费收入、电力市场监管行政事业性收费收入、仲裁委行政事业性收费收入、编办行政事业性收费收入、党校行政事业性收费收入、监察行政事业性收费收入、外文局行政事业性收费收入、南水北调办行政事业性收费收入、国资委行政事业性收费收入、其他行政事业性收费收入。

（3）罚没收入，分设4项：一般罚没收入、缉私罚没收入、缉毒罚没收入、罚没收入退库。

（4）国有资本经营收入，分设7项：利润收入、股利股息收入、产权转让收入、清算收入、国有资本经营收入退库、国有企业计划亏损补贴、其他国有资本经营收入。

（5）国有资源（资本）有偿使用收入，分设18项：海域使用金收入、场地和矿区使用费收入、特种矿产品出售收入、专项储备物资销售收入、利息收入、非经营性国有资产收入、出租车经营权有偿出让和转让收入、无居民海岛使用金收入、转让政府还贷道路收费权收入、石油特别收益金专项收入、动用国家储备物资上缴财政收入、铁路资产变现收入、电力改革预留资产变现收入、矿产资源专项收入、排污权出让收入、航班时刻拍卖和使用费收入、农村集体经营性建设用地土地增值收益调节金收入、其他国有资源（资产）有偿使用收入。

（6）其他收入，分设8项：捐赠收入、政府住房基金收入、主管部门集中收入、免税商品特许经营费收入、基本建设收入、差别电价收入、债务管理收入、其他收入。

上述有关非税收收入的项级科目，再根据具体情况分设若干目级科目。比如，"财政行政事业性收费收入"项级科目下分设证书工本费、考试考务费、高级会计师考试费、国有资产占用费、政府采购招投标收费、会计电算化考试考务费、注册会计师和注册资产评估师后续教育培训收费等目级科目。

3.债务收入，分设2款

（1）中央政府债务收入，分设2项：中央政府国内债务收入和中央政府国外债务收入。

（2）地方政府债务收入，分设1项：一般债务收入。

4.转移性收入，分设8款

（1）返还性收入，分设5项：所得税基数返还收入、成品油税费改革税收返还收入、增值税税收返还收入、消费税税收返还收入、其他税收返还收入。

（2）一般性转移支付收入，分设20项：体制补助收入、均衡性转移支付收入、县级基本财力保障机制奖补资金收入、结算补助收入、资源枯竭城市转移支付补助收入、企业事业单位划转补助收入、成品油税费改革转移支付补助收入、基层公检法司转移性收入、城乡义务教育等转移支付收入、基本养老金转移支付收入、城乡居民医疗保险转移支付收入、农村综合改革转移支付收入、产粮（油）大县奖励资金收入、重点生态功能区转移支付收入、固定数额补助收入、革命老区转移支付收入、民族地区转移支付收入、边疆地区转移支付收入、贫困地区转移支付收入、其他一般性转移支付收入。

（3）专项转移支付收入，分设20项：一般公共服务、外交、国防、公共安全、教育、科学技术、文化体育与传媒、社会保障和就业、医疗卫生与计划生育、节能环保、城乡社区事务、农林水事务、交通运输、资源勘探电力信息等事务、商业服务业等事务、金融等事务、国土资源气象等事务、住房保障、粮油物资储备事务、其他收入。

（4）上解收入，分设2项：体制上解收入和专项上解收入。

（5）上年结余收入，分设1项：一般预算上年结余收入。

（6）调入资金，分设1项：调入一般公共预算资金。

（7）债券转贷收入，分设1项：地方政府一般债权转贷收入。

（8）接受其他地区援助收入。

上述的转移性收入、上解收入、上年结余收入的项级科目均不设置目级科目。

（二）基金预算收入

基金预算收入是指政府财政筹集的纳入政府性基金预算管理的非税收入。

按照《政府收支分类科目》，基金预算收入分为非税收入和转移性收入两类。

1.非税收入，设1款：政府性基金收入

“政府性基金收入”款级科目分设32项，包括：农网还贷资金收入、铁路建设基金收入、民航发展基金收入、海南省高等级公路车辆通行附加费收入、港口建设费收入、新型墙体材料专项基金收入、旅游发展基金收入、国家电影事业发展专项资金收入、新增建设用地土地有偿使用费收入、南水北调工程基金收入、城市公用事业附加收入、国有土地收益基金收入、农业土地开发资金收入、国有土地使用权出让收入、大中型水库移民后期扶持基金收入、大中型水库库区基金收入、三峡水库库区基金收入、中央特别国债经营基金收入、中央特别国债经营基金财务收入、彩票公益金收入、城市基础设施配套费收入、小型水库移民扶助基金收入、国家重大水利工程建设基金收入、车辆通行费、核电站乏燃料处理处置基金收入、可再生能源电价附加收入、船舶油污损害赔偿基金收入、废弃电器电子产品处理基金收入、烟草企业上缴专项收入、污水处理费收入、彩票发行机构和彩票销售机构的业务费用、其他政府性基金收入等。

上述32项政府性基金收入中，只有农网还贷资金收入、新增建设用地土地有偿使用费收入、国有土地使用权出让收入、大中型水库库区基金收入、彩票公益金收入、国家重大水利工程建设基金收入、废弃电器电子产品处理基金收入、彩票发行机构和彩票销售机构的业务费用8个项级科目设置了目级科目。比如，农网还贷资金收入项级科目下分设中央农网还贷资金收入、地方农网还贷资金收入。其他的政府性基金收入的项级科目都不设置目级科目。

2.债务收入，分设1款：地方政府债务收入，设1项：地方债务收入。

3.转移性收入，分设4款

（1）政府性基金转移收入，分设2项：政府性基金补助收入、政府性基金上解收入。

（2）上年结余收入，分设1项：政府性基金预算上年结余收入。

（3）调入资金，分设2项：调入政府性基金预算调入资金、调入专项收入。

（4）债务转贷收入，分设1项：地方政府专项债务转贷收入。

转移性收入的政府性基金转移收入、上年结余收入项级科目都不设置目级科目。

二、财政总预算预算收入的收纳、划分和报解

（一）组织预算收入的机构

为了组织和监督预算收入，国家设立了专门的征收和管理机构，包括征收机关和国家金库。

（1）征收机关。征收机关是指具体负责预算收入征集、管理和监督的机构。我国的征收机关有财政机关、税务机关和海关等。

财政机关：主要负责国有企业上缴利润、契税、耕地占用税及其他预算收入的征收管理。

税务机关：主要负责各项工商税收和企业所得税以及国家交办的其他预算收入的征收管理。

海关：主要负责关税以及国家指定负责其他预算收入的征收管理。

（2）国家金库。国家金库简称国库，是管理政府财政收支的总出纳机关。政府预算的一切收入都要通过国家金库来收纳，一切支出都要通过国家金库来支出，并定期将库款收支和资金结余情况向同级财政部门报告。

我国国库实行委托国库制，即国家金库由中国人民银行代理。其组织机构是按照国家财政管理体制设立的，原则上一级财政设立一级国库，目前，我国国库分为总库、分库、中心支库、支库四级。

（二）预算收入的收缴方式及缴款凭证

1.预算收入的收缴方式

政府预算收入的收缴，一律通过国库办理。按现行国库制度的规定，预算收入的收缴方式有就地缴库、集中缴库和自收汇缴三种。

（1）就地缴库。它就是不论缴款人隶属关系如何，其应向各级政府预算缴纳的各种款项，一律在缴款人所在地通过缴款人的开户行，以转账方式向当地国库办理缴库手续，将预算收入缴入国库。目前，我国大部分独立核算的基层企业等纳税人都采用就地缴库方式。

（2）集中缴库。它是由基层缴款单位将应缴预算收入通过银行汇到上级主管部门，再由上级主管部门汇总后向国库缴纳。这种方式适用于少数实行主管部门统一核算的缴款单位，如铁道运输、各银行总行、保险总公司等。采用集中缴款方式必须经过同级财政部门同意。

（3）自收汇缴。它是由征收机关直接向缴款人和缴款单位收缴税款后，汇缴入国库。如对农村集贸市场、个体商贩及农民缴纳的小额税款，由基层税务机关或财政机关自收汇缴；对入境旅客、船员行李物品、邮递物品以及对边境贸易征收的进口税，海关查处走私违章案件的罚没收入，由海关自收汇缴等。

2.预算收入的缴款凭证

国库在办理收入缴库时，必须填制缴款凭证，即缴款书。它是国库办理收纳预算收入唯一合法的原始凭证，也是各级征收机关、国库、银行和缴款单位，进行记账、分析检查预算收入完成情况的重要依据。缴款书一般有三种：

（1）工商税收专用缴款书。工商税收专用缴款书共分六联：第一联为收据（代完税证），国库收款盖章后退缴款单位或纳税人；第二联为付款凭证，由缴款单位开户银行作为付出传票；第三联为收款凭证，由收款国库作为收入传票；第四联为回执，国库收款盖章后退征收机关；第五联为报账，国库收款盖章后退基层征收机关；第六联为存根，由征收机关根据需要增加，由税务机关留存。

（2）一般缴款书。实行利润承包的国有企业上缴利润等收入，各机关、事业单位上缴有关收入等使用一般缴款书。一般缴款书一式五联，一至四联的用途与工商税收专用缴款书相同，第五联为报账，国库收款盖章后退同级财政部门。

（3）其他专用缴款书。它主要包括企业所得税专用缴款书、涉外税收专用缴款书、海关专用缴款书，其他不属于税收、利润和其他收入的缴款书等。其他专用缴款书共分六联，与工商税收专用缴款书各联内容相同。

（三）预算收入的划分

预算收入的划分是指国库在收到预算收入后，应根据预算体制的规定，将预算收入在中央和地方预算之间，以及各级地方预算之间正确地进行划分。根据国家“分税制”财政体制规定，我国预算收入可分为中央固定预算收入、地方固定预算收入、中央与地方预算共享收入。

（1）中央固定收入。它主要包括关税，海关代征消费税和增值税，消费税，中央所得税，地方银行和外资银行及非银行金融企业（包括信用社）所得税，铁道部门、各银行总行、各保险总公司集中缴纳的收入（包括所得税、利润和城市维护建设税等），中央企业上缴利润等。

（2）地方固定收入。它主要包括地方企业所得税（不含上述地方银行和外资银行及非银行金融企业所得税）、地方企业上缴利润、个人所得税、城镇土地使用税、城市维护建设税（不含铁道部门、各银行总行、各保险总公司集中缴纳的部分）、房产税、车船税、印花税、耕地占用税、土地增值税、国有土地有偿使用收入等。

（3）中央与地方共享收入。它主要包括增值税、资源税、证券交易税等。

（四）预算收入的报解

预算收入的报解是指通过国库向上级国库和财政部门报告预算收入情况，并将属于上级财政的预算收入解缴到中心支库、分库和总库。预算收入报解的一般程序是：支库收到属于中央、省级、地（市）级预算固定收入时，凭缴款书，直接编制预算收入日报表，将款项逐级报解到上级国库；收到属于本级预算固定收入时，也应按缴款书编制预算收入日报表送交征收机关和财政机关；收到属于分成收入时，应按上级规定的比例办理分成留解，编制分成收入计算日报表，送交财政机关和中心支库。

三、财政总预算预算收入的核算

（一）预算收入入账的依据

各级财政总预算会计确认预算收入，一般以本年度缴入同级国库的数额为准，主要以国库报来的预算收入日报表、分成收入计算日报表及所附的缴款书、收入退还书等原始凭证作为入账的依据。总预算会计收到上述原始凭证后，应该进行认真的审核，经审核无误后才能进行账务处理。

未建立国库的乡（镇）总预算会计应根据征收机关（如税务所）报来的预算收入日报表登记预算收入辅助账，待收到县（市）财政返还收入后再做收入的账务处理。

（二）预算收入的核算

为了反映和监督各级财政部门组织纳入预算的各项收入的执行情况，应设置“一般公共预算本级收入”账户和“政府性基金预算本级收入”账户。

“一般公共预算本级收入”账户用来核算政府财政筹集的纳入本级一般公共预算管理的税收收入和非税收入。平时余额在贷方，反映一般公共预算本级收入的累计数。收到款项时，根据当日预算收入日报表所列一般公共预算本级收入数，借记“国库存款”等账户，贷记本账户；年终转账时，本账户贷方余额全数转入“一般公共预算结转结余”账户，借记本账户，贷记“一般公共预算结转结余”账户。结转后，本账户无余额。本账户应当根据《政府收支分类科目》中“一般公共预算收入科目”规定进行明细核算。

“政府性基金预算本级收入”账户用来核算政府财政筹集的纳入本级政府性基金预算管理的非税收入。平时贷方余额反映政府性基金预算本级收入的累计数。收到款项时，根据当日预算收入日报表所列政府性基金预算本级收入数，借记“国库存款”等账户，贷记本账户；年终转账时，本账户贷方余额全数转入“政府性基金预算结转结余”账户，借记本账户，贷记“政府性基金预算结转结余”账户。结转后，本账户无余额。“政府性基金预算本级收入”账户应当根据《政府收支分类科目》中“政府性基金预算收入科目”规定进行明细核算。

对于财政部门明文规定在指定银行存储的基金，应按规定办理转存手续。政府性基金预算本级收入在银行的存款利息收入，应作为政府性基金预算本级收入处理。

［例 5-1］某市财政局收到国库报来的预算收入日报表，列示当日的一般公共预算本级收入为700 000元、政府性基金预算本级收入为300 000元。根据有关凭证，编制会计分录如下：

借：国库存款	1 000 000	
贷：一般公共预算本级收入		700 000
政府性基金预算本级收入		300 000

［例 5-2］某县财政局向所属未设国库的乡财政拨付一般公共预算本级收入 250 000元、政府性基金预算本级收入 100 000元。根据有关凭证，编制会计分录如下：

该县财政总预算会计：

借：一般公共预算本级收入	250 000	
政府性基金预算本级收入	100 000	
贷：国库存款——一般公共预算存款		250 000
——政府性基金预算存款		100 000

乡财政总预算会计：

借：其他财政存款	350 000	
贷：一般公共预算本级收入		250 000
政府性基金预算本级收入		100 000

［例 5-3］某市财政局年终将“一般公共预算本级收入”账户的贷方余额 3 200 000元、“政府性基金预算本级收入”账户的贷方余额870 000元，分别转入“一般公共预算结转结余”和“政府性基金预算结转结余”账户。根据有关凭证，编制会计分录如下：

借：一般公共预算本级收入	3 200 000	
贷：一般公共预算结转结余		3 200 000
借：政府性基金预算本级收入	870 000	
贷：政府性基金预算结转结余		870 000

四、财政总预算预算收入的退库和错误更正

（一）预算收入的退库

1.预算收入退库的范围与手续

在执行预算过程中，已缴入各级国库的预算收入，即为国家预算资金，各级财政总预算会计必须维护国库的安全，加强预算收入退库的会计监督。凡不属于国家规定的退库项目，一律不得冲退国家预算收入。现行制度规定可以办理收入退库的范围是：①由于工作疏忽、发生技术性差错多缴、错缴、误缴需要退库的；②由于隶属关系改变办理财务结算需要退库的；③企业按计划上缴利税，超过应缴数额必须退库的；④财政部门明文规定或专项批准的其他退库项目。

凡不符合规定的收入退库，各级财政和税务机关不予办理审批手续，各级国库有权拒绝办理退库。

办理收入退库时，属于中央预算收入的退库，应从中央库款中退库；属于地方各级预算固定收入的退库，应从地方国库款中退库；中央与地方共享收入退库，按规定分成比例，分别从中央库和地方库退库。

单位或个人申请退库，应向财政机关填具退库申请书，经财政机关审查批准后，凭财政机关填发的收入退还书到指定的国库办理退库。

2.预算收入退库的核算

各级总预算会计对退库的预算收入，应从各级预算收入当日收入中退库，将相同科目收入数与退库数相抵。如果收入数大于退库数，其收入净额以蓝字填入预算收入日报表及分成收入计算日报等凭证；如果收入数小于退库数，其收入净额为负数，应以红字填入，并以红字填制记账凭证和登记账簿。

[例5-4] 某市财政局收到国库报来的“预算收入日报表”，当日各种补贴退库数大于实际收缴入库数，收退相抵，当日预算收入为-300 000元。根据有关凭证，编制会计分录如下：

借：国库存款　　300 000

　贷：一般公共预算本级收入　　300 000

（二）预算收入错误的更正

各级财政部门、税务机关、海关和国库在办理预算收入的缴纳、退还和报解时，都应在发现错误的月份办理更正手续，对不同类型的错误，采用不同的方法更正。

1.少缴或多缴预算收入的更正

（1）少缴预算收入，应按少缴额补办入库，由征收机关加开缴款凭证，通知缴款单位补缴预算收入，财政总预算会计作为正常预算收入处理。

（2）多缴预算收入，可由征收机关签发收入退还书，经批准后将多缴库的预算收入退还原缴款单位，也可以抵补缴款单位以后的缴款。

[例5-5] 某市财政局收到收入退还书一联，计应退某单位多缴的一般公共预算本级收入120 000元，经批准同意退还。根据收入退还书，编制会计分录如下：

借：国库存款　　120 000

　贷：一般公共预算本级收入　　120 000

2.其他错误的更正

除了发生多缴、少缴预算收入外，还可能发生预算科目填写错误和预算级次划分的错误。当发生这两种错误时，应按有关规定填制更正通知书进行更正。缴款书的预算级次划分错误、预算科目填写错误，由征收机关填制“更正通知书”，送国库更正；国库编制预算收入日报表中发生错误，由国库填制更正通知书更正；国库在办理库款分成上解时发生错误，由国库更正。

[例5-6] 某市财政局将中央一般公共预算本级收入800 000元误记为本级一般公共预算本级收入，并按40%上解分成和入账。根据“预算收入日报表”“分成收入日报表”和“更正通知书”予以更正。根据有关凭证，编制会计分录如下：

借：国库存款　　800 000

　贷：一般公共预算本级收入　　800 000

借：上解支出　　320 000

贷：国库存款 320 000

[例5-7] 某市财政局将应属于分成的预算收入500 000元，误作为中央预算收入未入账。根据“预算收入日报表”“分成收入计算日报表”“更正通知书”予以更正（上缴40%），编制会计分录如下：

借：国库存款 500 000

贷：一般公共预算本级收入 500 000

借：上解支出 200 000

贷：国库存款 200 000

[例5-8] 某市财政局将地方固定收入房产税300 000元误列为城市维护建设税入账，予以更正。根据有关凭证，编制会计分录如下：

借：国库存款 300 000

贷：一般公共预算本级收入——房产税 300 000

借：国库存款 300 000

贷：一般公共预算本级收入——城市维护建设税 300 000

第二节 财政总预算预算支出

一、财政总预算预算支出的内容

预算支出是指政府财政为实现政府职能，对财政资金的分配和使用。预算支出的内容主要包括一般公共预算本级支出、政府性基金预算本级支出、国有资本经营预算本级支出、财政专户管理资金支出、专用基金支出、转移性支出、债务还本支出、债务转贷支出等。

（一）一般公共预算支出

一般公共预算支出是指政府财政管理的由本级政府使用的列入一般公共预算的支出。

按照《政府收支分类科目》，一般公共预算本级支出分设26类：一般公共服务、外交、国防、公共安全、教育、科学技术、文化体育与传媒、社会保障和就业、医疗卫生与计划生育、节能环保、城乡社区事务、农林水、交通运输、资源勘探电力信息等事务、商业服务业等事务、金融、援助其他地区支出、国土海洋气象等事务、住房保障支出、粮油物资储备事务、预备费、其他支出、转移性支出、债务还本支出、债务付息支出、债务发行费用支出。

（二）基金预算支出

基金预算支出是用政府性基金预算本级收入安排的支出。按照《政府收支分类科目》，基金预算支出分设15类：科学技术、文化体育与传媒、社会保障和就业、节能环保、城乡社区事务、农林水事务、交通运输、资源勘探电力信息等事务、商业服务等事务、金融事务支出、其他支出、转移性支出、债务还本支出、债务付息支出、债务发行费等。

二、财政总预算预算支出的列报标准

（一）预算支出列报标准

预算支出分为财政拨付资金、单位逐级拨付资金、用款单位从银行支取资金和单位实

际使用资金四个环节，由此形成财政拨款、银行支出数和实际支出数。总预算会计按哪一个数字列报预算支出，要由会计管理机关做出规定，以便统一口径和便于掌握资金的流量和存量，这一规定称为预算支出列报标准或列报口径。按现行总预算会计制度规定，财政一般预算支出的列报口径为银行支出数和预算拨款数。但在实际执行中，又有四种具体情况：

（1）实行限额管理的基本建设支出按用款单位银行支出数列报支出，不实行限额管理的基本建设支出按拨付用款单位的拨款数列报支出。

（2）对行政、事业单位的非包干性支出和专项支出，平时按财政拨款数列报支出，清理结算收回拨款时，再冲销已列支出。对于收回以前年度已列支出的款项，除财政部门另有规定的外，应冲销当年支出。

（3）除以上两款以外的其他各项支出均以财政拨款数列报支出。

（4）凡是预拨以后各期的经费，不得直接按预拨数列作本期支出，应作为预拨款处理。到期后，按前述规定的事项及口径转列支出。

（二）以预算拨款列报支出的要求

总预算会计在按拨款数办理预算支出时必须做到以下几点：

（1）严格执行《预算法》，办理拨款支出必须以预算为准，预备费的动用必须经同级人民政府批准。

（2）对主管部门提出的季度分月用款计划及分“款”“项”填制的预算经费请拨单，应认真审核。根据经审核批准的拨款申请，结合库款余存情况按时向用款单位拨款。

（3）总预算会计应根据预算管理要求和拨款的实际情况，分“款”“项”核算，列报当期预算支出。

（4）主管会计单位应按计划控制用款，不得随意改变资金用途，“款”“项”之间确需调剂的，应填制科目流用申请书，报经同级财政部门核准后使用。总预算会计凭核定的流用数调整预算支出明细账。

（5）总预算会计不得列报超预算的支出；不得任意调整预算支出科目；未拨付的经费，原则上不得列报当年支出。因特殊情况确需在当年预留的支出，应严格控制，并按规定的审批程序办理。

三、财政总预算预算支出的核算

为了反映和监督各级财政部门组织的预算支出执行情况，应设置“一般公共预算本级支出”和“政府性基金预算本级支出”账户。

“一般公共预算本级支出”账户用来核算政府财政管理的由本级政府使用的列入一般公共预算的支出。本账户平时借方余额反映一般公共预算本级支出的累计数。“一般公共预算本级支出”账户应当根据《政府收支分类科目》中支出功能分类科目设置明细账户。同时，根据管理需要，按照支出经济分类科目、部门等进行明细核算。

“一般公共预算本级支出”账户主要账务处理如下：实际发生一般公共预算本级支出时，借记本账户，贷记“国库存款”“其他财政存款”等账户；年度终了，对纳入国库集中支付管理的、当年未支而需结转下一年度支付的款项（国库集中支付结余），采用权责发生制确认支出时，借记本账户，贷记“应付国库集中支付结余”账户；年终转账时，本账户借方余额应全数转入“一般公共预算结转结余”账户，借记“一般公共预算结转结余”账户，贷记本账户。结转后，本账户无余额。

“政府性基金预算本级支出”账户，用来核算政府财政管理的由本级政府使用的列入政府性基金预算的支出。本科目应当按照《政府收支分类科目》中支出功能分类科目设置明细账户。同时，根据管理需要，按照支出经济分类科目、部门等进行明细核算。本账户平时借方余额反映政府性基金预算本级支出的累计数。

“政府性基金预算本级支出”主要账务处理如下：实际发生政府性基金预算本级支出时，借记本账户，贷记“国库存款”账户；年度终了，对纳入国库集中支付管理的、当年未支而需结转下一年度支付的款项（国库集中支付结余），采用权责发生制确认支出时，借记本账户，贷记“应付国库集中支付结余”账户；年终转账时，本账户借方余额应全数转入“政府性基金预算结转结余”账户，借记“政府性基金预算结转结余”账户，贷记本账户。结转后，本账户无余额。

［例5-9］某市财政局根据预算拨付给市民政局本季度经费80 000元。根据有关凭证，编制会计分录如下：

借：一般公共预算本级支出 80 000

　贷：国库存款 80 000

［例5-10］某市财政局将预拨给各主管行政单位3 600 000元作为行政经费，转列支出。根据有关凭证，编制会计分录如下：

借：一般公共预算本级支出 3 600 000

　贷：预拨经费 3 600 000

［例5-11］年终，某市财政局将“一般公共预算本级支出”科目借方余额6 400 000元全数转入“一般公共预算结转结余”科目。根据有关凭证，编制会计分录如下：

借：一般公共预算结转结余 6 400 000

　贷：一般公共预算本级支出 6 400 000

［例5-12］某市财政局根据预算及基金使用情况，向交通部门拨付公路建设基金500 000元。根据有关凭证，编制会计分录如下：

借：政府性基金预算本级支出 500 000

　贷：国库存款 500 000

［例5-13］年终，某市财政局将“政府性基金预算本级支出”科目借方余额2 400 000元全数转入“政府性基金预算结转结余”科目。根据有关凭证，编制会计分录如下：

借：政府性基金预算结转结余 2 400 000

　贷：政府性基金预算本级支出 2 400 000

第三节 财政总预算专用基金收入与支出

一、财政总预算专用基金收入的核算

专用基金是财政总预算会计管理的各项专用基金，如粮食风险基金、电力建设基金等。专用基金收入是通过预算安排设置的，包括从上级部门拨入和本级预算支出安排取得的。专用基金本来就是预算资金，为保证其专项用途，根据规定需专户存储。

为了核算各项专用基金收入，各级总预算会计应设置“专用基金收入”账户，

用来核算财政部门按规定设置或取得的专用基金收入。该账户属于收入类账户，贷方登记取得数，借方登记退回数和年终结转数，平时贷方余额反映当年专用基金收入累计数。年终，将本账户贷方余额全数转入“专用基金结余”账户，转账后本账户无余额。

［例5-14］某市财政局收到上级财政部门拨来的粮食风险基金600 000元。根据有关凭证，编制会计分录如下：

借：其他财政存款　　600 000

　贷：专用基金收入　　600 000

［例5-15］经批准，某市财政局在本级一般预算中安排电力建设基金8 000 000元。根据有关凭证，编制会计分录如下：

借：其他财政存款　　8 000 000

　贷：专用基金收入　　8 000 000

借：一般公共预算本级支出　　8 000 000

　贷：国库存款　　8 000 000

［例5-16］年终，该市财政局将本年专用基金收入累计数10 000 000元转入“专用基金结余”科目。根据有关凭证，编制会计分录如下：

借：专用基金收入　　10 000 000

　贷：专用基金结余　　10 000 000

二、财政总预算专用基金支出的核算

专用基金支出是各级财政部门用专用基金收入安排的支出。如粮食风险基金，是国家为平抑粮食价格、促进农业生产的发展，将预算安排的专用基金拨付给粮食部门统筹使用的资金。专用基金必须按规定的用途开支，并做到先收后支，量入为出。

为了反映和监督各级财政部门专用基金支出的情况，需设置“专用基金支出”账户。该账户属于支出类账户，借方登记发生的支出数，贷方登记支出收回数，平时借方余额反映专用基金支出累计数。年终，应将本账户借方余额全部转入“专用基金结余”账户，转账后本账户无余额。

［例5-17］某市财政局根据用款计划及电力局拨款申请，拨给市电力局电力建设基金1 800 000元。根据有关凭证，编制会计分录如下：

借：专用基金支出　　1 800 000

　贷：其他财政存款　　1 800 000

［例5-18］某市财政局根据用款计划拨出粮食风险基金支出650 000元。根据有关凭证，编制会计分录如下：

借：专用基金支出　　650 000

　贷：其他财政存款　　650 000

［例5-19］年终，该市财政局将专用基金支出累计数2 450 000元进行转账。根据有关凭证，编制会计分录如下：

借：专用基金结余　　2 450 000

　贷：专用基金支出　　2 450 000

第四节 财政总预算转移性收入与支出

一、财政总预算转移性收入与支出的内容

财政总预算转移性收入是各级政府财政之间进行资金调拨以及在本级政府财政不同类型资金之间调剂所形成的收入。转移性收入主要包括：上级财政按照财政规定补助给本级财政的款项，或者从其他预算类型、基金预算等其他渠道调入的资金。相对应的项目形成转移性支出。

（一）转移性收入的内容

转移性收入包括补助收入、上解收入、调入资金等。

（1）补助收入。它是指上级财政按财政体制规定或因专项需要补助给本级财政的款项，主要有税收返还收入、转移支付等。

（2）上解收入。它是指按照体制规定由下级政府财政上交给本级政府财政的款项，主要有体制上解收入、专项上解收入。

（3）调入资金。它是指各级财政部门为平衡一般预算收支、从基金预算和其他渠道调入的资金，以及为平衡基金预算从一般预算调入基金预算的资金。

（二）转移性支出的内容

转移性支出是指在各级政府财政之间进行资金调拨以及在本级政府财政不同类型资金之间调剂所形成的支出，包括补助支出、上解支出、调出资金等。

（1）补助支出。它是指本级财政按财政体制的规定或因专项需要补助给下级财政的款项以及其他转移支付的支出，主要有下级的税收返还、转移支付等。

（2）上解支出。它是指按财政体制规定由本级财政上缴给上级财政的款项，主要有体制上解支出、专项上解支出。

（3）调出资金。它是指政府财政为平衡预算收支、从某类资金向其他类型预算调出的资金，包括一般公共预算调出资金。

二、财政总预算转移性收入的核算

为了反映和监督各级财政资金转移性收入的执行情况，需设置“补助收入”“上解收入”“调入资金”三个账户。

“补助收入”账户用来核算上级财政部门拨来的补助款。该账户属于收入类账户，贷方登记收入数，借方登记退还数，平时贷方余额反映上级补助收入累计数。年终，应将该账户贷方余额全部转入“一般公共预算结转结余”“政府性基金预算结转结余”账户，结转后本账户无余额。该账户按补助资金性质设置明细账，进行明细核算。

“上解收入”账户用来核算下级财政上缴的预算上解款。该账户属于收入类账户，贷方登记收到下级上解的款项数，借方登记退还数，平时贷方余额反映下级上解收入累计数。年终，应将该账户贷方余额全部转入“一般公共预算结转结余”“政府性基金预算结转结余”账户，结转后本账户无余额。该账户按不同资金性质设置明细账，进行明细核算。

“调入资金”账户用来核算政府财政为平衡某类预算收支、从其他类型预算资金及其他渠道调入的资金。该账户属于收入类账户，贷方登记调入资金数，借方登记年终结转

数，年终应将该账户贷方余额全部转入“一般公共预算结转结余”“政府性基金预算结转结余”账户，结转后本账户无余额。

［例5-20］某市财政局收到上级财政部门拨来的预算补助收入款850 000元，专项补助款250 000元。根据有关凭证，编制会计分录如下：

借：国库存款　　1 100 000
　贷：补助收入——预算补助　　850 000
　　　　　　——专项补助　　250 000

［例5-21］某市财政局收到上级财政部门通知，将原所借经费款700 000元转作预算补助。根据有关凭证，编制会计分录如下：

借：与上级往来　　700 000
　贷：补助收入——预算补助　　700 000

［例5-22］某市财政局收到下级财政部门按规定上缴的预算上解款400 000元。根据有关凭证，编制会计分录如下：

借：国库存款　　400 000
　贷：上解收入　　400 000

［例5-23］某市财政局收到下级财政单位上缴财政预算款收入200 000元，抵前欠下级财政单位的往来款。根据有关凭证，编制会计分录如下：

借：与下级往来　　200 000
　贷：上解收入　　200 000

［例5-24］某市财政局从政府性基金预算结转结余中调出地方财政税费附加收入结余460 000元以平衡预算。根据有关凭证，编制会计分录如下：

借：调出资金　　460 000
　贷：国库存款——基金预算存款　　460 000
借：国库存款——一般预算存款　　460 000
　贷：调入资金　　460 000

［例5-25］年终，某市财政局将“补助收入”科目贷方余额3 200 000元、“上解收入”科目贷方余额1 500 000元、“调入资金”科目贷方余额1 300 000元转入“一般公共预算结转结余”和“政府性基金预算结转结余”账户。根据有关凭证，编制会计分录如下：

借：补助收入　　3 200 000
　　上解收入　　1 500 000
　　调入资金　　1 300 000
　贷：一般公共预算结转结余　　4 700 000
　　　政府性基金预算结转结余　　1 300 000

三、财政总预算转移性支出的核算

为了反映和监督各级财政转移性支出的执行情况，需要设置“补助支出”“上解支出”“调出资金”账户。

“补助支出”账户用来核算本级政府财政按财政体制规定或因专项需要补助给下级政府财政的款项。该账户属于支出类账户，借方登记支出数或从“与下级往来”账户转入数，贷方登记支出退转数，平时余额在借方，反映补助支出累计数，年终应将本账户借方余额全部转入“一般公共预算结转结余”“政府性基金预算结转结余”账户，结转后本账户无余额。该账户应按补助地区设置明细账。

“上解支出”账户用来核算本级政府财政按照财政体制规定上交给上级政府财政的款项。该账户属于支出类账户，借方登记上解支出数，贷方登记支出退转数，平时余额在借方，反映上解支出累计数。年终，应将本账户借方余额全部转入“一般公共预算结转结余”“政府性基金预算结转结余”账户，结转后无余额。该账户应当按照不同资金性质设置明细账。

“调出资金”账户用来核算各级财政部门从基金预算中调出用于平衡一般预算收支的资金，以及从一般预算调出用于平衡基金预算的资金。该账户属于支出类账户，借方登记调出资金数，贷方登记年终结转数，年终应将该账户借方余额转入“一般公共预算结转结余”“政府性基金预算结转结余”“国有资本经营预算结转结余”账户，结转后本账户无余额。

［例5-26］某市财政局拨给下级财政部门预算补助款1 200 000元。根据有关凭证，编制会计分录如下：

借：补助支出——一般预算补助　　1 200 000

　贷：国库存款　　1 200 000

［例5-27］某市财政局收到国库报来预算收入日报表，其列明分成收入2 000 000元，上缴30%，自留70%。根据有关凭证，编制会计分录如下：

借：国库存款　　2 000 000

　贷：一般公共预算本级收入　　2 000 000

借：上解支出　　600 000

　贷：国库存款　　600 000

［例5-28］某市财政局从政府性基金预算结转结余的地方财政税费附加收入结余中调出资金900 000元，用于平衡一般预算收支。根据有关凭证，编制会计分录如下：

借：调出资金　　900 000

　贷：国库存款——基金预算存款　　900 000

借：国库存款——一般预算存款　　900 000

　贷：调入资金　　900 000

［例5-29］年终，某市财政局将“补助支出”账户借方余额2 800 000元、“上解支出”账户借方余额3 200 000元转入“一般公共预算结转结余”科目。根据有关凭证，编制会计分录如下：

借：一般公共预算结转结余　　6 000 000

　贷：补助支出　　2 800 000

　　　上解支出　　3 200 000

本章小结

财政总预算收入与支出的核算，包括预算收入与支出、专用基金收入与支出、转移性收入与支出的核算。预算收入与支出，主要有一般公共预算本级收入与支出和政府性基金预算本级收入与支出。专用基金收入是财政部门按规定从上级拨入和本级预算支出安排取得的专用基金收入，而用专用基金收入安排的有专门用途的开支就是专用基金支出。转移性收入与支出是根据财政体制规定在各级财政之间进行资金调拨以及在本级财政各项资金之间的调剂所形成的收入与支出。财政总预算会计核算上述收入，必须设置“一般公共预算本级收入”“政府性基金预算本级收入”“专用基金收入”“补助收入”“上解收入”“调入资金”等会计科目。取得收入（或调入资金）时记入上述科目的贷方，借方登记年终结转数；年终结账时，将各收入科目贷方余额转入相关的结余科目，结转后无余额。财政总预算会计核算上述支出，必须设置“一般公共预算本级支出”“基金预算支出”“专用基金支出”“补助支出”“上解支出”“调出资金”“财政周转金支出”等会计科目。发生支出（或资金调出）时记入上述科目的借方，贷方登记支出收回（或退转）数；年终结账时，将各支出科目借方余额转入相关的结余科目，结转后无余额。

第六章

财政总预算年终清理结算和会计报表

学习目标

通过本章的学习，要求明确财政总预算会计进行年终清理、结算和结账，以及编制会计报表等工作的内容、要求和方法；了解总预算会计报表的作用；掌握会计报表的内容和编制方法。

第一节 财政总预算年终清理、结算和结账

一、财政总预算年终清理、结算

年终清理、结算和结账是各级总预算会计编制年度决算的重要基础工作。在年终前，各级总预算会计要根据财政部门年度决算编审工作要求，进行年终清理和办理各项结算，并在此基础上办理年度结账，结束当年账务，编报年度财政总决算。

（一）年终清理、结算

政府财政部门应当及时进行年终清理、结算。年终清理、结算的主要事项如下：

1.核对年度预算。预算是预算执行和办理会计结算的依据。年终前，总预算会计应配合预算管理部门将本级政府财政全年预算指标与上、下级政府财政总预算和本级各部门预算进行核对，及时办理预算调整和转移支付事项。本年预算调整和对下转移支付一般截止到11月底；各项预算拨款，一般截止到12月25日。

2.清理本年预算收支。认真清理本年预算收入，督促征收部门和国家金库年终前如数缴库。应在本年预算支领列报的款项，非特殊原因，应在年终前办理完毕。清理财政专户管理资金和专用基金收支。凡属应列入本年的收入，应及时催收，并缴入国库或指定财政专户。

3.组织征收部门和国家金库进行年度对账。

4.清理核对当年拨款支出。总预算会计对本级各单位的拨款支出应与单位的拨款收入核对无误。属于应收回的拨款，应及时收回，并按收回数相应冲减预算支出。属于预拨下年度的经费，不得列入当年预算支出。

5.核实股权、债权和债务。财政部门内部相关资产、债务管理部门应于12月20日前向总预算会计提供与股权、债权、债务等核算和反映相关的资料。总预算会计对股权投资、借出款项、应收股利、应收地方政府债券转贷款、应收主权外债转贷款、借入款项、应付短期政府债券、应付长期政府债券、应付地方政府债券转贷款、应付主权外债转贷款、其他负债等余额应与相关管理部门进行核对，记录不一致的要及时查明原因，按规定

调整账务，做到账实相符、账账相符。

6.清理往来款项。政府财政要认真清理其他应收款、其他应付款等各种往来款项，在年度终了前予以收回或归还。应转作收入或支出的各项款项，要及时转入本年有关收支账。

7.进行年终财政结算。财政预算管理部门要在年终清理的基础上，于次年元月底前结清上下级政府财政的转移支付收支和往来款项。总预算会计要按照财政管理体制的规定，根据预算结算单，与年度预算执行过程中已补助和已上解数额进行比较，结合往来款和借垫款情况，计算出全年最后应补或应退数额，填制“年终财政决算结算单”，经核对无误后，作为年终财政结算凭证，据以入账。

总预算会计对年终决算清理期内发生的会计事项，应当划清会计年度。属于清理上年度的会计事项，记入上年度会计账；属于新年度的会计事项，记入新年度会计账，防止错记漏记。

下面举例说明年终结算的方法。

［例6-1］某市财政局按年度预算计算应上解省财政65 000 000元。年度预算执行中，实际上解数额为43 000 000元。省财政应专项补助该市财政7 500 000元。该市年终结算如下：

该市财政总预算会计年终计算应补上解数为：

市应补上解数=应上解省财政数-市实际上解数-省应专项补助市财政数

=65 000 000-43 000 000-7 500 000=14 500 000（元）

该市财政总预算会计根据经省财政审批的“年终财政决算结算单”，通过“与上级往来”科目与省财政办理结算，编制会计分录如下：

借：上解支出　22 000 000

　贷：与上级往来　22 000 000

借：与上级往来　7 500 000

　贷：补助收入　7 500 000

“与上级往来”科目的贷方余额为14 500 000元，为市财政欠省财政应补上解和省财政对市财政专项补助轧差数。

同时，省财政总预算会计也应通过“与下级往来”科目与该市办理结算，编制会计分录如下：

借：与下级往来　22 000 000

　贷：上解收入　22 000 000

借：补助支出　7 500 000

　贷：与下级往来　7 500 000

“与下级往来”科目的借方余额为14 500 000元，为所属该市应补缴省财政的款项。

二、财政总预算年终结账

各级总预算会计通过年终清理和结算，把各项结算收支记入旧账后，即可办理年终结账。年终结账工作一般分为年终转账、结清旧账和登记新账三个环节。

1.年终转账。计算出各科目12月份合计数和全年累计数，结出12月末余额，编制结账前的“资产负债表”，再根据收支余额填制记账凭证，将收支分别转入“一般公共预算结转结余”“政府性基金预算结转结余”“国有资本经营预算结转结余”“专用基金结余”“财政专户管理资金结余”等科目冲销。

2.结清旧账。将各个收入和支出科目的借方、贷方结出全年总计数。对年终有余额的科目，在“摘要”栏内注明“结转下年”字样，表示转入新账。

3.登记新账。根据年终转账后的总账和明细账余额编制年终“资产负债表”和有关明细表（不需填制记账凭证），将表列各科目余额直接记入新年度有关总账和明细账年初余额栏内，并在“摘要”栏注明“上年结转”字样，以区别新年度发生数。决算经本级人民代表大会常务委员会（或人民代表大会）审查批准后，如需更正原报决算草案收入、支出时，则要相应调整有关账目，重新办理结账事项。

第二节 财政总预算会计报表

一、财政总预算会计报表的种类

财政总预算会计报表是反映政府财政预算执行结果和财务状况的书面文件，是各级政府和上级财政部门了解情况、掌握政策、指导预算执行工作的重要资料，也是编制下年度预算的基础。

财政总预算会计报表可以按不同的方法进行分类：

（一）按经济内容分类

财政总预算会计报表按经济内容分类，可分为资产负债表、收入支出表、一般公共预算执行情况表、政府性基金预算执行情况表、国有资本经营预算执行情况表、财政专户管理资金收支情况表、专用基金收支情况表等会计报表。

（二）按编制时间分类

财政总预算会计报表编制按时间分类，可分为旬报、月报和年报。预算执行情况表反映预算收支的完成情况，其旬报、月报和年报的格式及内容不尽相同，但月份和年度资产负债表的格式则完全相同。

（三）按编制单位分类

财政总预算会计报表按编制单位分类，可分为本级报表和汇总报表。

二、财政总预算会计报表的编制

（一）资产负债表

资产负债表是反映各级财政在某一特定日期财务状况的报表。它根据“资产+支出=负债+净资产+收入”的平衡公式设置。左方为资产部类，右方为负债部类，两方总计数相等。

资产负债表只要求编制和汇总月报与年报。

（1）月报的编制。按照预算会计制度的规定，总预算会计只有在年终才进行收支结转结余的核算，因此资产负债表的月报既要反映各级财政某一时日（期末）的资产、负债和净资产情况，又要反映各级财政某一时期（月内）预算收支执行情况。资产负债表月报的编制方法是：资产、负债和净资产的项目根据月末相应会计科目的余额直接或分析计算填列；收入和支出的项目应根据月末相应会计科目的期末余额（累计发生额）直接填列。12月份结转前的资产负债表的编制方法亦相同。

（2）年报的编制。资产负债表年报的编制与各月报编制的不同之处在于：年报的编制必须在各账户清理结转的基础上，完成年终结账工作以后才能进行。年终结账后，会计人员根据各个总账户年终转账后的余额直接填列结账后的资产负债表，即年终决算资产负债表。在年终决算资产负债表中，收支项目一般无数字反映。

现将某市财政局的资产负债表列示如下（见表6-1）：

表6-1　　　　资产负债表　　　　会财政01表

编制单位：　　　　年　月　日　　　　单位：元

资产	年初余额	期末余额	负债和净资产	年初余额	期末余额
流动资产：			流动负债：		
国库存款			应付短期政府债券		
国库现金管理存款			应付利息		
其他财政存款			应付国库集中支付结余		
有价证券			与上级往来		
在途款			其他应付款		
预拨经费			应付代管资金		
借出款项			一年内到期的非流动负债		
应收股利			流动负债合计		
应收利息			非流动负债：		
与下级往来			应付长期政府债券		
其他应收款			借入款项		
流动资产合计			应付地方政府债券转贷款		
非流动资产：			应付主权外债转贷款		
应收地方政府债券转贷款			其他负债		
应收主权外债转贷款			非流动负债合计		
股权投资			负债合计		
待发国债			一般公共预算结转结余		
非流动资产合计			政府性基金预算结转结余		
			国有资本经营预算结转结余		
			财政专户管理资金结余		
			专用基金结余		
			预算稳定调节基金		
			预算周转金		
			资产基金		
			减：待偿债净资产		
			净资产合计		
资产总计			负债和净资产总计		

资产负债表的编制说明：

1.本表“年初余额”栏内各项数字，应当根据上年末资产负债表“期末余额”栏内数字填列。如果本年度资产负债表规定的各个项目的名称和内容同上年度不相一致，应对上年年末资产负债表各项目的名称和数字按照本年度的规定进行调整，填入本表“年初余额”栏内。

2.本表“期末余额”栏各项目的内容和填列方法。

（1）资产类项目

①“国库存款”项目，反映政府财政期末存放在国库单一账户的款项金额。本项目应当根据“国库存款”科目的期末余额填列。

②“国库现金管理存款”项目，反映政府财政期末实行国库现金管理业务持有的存款金额。本项目应当根据“国库现金管理存款”科目的期末余额填列。

③“其他财政存款”项目，反映政府财政期末持有的其他财政存款金额。本项目应当根据“其他财政存款”科目的期末余额填列。

④“有价证券”项目，反映政府财政期末持有的有价证券金额。本项目应当根据“有价证券”科目的期末余额填列。

⑤“在途款”项目，反映政府财政期末持有的在途款金额。本项目应当根据“在途款”科目的期末余额填列。

⑥“预拨经费”项目，反映政府财政期末尚未转列支出或尚待收回的预拨经费金额。本项目应当根据“预拨经费”科目的期末余额填列。

⑦“借出款项”项目，反映政府财政期末借给预算单位尚未收回的款项金额。本项目应当根据“借出款项”科目的期末余额填列。

⑧“应收股利”项目，反映政府期末尚未收回的现金股利或利润金额。本项目应当根据“应收股利”科目的期末余额填列。

⑨“应收利息”项目，反映政府财政期末尚未收回的应收利息金额。本项目应当根据“应收地方政府债券转贷款”科目和“应收主权外债转贷款”科目下“应收利息”明细科目的期末余额合计数填列。

⑩“与下级往来”项目，正数反映下级政府财政欠本级政府财政的款项金额；负数反映本级政府财政欠下级政府财政的款项金额。本项目应当根据“与下级往来”科目的期末余额填列，期末余额如为借方则以正数填列；如为贷方则以“-”号填列。

⑪“其他应收款”项目，反映政府财政期末尚未收回的其他应收款的金额。本项目应当根据“其他应收款”科目的期末余额填列。

⑫“应收地方政府债券转贷款”项目，反映政府财政期末尚未收回的地方政府债券转贷款的本金金额。本项目应当根据“应收地方政府债券转贷款”科目下“应收本金”明细科目的期末余额填列。

⑬“应收主权外债转贷款”项目，反映政府财政期末尚未收回的主权外债转贷款的本金金额。本项目应当根据“应收主权外债转贷款”科目下的“应收本金”明细科目的期末余额填列。

⑭“股权投资”项目，反映政府期末持有的股权投资的金额。本项目应当根据“股权投资”科目的期末余额填列。

⑮“待发国债”项目，反映中央政府财政期末尚未使用的国债发行额度。本项目应当根据“待发国债”科目的期末余额填列。

（2）负债类项目

⑯“应付短期政府债券”项目，反映政府财政期末尚未偿还的发行期限不超过1年（含1年）的政府债券的本金金额。本项目应当根据“应付短期政府债券”科目下的“应付本金”明细科目的期末余额填列。

⑰“应付利息”项目，反映政府财政期末尚未支付的应付利息金额。本项目应当根据“应付短期政府债券”“借入款项”“应付地方政府债券转贷款”“应付主权外债转贷款”科目下的“应付利息”明细科目期末余额，以及属于分期付息到期还本的“应付长期政府债券”的“应付利息”明细科目期末余额计算填列。

⑱“应付国库集中支付结余”项目，反映政府财政期末尚未支付的国库集中支付结余金额。本项目应当根据“应付国库集中支付结余”科目的期末余额填列。

⑲“与上级往来”项目，正数反映本级政府财政期末欠上级政府财政的款项金额；负数反映上级政府财政欠本级政府财政的款项金额。本项目应当根据“与上级往来”科目的期末余额填列，如为借方余额则以“-”号填列。

⑳“其他应付款”项目，反映政府财政期末尚未支付的其他应付款的金额。本项目应当根据“其他应付款”科目的期末余额填列。

㉑“应付代管资金”项目，反映政府财政期末尚未支付的代管资金金额。本项目应当根据“应付代管资金”科目的期末余额填列。

㉒“一年内到期的非流动负债”项目，反映政府财政期末承担的1年以内（含1年）到偿还期的非流动负债。本项目应当根据“应付长期政府债券”“借入款项”“应付地方政府债券转贷款”“应付主权外债转贷款”“其他负债”等科目的期末余额及债务管理部门提供的资料分析填列。

㉓“应付长期政府债券”项目，反映政府财政期末承担的偿还期限超过1年的长期政府债券的本金金额及到期一次还本付息的长期政府债券的应付利息金额。本项目应当根据“应付长期政府债券”科目的期末余额分析填列。

㉔“借入款项”项目，反映政府财政期末承担的偿还期限超过1年的借入款项的本金金额。本项目应当根据“借入款项”科目下“应付本金”明细科目的期末余额分析填列。

㉕“应付地方政府债券转贷款”项目，反映政府财政期末承担的偿还期限超过1年的地方政府债券转贷款的本金金额。本项目应当根据“应付地方政府债券转贷款”科目下“应付本金”明细科目的期末余额分析填列。

㉖“应付主权外债转贷款”项目，反映政府财政期末承担的偿还期限超过1年的主权外债转贷款的本金金额。本项目应当根据“应付主权外债转贷款”科目下“应付本金”明细科目的期末余额分析填列。

㉗“其他负债”项目，反映政府财政期末承担的偿还期限超过1年的其他负债金额。本项目应当根据“其他负债”科目的期末余额分析填列。

（3）净资产类项目

㉘“一般公共预算结转结余”项目，反映政府财政期末滚存的一般公共预算结转金额。本项目应当根据“一般公共预算结转结余”科目的期末余额填列。

㉙“政府性基金预算结转结余”项目，反映政府财政期末滚存的政府性基金预算结转结余金额。本项目应当根据“政府性基金预算结转结余”科目的期末余额填列。

㉚“国有资本经营预算结转结余”项目，反映政府财政期末滚存的国有资本经营预算结转结余金额。本项目应当根据“国有资本经营预算结转结余”科目的期末余额填列。

㉛“财政专户管理资金结余”项目，反映政府财政期末滚存的财政专户管理资金结余金额。本项目应当根据“财政专户管理资金结余”科目的期末余额填列。

㉜“专用基金结余”项目，反映政府财政期末滚存的专用基金结余金额。本项目应当根据“专用基金结余”科目的期末余额填列。

㉝“预算稳定调节基金”项目，反映政府财政期末预算稳定调节基金的余额。本项目应当根据“预算稳定调节基金”科目的期末余额填列。

㉞“预算周转金”项目，反映政府财政期末预算周转金的余额。本项目应当根据“预算周转金”科目的期末余额填列。

㉟“资产基金”项目，反映政府财政期末持有的应收地方政府债券转贷款、应收主权外债转贷款、股权投资和应收股利等资产在净资产中占用的金额。本项目应当根据“资产基金”科目的期末余额填列。

㊱“待偿债净资产”项目，反映政府财政期末因承担应付短期政府债券、应付长期政府债券、借入款项、应付地方政府债券转贷款、应付主权外债转贷款、其他负债等负债相应需在净资产中冲减的金额。本项目应当根据“待偿债净资产”科目的期末借方余额以“-”号填列。

（二）收入支出表

收入支出表，是反映政府财政一段时期收入支出情况的报表。

收入支出表的一般格式见表6-2。

表6-2　**收入支出表**　会财政02表

编制单位：　年　月　单位：万元

项目	一般公共预算		政府性基金预算		国有资本经营预算		财政专户管理资金		专用基金	
	本月数	本年累计数	本月数	本年累计数	本月数	本年累计数	本月数	本年累计数	本月数	本年累计数
年初结转结余										
收入合计										
本级收入										
其中：来自预算安排的收入	—	—	—	—	—	—	—	—		
补助收入					—	—	—	—	—	—
上解收入					—	—	—	—	—	—
地区间援助收入			—	—	—	—	—	—	—	—
债务收入					—	—	—	—	—	—
债务转贷收入					—	—	—	—	—	—
动用预算稳定调节基金			—	—	—	—	—	—	—	—
调入资金					—	—	—	—	—	—

续表

项目	一般公共预算		政府性基金预算		国有资本经营预算		财政专户管理资金		专用基金	
	本月数	本年累计数	本月数	本年累计数	本月数	本年累计数	本月数	本年累计数	本月数	本年累计数
支出合计										
本级支出										
其中：权责发生制列支							—	—	—	—
预算安排专用基金的支出			—	—	—	—	—	—	—	—
补助支出					—	—	—	—	—	—
上解支出					—	—	—	—	—	—
地区间援助支出			—	—	—	—	—	—	—	—
债务还本支出					—	—	—	—	—	—
债务转贷支出					—	—	—	—	—	—
安排预算稳定调节基金			—	—	—	—	—	—	—	—
调出资金							—	—	—	—
结余转出			—	—	—	—	—	—	—	—
其中：增设预算周转金			—	—	—	—	—	—	—	—
年末结转结余										

注：表中有“—”的部分不必填列。

收入支出表的编制说明：

1.本表“本月数”栏反映各项目的本月实际发生数。在编制年度收入支出表时，应将本栏改为“上年数”栏，反映上年度各项目的实际发生数；如果本年度收入支出表规定的各个项目的名称和内容同上年度不一致，应对上年度收入支出表各项目的名称和数字按照本年度的规定进行调整，填入本年度收入支出表的“上年数”栏。

本表“本年累计数”栏反映各项目自年初起至报告期末止的累计实际发生数。编制年度收入支出表时，应当将本栏改为“本年数”。

2.本表“本月数”栏各项目的内容和填列方法：

(1)“年初结转结余”项目，反映政府财政本年初各类资金结转结余金额。其中，一般公共预算的“年初结转结余”应当根据“一般公共预算结转结余”科目的年初余额填列；政府性基金预算的“年初结转结余”应当根据“政府性基金预算结转结余”科目的年初余额填列；国有资本经营预算的“年初结转结余”应当根据“国有资本经营预算结转结余”科目的年初余额填列；财政专户管理资金的“年初结转结余”应当根据“财政专户管理资金结余”科目的年初余额填列；专用基金的“年初结转结余”应当根据“专用基金结余”科目的年初余额填列。

（2）“收入合计”项目，反映政府财政本期取得的各类资金的收入合计金额。其中，一般公共预算的“收入合计”应当根据属于一般公共预算的“本级收入”“补助收入”“上解收入”“地区间援助收入”“债务收入”“债务转贷收入”“动用预算稳定调节基金”“调入资金”各行项目金额的合计填列；政府性基金预算的“收入合计”应当根据属于政府性基金预算的“本级收入”“补助收入”“上解收入”“债务收入”“债务转贷收入”“调入资金”各行项目金额的合计填列；国有资本经营预算的“收入合计”应当根据属于国有资本经营预算的“本级收入”项目的金额填列；财政专户管理资金的“收入合计”应当根据属于财政专户管理资金的“本级收入”项目的金额填列；专用基金的“收入合计”应当根据属于专用基金的“本级收入”项目的金额填列。

（3）“本级收入”项目，反映政府财政本期取得的各类资金的本级收入金额。其中，一般公共预算的“本级收入”应当根据“一般公共预算本级收入”科目的本期发生额填列；政府性基金预算的“本级收入”应当根据“政府性基金预算本级收入”科目的本期发生额填列；国有资本经营预算的“本级收入”应当根据“国有资本经营预算本级收入”科目的本期发生额填列；财政专户管理资金的“本级收入”应当根据“财政专户管理资金收入”科目的本期发生额填列；专用基金的“本级收入”应当根据“专用基金收入”科目的本期发生额填列。

（4）“补助收入”项目，反映政府财政本期取得的各类资金的补助收入金额。其中，一般公共预算的“补助收入”应当根据“补助收入”科目下的“一般公共预算补助收入”明细科目的本期发生额填列；政府性基金预算的“补助收入”应当根据“补助收入”科目下的“政府性基金预算补助收入”明细科目的本期发生额填列。

（5）“上解收入”项目，反映政府财政本期取得的各类资金的上解收入金额。其中，一般公共预算的“上解收入”应当根据“上解收入”科目下的“一般公共预算上解收入”明细科目的本期发生额填列；政府性基金预算的“上解收入”应当根据“上解收入”科目下的“政府性基金预算上解收入”明细科目的本期发生额填列。

（6）“地区间援助收入”项目，反映政府财政本期取得的地区间援助收入金额。本项目应当根据“地区间援助收入”科目的本期发生额填列。

（7）“债务收入”项目，反映政府财政本期取得的债务收入金额。其中，一般公共预算的“债务收入”应当根据“债务收入”科目下除“专项债务收入”以外的其他明细科目的本期发生额填列；政府性基金预算的“债务收入”应当根据“债务收入”科目下的“专项债务收入”明细科目的本期发生额填列。

（8）“债务转贷收入”项目，反映政府财政本期取得的债务转贷收入金额。其中，一般公共预算的“债务转贷收入”应当根据“债务转贷收入”科目下“地方政府一般债务转贷收入”明细科目的本期发生额填列；政府性基金预算的“债务转贷收入”应当根据“债务转贷收入”科目下的“地方政府专项债务转贷收入”明细科目的本期发生额填列。

（9）“动用预算稳定调节基金”项目，反映政府财政本期调用的预算稳定调节基金金额。本项目应当根据“动用预算稳定调节基金”科目的本期发生额填列。

（10）“调入资金”项目，反映政府财政本期取得的调入资金金额。其中，一般公共预算的“调入资金”应当根据“调入资金”科目下“一般公共预算调入资金”明细科目的本期发生额填列；政府性基金预算的“调入资金”应当根据“调入资金”科目下“政府性基金预算调入资金”明细科目的本期发生额填列。

（11）“支出合计”项目，反映政府财政本期发生的各类资金的支出合计金额。其中，一般公共预算的“支出合计”应当根据属于一般公共预算的“本级支出”“补助支出”“上解支出”“地区间援助支出”“债务还本支出”“债务转贷支出”“安排预算稳定调节基金”“调出资金”各行项目金额的合计填列；政府性基金预算的“支出合计”应当根据属于政府性基金预算的“本级支出”“补助支出”“上解支出”“债务还本支出”“债务转贷支出”“调出资金”各行项目金额的合计填列；国有资本经营预算的“支出合计”应当根据属于国有资本经营预算的“本级支出”和“调出资金”项目金额的合计填列；财政专户管理资金的“支出合计”应当根据属于财政专户管理资金的“本级支出”项目的金额填列；专用基金的“支出合计”应当根据属于专用基金的“本级支出”项目的金额填列。

（12）“补助支出”项目，反映政府财政本期发生的各类资金的补助支出金额。其中，一般公共预算的“补助支出”应当根据“补助支出”科目下的“一般公共预算补助支出”明细科目的本期发生额填列；政府性基金预算的“补助支出”应当根据“补助支出”科目下的“政府性基金预算补助支出”明细科目的本期发生额填列。

（13）“上解支出”项目，反映政府财政本期发生的各类资金的上解支出金额。其中，一般公共预算的“上解支出”应当根据“上解支出”科目下的“一般公共预算上解支出”明细科目的本期发生额填列；政府性基金预算的“上解支出”应当根据“上解支出”科目下的“政府性基金预算上解支出”明细科目的本期发生额填列。

（14）“地区间援助支出”项目，反映政府财政本期发生的地区间援助支出金额。本项目应当根据“地区间援助支出”科目的本期发生额填列。

（15）“债务还本支出”项目，反映政府财政本期发生的债务还本支出金额。其中，一般公共预算的“债务还本支出”应当根据“债务还本支出”科目下除“专项债务还本支出”以外的其他明细科目的本期发生额填列；政府性基金预算的“债务还本支出”应当根据“债务还本支出”科目下的“专项债务还本支出”明细科目的本期发生额填列。

（16）“债务转贷支出”项目，反映政府财政本期发生的债务转贷支出金额。其中，一般公共预算的“债务转贷支出”应当根据“债务转贷支出”科目下“地方政府一般债务转贷支出”明细科目的本期发生额填列；政府性基金预算的“债务转贷支出”应当根据“债务转贷支出”科目下的“地方政府专项债务转贷支出”明细科目的本期发生额填列。

（17）“安排预算稳定调节基金”项目，反映政府财政本期安排的预算稳定调节基金金额。本项目根据“安排预算稳定调节基金”科目的本期发生额填列。

（18）“调出资金”项目，反映政府财政本期发生的各类资金的调出资金金额。其中，一般公共预算的“调出资金”应当根据“调出资金”科目下“一般公共预算调出资金”明细科目的本期发生额填列；政府性基金预算的“调出资金”应当根据“调出资金”科目下“政府性基金预算调出资金”明细科目的本期发生额填列；国有资本经营预算的“调出资金”应当根据“调出资金”科目下“国有资本经营预算调出资金”明细科目的本期发生额填列。

（19）“增设预算周转金”项目，反映政府财政本期设置和补充预算周转金的金额。本项目应当根据“预算周转金”科目的本期贷方发生额填列。

（20）“年末结转结余”项目，反映政府财政本年末的各类资金的结转结余金额。其中，一般公共预算的“年末结转结余”应当根据“一般公共预算结转结余”科目的年末余额填列；政府性基金预算的“年末结转结余”应当根据“政府性基金预算结转结余”科目的年末余额填列；国有资本经营预算的“年末结转结余”应当根据“国有资本经营预算结转结余”科目的年末余额填列；财政专户管理资金的“年末结转结余”应当根据“财政专户管理资金结余”科目的年末余额填列；专用基金的“年末结转结余”应当根据“专用基金结余”科目的年末余额填列。

总预算会计在编制预算执行情况年报时，还应编写预算执行情况说明书及其他附表，以便用文字和有关附表补充说明年度财政收支情况。其他附表主要有基本数字表，行政、事业单位收支汇总表及所附会计报表。

（三）预算执行情况表

（1）一般公共预算执行情况表。它是反映政府某会计期间一般公共预算收支执行情况的报表。“一般公共预算本级收入”项目及所属各明细项目，应当根据“一般公共预算本级收入”科目及所属各明细科目的本期发生额填列。“一般公共预算本级支出”项目及所属各明细项目，应当根据“一般公共预算本级支出”科目及所属各明细科目的本期发生额填列。一般公共预算执行情况表的参考格式见表6-3。

表6-3 **一般公共预算执行情况表** 会财政03-1表

编制单位： 年 月 旬 单位：元

项 目	本月（旬）数	本年（月）累计数
一般公共预算本级收入		
101 税收收入		
10101增值税		
1010101国内增值税		
⋮		
一般公共预算本级支出		
201一般公共服务支出		
20101人大事务		
2010101行政运行		
⋮		

（2）政府性基金预算执行情况表。它是反映政府在某一会计期间政府性基金预算执行情况的报表。“政府性基金预算本级收入”项目及所属各明细项目，应当根据“政府性基金预算本级收入”科目及所属各明细科目的本期发生额填列。“政府性基金预算本级支出”项目及所属各明细项目，应当根据“政府性基金预算本级支出”科目及所属各明细科目的本期发生额填列。政府性基金预算执行情况表的参考格式见表6-4。

表6-4 **政府性基金预算执行情况表** 会财政03-2表

编制单位： 年 月 旬 单位：元

项 目	本月（旬）数	本年（月）累计数
政府性基金预算本级收入		
10301政府性基金收入		
1030102农网还贷资金收入		
103010201中央农网还贷资金收入		
⋮		
政府性基金预算本级支出		
206科学技术支出		
20610核电站乏燃料处理处置基金支出		
2061001乏燃料运输		
⋮		

（3）国有资本经营预算执行情况表。它是反映政府在某一会计期间国有资本经营预算执行情况的报表。“国有资本经营预算本级收入”项目及所属各明细项目，应当根据“国有资本经营预算本级收入”科目及所属各明细科目的本期发生额填列。“国有资本经营预算本级支出”项目及所属各明细项目，应当根据“国有资本经营预算本级支出”科目及所属各明细科目的本期发生额填列。国有资本经营预算执行情况表的参考格式见表6-5。

表6-5 **国有资本经营预算执行情况表** 会财政03-3表

编制单位： 年 月 旬 单位：元

项 目	本月（旬）数	本年（月）累计数
国有资本经营预算本级收入		
10306国有资本经营收入		
1030601利润收入		
103060103烟草企业利润收入		
⋮		
国有资本经营预算本级支出		
208社会保障和就业支出		
20804补充全国社会保障基金		
2080451国有资本经营预算补充社保基金支出		
⋮		

（4）财政专户管理资金收支情况表。它是反映政府在某一会计期间财政专户管理资金收支情况的报表。“财政专户管理资金收入”项目及所属各明细项目，应当根据“财政专户管理资金收入”科目及所属各明细科目的本期发生额填列。“财政专户管理资金支出”项目及所属各明细项目，应当根据“财政专户管理资金支出”科目及所属各明细科目的本期发生额填列。财政专户管理资金收支情况表的参考格式见表6-6。

表6-6　**财政专户管理资金收支情况表**　会财政04表

编制单位：　年　月　单位：元

项　目	本月数	本年累计数
财政专户管理资金收入		
财政专户管理资金支出		

（5）专用基金收支情况表。它是用来反映财政某一会计期间专用基金收支情况的报表。“专用基金收入”项目及所属各明细项目，应当根据“专用基金收入”科目及所属各明细科目的本期发生额填列。“专用基金支出”项目及所属各明细项目，应当根据“专用基金支出”科目及所属各明细科目的本期发生额填列。专用基金收支情况表的参考格式见表6-7。

表6-7　**专用基金收支情况表**　会财政05表

编制单位：　年　月　单位：元

项　目	本月数	本年累计数
专用基金收入		
粮食风险基金		
⋮		
专用基金支出		
粮食风险基金		
⋮		

（6）附注。它是会计报表的重要组成部分，是对会计报表本身无法或难以充分表达的内容和项目所作的补充说明和详细解释。总预算会计报表附注应当至少披露下列内容：①遵循《财政总预算会计制度》的声明；②本级政府财政预算执行情况和财务状况的说明；③会计报表中列示的重要项目的进一步说明，包括其主要构成、增减变动情况等；④或有负债情况的说明；⑤有助于理解和分析会计报表的其他需要说明的事项。

三、财政总预算会计报表的审核与汇总

为了保证各级总预算会计报表的数字正确、内容完整，真实地反映年度预算执行情况，各级财政总预算会计必须对本级和下级财政部门的会计报表认真审核并汇总。

（一）总预算会计报表的审核

财政总预算会计报表的审核主要包括两个方面：一是政策性审核；二是技术性审核。

1.政策性审核

它是指审核会计报表反映的预算收支执行情况及其结果是否符合有关的法律、法规。

（1）预算收入的审核。应着重审核本年度的预算收入是否按照国家政策、预算管理体制的规定及时足额地缴入国库，是否有无故拖欠、截留、挪用国库收入或将应缴的收入以暂存款挂账的情况；各级财政预算之间的分成收入是否符合规定，固定收入有无混淆；收入退库是否符合国家的规定，有无办理不符合规定的收入退库情况；年终决算收入数与12月份会计报表中全年累计收入数是否一致，如出入较大，要具体查明原因。

（2）预算支出的审核。应着重审核列入本年度的预算支出是否符合规定，有无本年度预拨下年度经费列入本年度决算支出；各项支出是否符合国家政策、法令和财经纪律，是否按规定列报口径列支；预算支出数是否编列齐全，有无漏报；年终决算支出与12月份会计报表中全年累计支出数是否一致，如出入较大，要具体查明原因。

2.技术性审核

对财政总预算会计报表的技术性审核主要包括以下内容：①审核决算报表之间的有关数字是否一致。②审核上下年度有关数字是否一致。③审核上下级财政总决算之间，财政部门决算与单位决算之间有关上解、补助、暂收、暂付等往来款项数字是否一致。④审核财政总决算报表的有关数字与其他有关部门的财务决算、税收年报和国库年报等有关数字是否一致。⑤审核会计报表的正确性与完整性，包括各种决算报表填报是否齐全，项目填列是否正确、完整，决算是否经过法定程序审核签章等。

对总预算会计报表审核后，如发现有违法乱纪行为，应提出处理意见，报请有关部门，属于少报收入、多列支出的，要予以收缴和剔除；属于漏报的，要责令编报单位及时补报；属于计算、归类、列项等技术错误的，要予以更正。

（二）总预算会计报表的汇总

会计报表经审核无误后，县以上各级财政总预算会计还应根据本级报表和所属各级上报的会计报表进行汇总，编制汇总会计报表。在汇总时，应将上下级之间对应科目的数字予以冲销，以免重复计列收支。需要冲销的项目有：本级报表中的“补助支出”和所属下级报表中的“补助收入”应冲销；本级报表中的“上解收入”和所属下级报表中的“上解支出”应冲销；本级报表中的“与下级往来”和所属下级报表中的“与上级往来”应冲销。其余各数字均将本级报表和所属下级报表中的相同科目的数字相加。

本章小结

本章主要介绍了财政总预算会计的年终清理结算、结账和会计报表的编制。年终清理是对一般公共预算本级收支、政府性基金预算本级收支、专用基金预算收支、预算调拨收支的清理和核对，在此基础上，进行年终结算，编制年终财政决算结算单并据以做出会计处理，结清上下级财政总预算之间的预算调拨收支和往来事项。年终结账则是在进行年终清理和结算的基础上进行年终转账、结清旧账和登记新账。

财政总预算会计报表主要有资产负债表、收入支出表、预算执行情况表。

资产负债表是反映各级财政在某一特定日期财务状况的报表。它是根据“资产+支出=负债+净资产+收入”的平衡公式设置的，要求编制月报和年报。该表月报的资产、负债和净资产项目根据月末相应会计科目的余额直接填列或分析计算填列。收入支出表是反映政府财政单位在某一会计期间各类财政资金收支结余情况的报表。预算执行情况表包括：一般公共预算执行情况表、政府性基金预算执行情况表、国有资本经营预算执行情况表、财政专户管理资金收支情况表、专用基金收支情况表。

本章小结

[illegible]

第三篇　行政单位会计

第七章

行政单位资产的核算

学习目标

通过本章的学习，要求明确行政单位资产的概念和具体内容；掌握行政单位库存现金、银行存款、零余额账户用款额度、财政应返还额度、应收及预付款项、存货、固定资产、在建工程、无形资产、待处理财产损溢、政府储备物资、公共基础设施、受托代理资产等的核算方法。

行政单位资产是行政单位占有或使用的，能以货币计量的经济资源，包括流动资产、固定资产、在建工程、无形资产等。行政单位对经济资源拥有法律上的占有权，由行政单位直接支配，供社会公众使用的政府储备物资、公共基础设施等，也属于行政单位核算的资产。与其他会计主体的资产一样，行政单位的资产必须是经济资源，且能够用货币来计量；与其他会计主体不同的是行政单位的资产具有非经营性和无偿性。非经营性是指行政单位使用资产的目的是为了行使其服务于社会的职能，圆满地完成各项行政工作任务，而不是为了从事经营活动，无须进行成本核算；无偿性是指行政单位的资产是从国家无偿取得的，国家不要求行政单位偿还，但其所有权属于国家，这一点与企业会计的资产是归企业“拥有或控制”的说法有着显著区别，通常表述为“是行政单位占有或使用的”。

第一节 行政单位库存现金和银行存款

行政单位流动资产是指可以在1年以内（含1年）变现或者耗用的资产，包括库存现金、银行存款、零余额账户用款额度、财政应返还额度、应收及预付款项、存货等。

一、行政单位库存现金的核算

（一）库存现金的管理要求

行政单位的库存现金，是指行政单位在预算执行过程中为保证日常业务活动开支的需要而由会计部门保管的货币资金。

由于库存现金具有流动性最强的特点，所以行政单位必须加强对库存现金的管理，具体管理要求如下：

（1）严格遵守银行核定的库存现金限额。行政单位现金的数额，必须严格控制在银行核定的库存限额范围内，超过限额的部分，必须及时存入开户银行。

（2）严格按国家规定的范围使用现金。按国家有关规定，下列范围可以使用现金：

①支付给职工个人的工资、奖金、津贴；

②支付给个人的劳务报酬；

③根据国家规定颁发给个人的科学、技术、文化、教育、卫生、体育等各种奖金；

④各种劳保、福利费用，以及国家规定对个人的其他支出；

⑤支付出差人员必须随身携带的差旅费；

⑥结算起点以下的零星支出以及中国人民银行确定需要支付现金的其他支出。

（3）不准坐支现金。行政单位每天收入的现金，必须及时送存银行，不能直接支用。因特殊原因需坐支现金的，应事先报经开户银行审查批准，由开户银行核定坐支范围和限额。

（4）单位办理任何现金收支，都必须以合法的原始凭证为依据。

（5）坚持“钱账分管，互相牵制”的原则，即会计和出纳分工明确，各司其职，互相牵制。出纳只管钱不管账，会计只管账不管钱。

（6）如实反映现金库存，保证每天账面库存现金和实际库存现金相符。如有不符，及时查明原因，做出处理，保证账款相符。

（二）库存现金的核算

行政单位应设置“库存现金”账户，用来核算库存现金的收入、支出和结存情况。本账户属于资产类账户，借方登记行政单位收到的库存现金，贷方登记行政单位支出的库存现金，期末借方余额，反映行政单位库存现金的结存数额。

［例7-1］某行政单位职员李明预借差旅费1 000元。根据相关凭证，编制会计分录如下：

借：其他应收款——李明　　1 000

　贷：库存现金　　1 000

［例7-2］某行政单位用现金200元购买办公用品。根据相关凭证，编制会计分录如下：

借：经费支出　　200

　贷：库存现金　　200

［例7-3］续例7-1，李明出差回来，报销差旅费960元，退回余款40元。根据相关凭证，编制会计分录如下：

借：经费支出　　960

　　库存现金　　40

　贷：其他应收款——李明　　1 000

［例7-4］某行政单位开出现金支票，从银行提取备用金1 000元。根据相关凭证，编制会计分录如下：

借：库存现金　　1 000

　贷：银行存款　　1 000

如果从零余额账户提取现金，编制会计分录如下：

借：库存现金　　1 000

　贷：零余额账户用款额度　　1 000

［例7-5］期末，某行政单位进行库存现金清查，发现库存现金日记账余额为1 500元，实际库存现金为1 600元，库存现金长款100元。根据相关凭证，编制会计分录如下：

借：库存现金　　100

　贷：待处理财产损溢　　100

经查明该现金长款应支付给出纳员个人。根据相关凭证，编制会计分录如下：

借：待处理财产损溢 100

　贷：其他应付款 100

如果某行政单位进行库存现金清查，发现库存现金日记账余额为1 500元，实际库存现金为1 300元，库存现金短款200元。根据相关凭证，编制会计分录如下：

借：待处理财产损溢 200

　贷：库存现金 200

上述库存现金短款无法查清原因，经批准予以核销。根据相关凭证，编制会计分录如下：

借：经费支出 200

　贷：待处理财产损溢 200

行政单位应设置库存现金日记账，由出纳人员根据库存现金收支的原始凭证逐笔登记，每日终了，应计算当日库存现金收入合计数、库存现金支出合计数和结余数，并将结余数与实际库存数核对。做到账实相符，并编制库存现金日报表。

有外币现金的行政单位，应分人民币和各种外币设置库存现金日记账，进行库存现金明细分类核算。

二、行政单位银行存款的核算

（一）银行存款的内容及账户管理

银行存款是行政单位存放在开户银行或其他金融机构的货币资金。行政单位的银行存款主要来源于财政拨款，它是行政单位行使行政职能的物质保证。

根据有关规定，行政单位必须严格银行存款的开户管理，禁止多头开户，预算经费应由财务部门统一在同级财政部门或上级主管部门指定的国家银行开户，不得自行转移资金。

行政单位在办理银行存款开户时，应填写银行规定的开户申请表，经同级财政部门或上级主管部门审查同意后，连同盖有单位公章和主管人员印章的印鉴卡，送开户银行办理开户手续。开户银行审查同意后，行政单位即在该银行开户。

行政单位在银行开户后，必须严格遵守银行规定的以下管理要求：

（1）严格遵守银行的各项结算制度和库存现金管理制度，接受银行的监督和管理。

（2）银行存款户只能供本单位使用，不准出租、出借或转让银行存款户。

（3）各种收付款凭证必须如实填明款项的来源或用途，不得巧立名目，弄虚作假，严禁利用银行存款户搞非法活动。

（4）银行存款户必须有足够的资金以供支付，不准签发空头支票和其他远期支付凭证。

（二）银行结算方式

结算是指结清往来单位之间债权债务的经济行为。根据银行结算制度的规定，银行结算方式主要包括银行汇票、银行本票、商业汇票、汇兑、支票、委托收款、异地托收承付等。由于行政单位涉及银行结算的业务主要是由预算资金的领拨和经费的支用所引起的，所以业务比较单一，使用的银行结算方式主要是支票和汇兑，另外还有办理预算拨款的预算拨款凭证等。

（三）银行存款的核算

行政单位应设置“银行存款”账户，用来核算银行存款的收入、支出和结余情况。它属于资产类账户，借方登记收入的银行存款数额，贷方登记付出的银行存款数额，期末借方余额反映行政单位银行存款的结余数额。

［例7-6］某行政单位收到同级财政部门转拨来的预算经费200 000元。根据相关凭证，编制会计分录如下：

借：银行存款　　200 000

　贷：财政拨款收入　　200 000

如果是收到财政部门用款额度，根据相关凭证，编制会计分录如下：

借：零余额账户用款额度　　200 000

　贷：财政拨款收入　　200 000

［例7-7］某行政单位通过银行转拨给下属单位预算经费100 000元。根据相关凭证，编制会计分录如下：

借：拨出经费　　100 000

　贷：银行存款　　100 000

如果是通过零余额账户拨出的，根据相关凭证，编制会计分录如下：

借：拨出经费　　100 000

　贷：零余额账户用款额度　　100 000

［例7-8］某行政单位购入10台电脑，价款共计50 000元，以转账支票支付。根据相关凭证，编制会计分录如下：

借：经费支出　　50 000

　贷：银行存款　　50 000

如果是从零余额账户开出转账支票支付的，根据相关凭证，编制会计分录如下：

借：经费支出　　50 000

　贷：零余额账户用款额度　　50 000

同时：

借：固定资产　　50 000

　贷：资产基金——固定资产　　50 000

［例7-9］某行政单位收到应上缴财政的预算外资金10 000元，存入银行。根据相关凭证，编制会计分录如下：

借：银行存款　　10 000

　贷：应缴财政款　　10 000

（四）银行存款的核对

行政单位应当按开户银行或其他金融机构、存款种类及币种等，分别设置“银行存款日记账”，由出纳人员根据收付款凭证，按照业务的发生顺序逐笔登记，每日终了应结出余额。

为了保证行政单位银行存款日记账与银行对行政单位银行存款的记录相互一致，行政单位应定期与银行对账，至少每月核对一次。月份终了，行政单位与银行对账时，行政单位银行存款日记账的余额与银行存款对账单的余额可能会出现不一致的情况。其原因有二：一是行政单位或银行发生记账错误；二是行政单位或银行存在未达账项。如果属于记账错误，行政单位应及时更正或通知银行更正错误；如果属于未达账项，则需通过编制银行存款余额调节表进行调节。行政单位与银行之间发生的未达账项有下列4种情况：

（1）银行已收款入账，单位尚未收款入账的款项。

（2）银行已付款入账，单位尚未付款入账的款项。

（3）单位已收款入账，银行尚未收款入账的款项。

（4）单位已付款入账，银行尚未付款入账的款项。

以上任何一种情况，都会使单位和银行双方的账面余额不等，因此行政单位需通过编制银行存款余额调节表，使双方的账面余额一致。

［例7-10］某行政单位月末收到银行送来的银行存款对账单，对账单上的余额为49 680元，单位银行存款日记账上的月末余额为51 000元。经逐笔核对，发现有下列未达款项：

（1）银行收到属于单位的汇兑款项340元，并已登记入账，而该行政单位由于尚未收到收款通知，因而尚未入账。

（2）银行代单位支付水电费560元，并已登记入账，而单位由于未收到付款通知和水电费收据，因而尚未入账。

（3）单位将收到的转账支票一张1 500元存入银行，并已登记入账，而银行尚未登记入账。

（4）单位签发转账支票一张400元，并已登记入账，而银行尚未登记入账。

根据以上资料，为该行政单位编制银行存款余额调节表（见表7-1）。

表7-1 **银行存款余额调节表** 单位：元

项　　目	金额	项　　目	金额
单位银行存款日记账余额	51 000	银行存款对账单余额	49 680
加：单位未记的收入款项		加：银行未记的收入款项	
（1）银行收到汇兑款项	340	（3）单位存入转账支票	1 500
减：单位未记的支出款项		减：银行未记的支出款项	
（2）银行代付水电费	560	（4）单位签发转账支票	400
调节后银行存款余额	50 780	调节后银行存款余额	50 780

第二节 行政单位零余额账户用款额度与财政应返还额度

一、行政单位零余额账户用款额度

（一）零余额账户用款额度的内容

零余额账户并不实存财政资金，只是行政单位的一个授权支付账户。在实行财政国库单一账户制度改革的行政单位，财政部门为其在商业银行开设单位零余额账户。该账户用于财政部门对行政单位的授权支付，行政单位根据经批准的单位预算和用款计划，自行向单位零余额账户的代理银行开具支付令，从单位零余额账户向收款人支付款项或提取现金。行政单位的零余额账户只是一个过渡账户，它在财政国库单一账户与收款人之间起着过渡的作用。对于行政单位而言，在财政国库单一账户制度下，尽管财政预算资金全部存放在国库单一账户，由于行政单位可以随时自行开具支付令，使用单位零余额账户中的用款额度来实现支付，因此单位零余额账户用款额度是行政单位的一项特殊的流动资产。

（二）零余额账户用款额度的核算

为核算行政单位在单位零余额账户中的财政授权支付业务，行政单位应设置“零余额账户用款额度”账户。它属于资产类账户，借方登记行政单位收到代理银行转来的财政授权支付额度，贷方登记行政单位从单位零余额账户中支付的款项。该账户平时的余额在借方，反映行政单位尚未使用的财政授权支付额度。年终，“零余额账户用款额度”账户的余额转入“财政应返还额度”账户，结转后，该账户无余额。

行政单位收到代理银行转来的“财政授权支付额度到账通知书”，并与单位预算和用款计划核对无误后，借记“零余额账户用款额度”账户，贷记“财政拨款收入”账户；行政单位开具支付令从单位零余额账户支付款项时，借记“经费支出”“存货”等有关账户，贷记“零余额账户用款额度”账户；行政单位从零余额账户提取现金时，借记“库存现金”账户，贷记“零余额账户用款额度”账户。

［例7-11］某行政单位收到单位零余额账户代理银行转来的“财政授权支付额度到账通知书”，该单位获得财政授权支付额度750 000元。根据相关凭证，编制会计分录如下：

借：零余额账户用款额度　　750 000

　贷：财政拨款收入　　750 000

［例7-12］某行政单位通过单位零余额账户支付了一笔日常经费，金额共计360 000元。根据相关凭证，编制会计分录如下：

借：经费支出　　360 000

　贷：零余额账户用款额度　　360 000

［例7-13］某行政单位从单位零余额账户中提取现金1 000元，以备日常开支。根据相关凭证，编制会计分录如下：

借：库存现金　　1 000

　贷：零余额账户用款额度　　1 000

二、行政单位财政应返还额度

（一）财政应返还额度的内容

纳入财政国库单一账户制度改革的行政单位，年度终了，如果通过财政零余额账户发生的实际财政直接支付数小于财政直接支付用款额度数，就存在尚未使用的财政直接支付用款额度。同样，如果通过单位零余额账户发生的实际财政授权支付数小于财政授权支付额度数，行政单位就存在尚未使用的财政授权支付用款额度。财政部门对行政单位尚未使用的财政直接支付用款额度和财政授权支付用款额度，采用先注销后恢复的管理办法，即年度终了，财政部门对行政单位尚未使用的用款额度先进行注销；次年初，财政部门再对行政单位尚未使用的用款额度予以恢复，供行政单位使用。这样一来，行政单位在年终尚未使用的当年财政直接支付用款额度和当年财政授权支付用款额度，在次年可以继续按计划使用。由此，当年尚未使用的用款额度，即构成行政单位的财政应返还额度。

（二）财政应返还额度的核算

为核算财政应返还额度业务，行政单位应设置“财政应返还额度”账户。年终，行政单位根据本年度财政直接支付预算指标数与当年财政直接支付实际支出数的差额，借记“财政应返还额度”账户，贷记“财政拨款收入”账户；根据本年度已下达的财政授权支付额度数与当年财政授权支付实际支出数的差额，借记“财政应返还额度”账户，贷记“零余额账户用款额度”账户；如果本年度财政授权支付预算指标数大于零余额账户用款额度下达数，根据两者的差额，借记“财政应返还额度”账户，贷记“财政拨款收入”账户。下年度财政部门恢复财政直接支付额度时，行政单位不做会计处理；待实际使用恢复的额度时，借记“经费支出”等账户，贷记“财政应返还额度”。下年度财政部门恢复财政授权支付额度时，借记“零余额账户用款额度”账户，贷记“财政应返还额度”账户；实际使用恢复的额度时，借记“经费支出”等账户，贷记“零余额账户用款额度”账户。

［例 7-14］某行政单位已经纳入财政国库单一账户制度改革。年终，本年度财政授权支付预算指标数为 886 000 元，本年度财政授权支付实际支出数为 845 000 元，单位零余额账户代理银行收到零余额账户用款额度 866 000 元。行政单位尚未使用的财政授权支付预算额度为 21 000 元，尚未收到的财政授权支付预算指标数为 20 000 元。根据相关凭证，编制会计分录如下：

借：财政应返还额度　　21 000

　贷：零余额账户用款额度　　21 000

同时：

借：财政应返还额度　　20 000

　贷：财政拨款收入　　20 000

［例 7-15］续例 7-14，次年初，该行政单位收到代理银行提供的额度恢复到账通知书，恢复财政授权支付额度 21 000 元。根据相关凭证，编制会计分录如下：

借：零余额账户用款额度　　21 000

　贷：财政应返还额度　　21 000

［例 7-16］续例 7-14，次年初，该行政单位收到财政部门批复的上年末未下达的单位零余额账户用款额度 20 000 元。根据相关凭证，编制会计分录如下：

借：零余额账户用款额度　　20 000

　贷：财政应返还额度　　20 000

第三节　行政单位应收及预付款项

一、应收及预付款项内容及管理要求

应收及预付款项是指行政单位在开展业务活动中形成的各项债权，是行政单位在公务活动中与其他单位、所属单位或本单位职工发生的临时性债权结算款项，包括应收账款、预付账款、其他应收款等。行政单位应该从以下几个方面加强对应收及预付款的管理：

（1）必须在规定的范围内发生应收及预付款项业务，掌握应收及预付款项业务的少量、短期、必需和安全的发生原则。

(2) 必须建立相应的审批制度，完善有关审批手续，建立应收及预付款项收回的责任制。

(3) 应收及预付款项必须及时清理结算，不得长期挂账，以免发生不必要的损失。

二、应收账款的核算

应收账款是指行政单位出租资产、出售物资等应当收取的款项。

应收账款应当在资产已出租或物资已出售、且尚未收到款项时确认，按照实际发生额计量。

行政单位应设置“应收账款”账户，用来核算应收账款的增减变动情况。它属于资产类账户，借方登记应收账款的增加数，贷方登记收回或核销转列支出的应收账款，期末借方余额反映尚未收回的款项。该账户应按债务单位或个人设明细账户，进行明细分类核算。

行政单位收到的商业汇票，也通过本账户核算。

行政单位发生出租资产尚未收到款项业务时，借记“应收账款”账户，贷记“其他应付款”账户；收回应收账款时，借记“银行存款”账户，贷记“应收账款”账户；同时，借记“其他应付款”账户，按照应缴的税费，贷记“应缴税费”账户，按照扣除应缴税费后的净额，贷记“应缴财政款”账户。

行政单位发生出售资产尚未收到款项业务时，借记“应收账款”账户，贷记“待处理财产损溢”账户；收回应收账款时，借记“银行存款”账户，贷记“应收账款”账户。出售收入扣除相关出售费用后的净收入，上缴财政。

[例7-17] 某行政单位将临街的房屋出租，与租用单位签订了租赁合同，租金5 000元（不含税）尚未收到。按规定应缴6%的增值税。根据相关凭证，编制会计分录如下：

借：应收账款	5 000	
贷：其他应付款		5 000

若是收到商业汇票，票面金额为5 000元。根据相关凭证，编制会计分录如下：

借：应收账款	5 000	
贷：其他应付款		5 000

[例7-18] 续例7-17，该行政单位临街的房屋出租租金收回存入银行。根据相关凭证，编制会计分录如下：

借：银行存款	5 000	
贷：应收账款		5 000

若是商业汇票到期收款，根据相关凭证，编制会计分录如下：

借：银行存款	5 000	
贷：应收账款		5 000

同时：

借：其他应付款	5 000	
贷：应缴税费——应交增值税	300	
应缴财政款		4 750

[例7-19] 某行政单位一笔应收账款2 500元已超过3年，经核实无法收回。根据相关凭证，编制会计分录如下：

借：待处理财产损溢——待处理财产价值　　2 500
　贷：应收账款　　2 500

经批准该笔应收账款予以核销。根据相关凭证，编制会计分录如下：

借：经费支出　　2 500
　贷：待处理财产损溢——待处理财产价值　　2 500

若该笔应收款后来又收回。根据相关凭证，编制会计分录如下：

借：银行存款　　2 500
　贷：应缴财政款　　2 500

［例7-20］某行政单位将一台不需要的设备出售，该设备账面原价6 000元，已提折旧2 500元，售价4 000元，款项未收。根据相关凭证，编制会计分录如下：

借：待处理财产损溢——待处理财产价值　　3 500
　　累计折旧　　2 500
　贷：固定资产　　6 000

借：资产基金——固定资产　　3 500
　贷：待处理财产损溢——待处理财产价值　　3 500

借：应收账款　　4 000
　贷：待处理财产损溢——处理净收入　　4 000

［例7-21］续例7-20，该行政单位出售固定资产收入收回存入银行。根据相关凭证，编制会计分录如下：

借：银行存款　　4 000
　贷：应收账款　　4 000

结算处理收入应缴国库。根据相关凭证，编制会计分录如下：

借：待处理财产损溢——处理净收入　　4 000
　贷：应缴财政款　　4 000

款项上缴国库。根据相关凭证，编制会计分录如下：

借：应缴财政款　　4 000
　贷：银行存款　　4 000

三、预付账款的核算

预付账款是指行政单位按照购货、服务合同规定预付给供应单位或个人的款项。预付账款应当在已支付款项且尚未收到物资或服务时按实际预付金额确认。

行政单位应设置“预付账款”账户，用来核算预付账款的增减变动情况。它属于资产类账户，借方登记预付的款项，贷方登记收回或核销转列支出的预付账款，期末借方余额反映已预付尚未结算的款项。该账户应按供货单位或个人设明细账户，进行明细分类核算。

行政单位发生预付账款时，借记“预付账款”账户，贷记“资产基金——预付款项”账户，同时，借记“经费支出”账户，贷记“财政拨款收入”“零余额账户用款额度”“银行存款”等账户；收到所购物资或服务时，按照相应预付账款金额，借记“资产基金——预付款项”账户，贷记“预付账款”账户；发生补付款项的，按照实际补付的款项，借记“经费支出”账户，贷记“财政拨款收入”“零余额账户用款额度”“银行存款”等账户；

收到物资的，同时按照收到所购物资的成本，借记有关资产账户，贷记“资产基金”及相关明细账户。

[例7-22] 某行政单位用财政资金购入一台服务器，价款为12 000元，按合同规定预付3 600元。款项通过零余额账户支付。根据相关凭证，编制会计分录如下：

借：预付账款　3 600

　贷：资产基金——预付款项　3 600

同时：

借：经费支出　3 600

　贷：零余额账户用款额度　3 600

[例7-23] 续例7-22，上述购入服务器已到，补付剩余货款8 400元。根据相关凭证，编制会计分录如下：

借：资产基金——预付款项　3 600

　贷：预付账款　3 600

借：经费支出　8 400

　贷：零余额账户用款额度　8 400

同时：

借：固定资产　12 000

　贷：资产基金——固定资产　12 000

四、其他应收款的核算

其他应收款是指行政单位除应收账款、预付账款以外的其他各项应收及暂付款项，包括职工预借的差旅费、拨付给内部有关部门的备用金、应向职工收取的各种垫付款项等。

行政单位应设置“其他应收款”账户，用来核算其他应收款的增减变动情况。它属于资产类账户，借方登记其他应收未收的款项，贷方登记收回或核销转列支出的其他应收款项，期末借方余额反映尚未收回的其他应收款项。该账户应按其他应收款的类别以及债务单位（或个人）设明细账户，进行明细分类核算。

[例7-24] 某行政单位职工赵明因公出差，预借差旅费1 500元，以现金支付。根据相关凭证，编制会计分录如下：

借：其他应收款——赵明　1 500

　贷：库存现金　1 500

[例7-25] 续例7-24，该行政单位职工赵明出差归来，报销差旅费1 450元，余款50元退回。根据相关凭证，编制会计分录如下：

借：经费支出　1 450

　　库存现金　50

　贷：其他应收款——赵明　1 500

[例7-26] 某行政单位所属甲单位急需资金，该行政单位从银行存款中借出50 000元给甲单位。根据相关凭证，编制会计分录如下：

借：其他应收款——甲单位　50 000

　贷：银行存款　50 000

第四节　行政单位存货

一、行政单位存货的内容

行政单位的存货是指行政单位在开展业务活动及其他活动中为耗用而储存的各种物资，包括材料、燃料、包装物和低值易耗品及未达到固定资产标准的家具、用具、装具等行政单位购入数量不大、随买随用的行政用物资，在购入时直接列作“经费支出”。

行政单位的存货处于经常不断地被领用和重置之中，它是行政单位资产的重要组成部分。行政单位应从下面几个方面加强对存货的管理：

（1）对于购入存货，要严格实行计划管理，先由使用部门根据工作需要，提出使用计划，存货管理部门根据使用计划和存货库存情况，汇编存货采购计划，经主管会计人员审核，由单位领导人批准后，按计划执行。

（2）各行政单位存货管理部门，必须严格执行存货验收、入出库和保管制度，坚持进货、发货有凭证、有记录，并定期与会计部门核对有关账户。

（3）行政单位的存货，每年至少盘点一次，对于发生盘盈、盘亏等情况，应当及时查明原因，报给单位领导批准后，按规定处理。

二、行政单位存货的计价

行政单位存货在取得时，应当按照其实际成本入账。具体取得方式不同，实际成本构成有所区别。

（1）购入的存货，其成本包括购买价款、相关税费、运输费、装卸费、保险费以及其他使存货达到目前场所和状态所发生的支出。

（2）置换换入的存货，其成本按照换出资产的评估价值，加上支付的补价或减去收到的补价，加上为换入存货支付的其他费用（运输费等）确定。

（3）接受捐赠、无偿调入的存货，其成本按照有关凭据注明的金额加上相关税费、运输费等确定；没有相关凭据可供取得，但依法经过资产评估的，其成本应当按照评估价值加上相关税费、运输费等确定；没有相关凭据可供取得、也未经评估的，其成本比照同类或类似存货的市场价格加上相关税费、运输费等确定；没有相关凭据也未经评估，其同类或类似存货的市场价格无法可靠取得，该存货按照名义金额入账。

（4）委托加工的存货，其成本按照未加工存货的成本加上加工费用和往返运输费等确定。

对于发出的存货，应当根据实际情况，采用先进先出法、加权平均法或者个别计价法确定发出存货的实际成本。计价方法一经确定，不得随意变更。

三、行政单位存货的核算

行政单位应设置“存货”账户，用来核算行政单位为满足日常经济业务活动购入的材料、燃料、包装物和低值易耗品及未达到固定资产标准的家具、用具、装具等。它属于资产类账户，借方登记入库存货的实际成本，贷方登记发出存货的实际成本，期末借方余额反映结存存货的实际成本。该账户应按存货的类别、品种等设置明细账户，进行明细分类核算。

［例7-27］某行政单位购入A材料500千克，每千克20元，用零余额账户资金支付，

材料已验收入库。根据相关凭证，编制会计分录如下：

借：存货——A材料　　10 000

　贷：资产基金——存货　　10 000

借：经费支出　　10 000

　贷：零余额账户用款额度　　10 000

［例7-28］某行政单位内部部门领用B材料100千克，每千克25元。根据相关凭证，编制会计分录如下：

借：资产基金——存货　　2 500

　贷：存货——B材料　　2 500

［例7-29］某行政单位将一批甲存货委托外单位加工，该批存货的成本为6 000元，加工费为800元，运费为500元。加工费和运费用银行存款支付。根据相关凭证，编制会计分录如下：

借：存货——委托加工存货成本　　6 000

　贷：存货——甲　　6 000

借：经费支出　　1 300

　贷：银行存款　　1 300

同时：

借：存货——委托加工存货成本　　1 300

　贷：资产基金——存货　　1 300

［例7-30］续例7-29，上述委托加工存货加工完毕交付使用。根据相关凭证，编制会计分录如下：

借：存货——甲　　7 300

　贷：存货——委托加工存货成本　　7 300

［例7-31］某行政单位接受某公司捐赠一批价值22 000元存货，根据相关凭证，编制会计分录如下：

借：存货　　22 000

　贷：资产基金——存货　　22 000

［例7-32］某行政单位年终存货盘点，盘亏A材料30千克，每千克20元；盘盈B材料10千克，每千克25元。

盘亏A材料时，根据相关凭证，编制会计分录如下：

借：待处理财产损溢　　600

　贷：存货——A材料　　600

盘盈B材料时，根据相关凭证，编制会计分录如下：

借：存货——B材料　　250

　贷：待处理财产损溢　　250

［例7-33］续例7-32，经批准，上述盘盈、盘亏存货调整资产基金。根据相关凭证，编制会计分录如下：

借：资产基金——存货　　600

　贷：待处理财产损溢　　600

借：待处理财产损溢	250
贷：资产基金——存货	250

［例7-34］某行政单位出售积压的A材料100千克，收到价款2 100元，存入银行。该材料实际成本为2 000元。根据相关凭证，编制会计分录如下：

借：待处理财产损溢	2 000
贷：存货——A材料	2 000
借：资产基金——存货	2 000
贷：待处理财产损溢	2 000
借：银行存款	2 100
贷：待处理财产损溢	2 100

处置收入上缴财政，根据相关凭证，编制会计分录如下：

借：待处理财产损溢	2 100
贷：应缴财政款	2 100

第五节 行政单位固定资产和在建工程

一、行政单位固定资产的分类和计价

（一）固定资产的分类

固定资产是指单位价值在规定标准以上、使用年限在1年以上，并在使用过程中基本保持原有物质形态的资产。单位价值虽未达到规定标准，但是耐用时间超过1年（不含1年）的大批同类物资，应当作为固定资产核算。

行政单位的固定资产是指一般设备单位价值在1 000元（含1 000元）以上，专用设备单位价值在1 500元（含1 500元）以上，使用年限在1年以上，并在使用过程中基本保持原有实物形态的资产。

行政单位的固定资产一般分为以下6类：

（1）房屋和建筑物，是指行政单位自有的办公用房、生活用房、业务用房和建筑物。

（2）通用设备，是指行政单位用于业务活动需要的通用性设备，如空调和文体设备、交通运输工具等。

（3）专用设备，是指行政单位根据业务活动需要购置的各种具有专门用途的设备，如刑侦人员使用的特殊仪器设备，安全部门使用的监测设备等。

（4）文物和陈列品，是指行政单位占有和使用的具有特别价值的文物和陈列品，如古物、字画、纪念品等。

（5）图书、档案，是指行政单位占有和使用的图书、档案材料，如行政单位贮藏的统一管理使用的业务用书等。

（6）家具、用具、装具及动植物，是指行政单位用于业务工作的办公用的家具、用具及以上各类未包含的固定资产。

（二）固定资产的计价

固定资产的计价是指以货币表现的固定资产的价值。行政单位取得固定资产时，应当

按照其成本入账，具体应按下列规定确定其价值：

（1）购入、调入的固定资产，应按实际支付的买价（含税价），相关税费，固定资产交付使用前所发生的可归属于该项资产的运输费、装卸费、安装费和专业人员服务费等计价。

（2）自行建造的固定资产，应按建造过程中实际发生的全部支出计价。

（3）自行繁育的动植物，应按在达到可使用状态前所发生的全部必要支出计价。

（4）在原固定资产基础上进行改扩建的，应按照原固定资产的账面价值（“固定资产”账户账面余额减去“累计折旧”账户账面余额后的净值）加上改建、扩建、修缮发生的支出，再扣除固定资产拆除部分账面价值后的金额计价。

（5）置换取得的固定资产，按照换出资产的评估价值加上支付的补价或减去收到的补价，加上为换入固定资产支付的其他费用（运输费等）计价。

（6）接受捐赠、无偿调入的固定资产，按照有关凭据注明的金额加上相关税费、运输费等确定；没有相关凭据可供取得，但依法经过资产评估的，其成本应当按照评估价值加上相关税费、运输费等确定；没有相关凭据可供取得也未经评估的，其成本比照同类或类似固定资产的市场价格加上相关税费、运输费等确定；没有相关凭据也未经评估，其同类或类似固定资产的市场价格无法可靠取得，所取得的固定资产应当按照名义金额计价。

（7）盘盈的固定资产，按照取得同类或类似固定资产的实际成本确定入账价值；没有同类或类似固定资产的实际成本，按照同类或类似固定资产的市场价格确定入账价值；同类或类似固定资产的实际成本或市场价格无法可靠取得，按照名义金额计价。

（8）已投入使用但尚未办理移交手续的固定资产，可先按估计价值入账，待确定实际价值后再调整。

行政单位已经入账的固定资产，除非发生下列情况，否则不得任意变动：

（1）根据国家规定对固定资产价值重新估价。

（2）增加补充设备和改良装置。

（3）将固定资产的一部分拆除。

（4）根据实际价值调整原来暂估价值。

（5）发现原来记录固定资产的价值有错误。

二、行政单位固定资产的核算

为了反映和监督固定资产的增减变动及结存情况，行政单位需设置“固定资产”和“资产基金——固定基金”两个账户。

行政单位应设置“固定资产”账户，用来核算行政单位通过购入、调入、自行建造、接受捐赠等渠道所形成的固定资产原价。它属于资产类账户，借方登记增加的固定资产原值，贷方登记减少的固定资产原值，余额在借方，反映行政单位期末占有的全部固定资产原值。

行政单位应设置固定资产登记簿或固定资产卡片，按照固定资产类别、项目和使用部门等进行明细核算。固定资产卡片是进行固定资产明细核算的账簿。应为每一个独立的固定资产项目设置一张卡片，卡片上载明该固定资产的编号、名称、规格、主要技术参数、使用单位、开始使用日期、原价、预计使用年限、停用记录、修理记录等。固定资产卡片按类别保管，每类内按使用单位顺序排列，以便查找。

固定资产登记簿应按固定资产类别开设账页，每个账页内按使用单位设专栏。年初分别按固定资产增加或减少的日期序时登记，反映各类、各部门固定资产原值的增减变动。固定资产登记簿、固定资产卡片和“固定资产”总账的余额要定期核对。

行政单位出租、出借的固定资产，应当设置备查簿进行登记。

行政单位应设置“资产基金——固定基金”账户，用来核算行政单位以各种渠道增加固定资产所形成的基金。它属于净资产类账户，贷方登记因增加固定资产而增加的资产基金，借方登记因固定资产减少、固定资产折旧而减少的资产基金，余额在贷方，反映行政单位期末占有的固定资产所形成的资产基金净额。

（一）固定资产增加的核算

1.购入固定资产的核算

购入不需要安装的固定资产，应按实际支付的买价、相关税费等增加固定资产；购入需要安装的固定资产，先通过“在建工程”账户核算，安装完工交付使用时，转入固定资产。

［例7-35］某行政单位因工作需要，购入公务用小轿车一辆，该车买价为160 000元，车辆购置税税额为16 000元，共计176 000元，以银行存款支付。根据相关凭证，编制会计分录如下：

借：经费支出	176 000	
贷：银行存款		176 000
同时：		
借：固定资产——通用设备	176 000	
贷：资产基金——固定资产		176 000

如果款项是通过零余额账户用财政资金支付，编制会计分录如下：

借：经费支出	176 000	
贷：零余额账户用款额度		176 000
同时：		
借：固定资产——通用设备	176 000	
贷：资产基金——固定资产		176 000

［例7-36］某行政单位用财政资金购入一台需要安装的设备，用零余额账户用款额度支付设备款48 000元。根据相关凭证，编制会计分录如下：

借：经费支出	48 000	
贷：零余额账户用款额度		48 000
同时：		
借：在建工程	48 000	
贷：资产基金——在建工程		48 000

［例7-37］续例7-36，该行政单位用财政资金支付上述设备的安装费3 000元。根据相关凭证，编制会计分录如下：

借：经费支出	3 000	
贷：零余额账户用款额度		3 000

同时：

借：在建工程 3 000

贷：资产基金——在建工程 3 000

［例7-38］续例7-36和例7-37，上述设备安装完工，经验收交付使用。根据相关凭证，编制会计分录如下：

借：固定资产 51 000

贷：资产基金——固定资产 51 000

同时：

借：资产基金——在建工程 51 000

贷：在建工程 51 000

2.自行建造的固定资产的核算

行政单位自行建造的固定资产，其成本包括建造该项资产至交付使用前所发生的全部必要支出。建造成本通过“在建工程”核算，工程完工交付使用时，按自行建造过程中发生的实际支出，增加固定资产，已交付使用但尚未办理竣工决算手续的固定资产，按照估计价值入账，待确定实际成本后再进行调整。

［例7-39］某行政单位经批准自行建造的一栋房屋完工验收交付使用，建设成本为6 000 000元。根据相关凭证，编制会计分录如下：

借：固定资产 6 000 000

贷：资产基金——固定资产 6 000 000

同时：

借：资产基金——在建工程 6 000 000

贷：在建工程 6 000 000

3.改建、扩建固定资产的核算

行政单位在原固定资产基础上进行改建、扩建、修缮，通过“在建工程”账户核算，按照原固定资产的账面价值（“固定资产”账户账面余额减去“累计折旧”账户账面余额后的净值）加上改建、扩建、修缮发生的支出，再扣除固定资产拆除部分账面价值后的金额确定改建、扩建、修缮后的固定资产价值。

［例7-40］某行政单位经批准对一栋旧办公楼进行装修。该办公楼账面余额为4 800 000元，没有计提折旧；装修支出800 000元，通过零余额账户支付；装修过程中取得残料收入20 000元，存入银行。根据相关凭证，编制会计分录如下：

将办公楼价值转入在建工程：

借：在建工程 4 800 000

贷：资产基金——在建工程 4 800 000

借：资产基金——固定资产 4 800 000

贷：固定资产 4 800 000

支付工程款时：

借：经费支出 800 000

贷：零余额账户用款额度 800 000

同时：

借：在建工程 800 000

　贷：资产基金——在建工程 800 000

取得残料收入时：

借：银行存款 20 000

　贷：在建工程 20 000

［例7-41］续例7-40，该行政单位办公楼装修完毕，经验收交付使用。根据相关凭证，编制会计分录如下：

借：固定资产 5 580 000

　贷：资产基金——固定资产 5 580 000

同时：

借：资产基金——在建工程 5 580 000

　贷：在建工程 5 580 000

4.接受捐赠、无偿调入固定资产的核算

行政单位接受捐赠、无偿调入固定资产按照确定的成本增加固定资产，如果接受捐赠、无偿调入固定资产需要安装，还需要通过在建工程，待安装完毕后转入固定资产。

［例7-42］某行政单位接受外单位捐赠的10台电脑，每台价值5 000元，该批电脑无须安装直接交付使用。根据相关凭证，编制会计分录如下：

借：固定资产——通用设备 50 000

　贷：资产基金——固定资产 50 000

（二）固定资产折旧的核算

1.行政单位固定资产折旧要求

行政单位固定资产、公共基础设施计提折旧是指在固定资产、公共基础设施预计使用寿命内，按照确定的方法对应折旧金额进行系统分摊。行政单位范围除文物及陈列品，图书、档案，动植物，以名义金额入账的固定资产，境外行政单位持有的能够与房屋及构筑物区分、拥有所有权的土地以外，其他固定资产，都应计提折旧。

（1）行政单位应当根据固定资产、公共基础设施的性质和实际使用情况，合理确定其折旧年限。省级以上财政部门、主管部门对行政单位固定资产、公共基础设施折旧年限做出规定的，从其规定。

（2）行政单位一般应当采用年限平均法或工作量法计提固定资产、公共基础设施折旧。

（3）行政单位固定资产、公共基础设施的应折旧金额为其成本，计提固定资产、公共基础设施折旧不考虑预计净残值。

（4）行政单位一般应当按月计提固定资产、公共基础设施折旧。当月增加的固定资产、公共基础设施，当月不计提折旧，从下月起计提折旧；当月减少的固定资产、公共基础设施，当月仍计提折旧，从下月起不计提折旧。

（5）固定资产、公共基础设施提足折旧后，无论能否继续使用，均不再计提折旧；提前报废的固定资产、公共基础设施，也不再补提折旧；已提足折旧的固定资产、公共基础设施，可以继续使用的，应当继续使用，规范管理。

（6）固定资产、公共基础设施因改建、扩建或修缮等原因而提高使用效能或延长使用年限的，应当按照重新确定的固定资产、公共基础设施成本以及重新确定的折旧年限，重新计算折旧额。

2.行政单位固定资产、公共基础设施折旧的核算

行政单位应设置“累计折旧”账户，核算固定资产、公共基础设施计提的累计折旧。该账户下设置“固定资产累计折旧”和“公共基础设施累计折旧”两个一级明细账户，分别核算对固定资产和公共基础设施计提的折旧。该账户属于资产类账户，借方记录因固定资产、公共基础设施减少而核销的折旧额，贷方记录计提的固定资产、公共基础设施折旧额。期末贷方余额，反映行政单位计提的固定资产、公共基础设施折旧累计数。行政单位应当按照所对应固定资产和公共基础设施的类别、项目等进行明细核算。

按月计提固定资产折旧时，按照应计提折旧金额，借记“资产基金——固定资产”账户，贷记“累计折旧”账户。

[例7-43] 某行政单位按月计提固定资产折旧，经计算本月累计折旧额为18 600元。根据相关凭证，编制会计分录如下：

借：资产基金——固定资产	18 600	
贷：累计折旧		18 600

（三）固定资产减少的核算

行政单位固定资产的减少包括固定资产正常报废、毁损、出售、捐赠、无偿调出及盘亏等方式。发生固定资产减少时，会计部门应认真审核有关凭证，按照有关规定处理。

1.固定资产报废、毁损的核算

固定资产报废是指固定资产由于长期使用中的有形磨损，并达到规定的使用年限，不能修复继续使用，或者由于技术进步形成的无形磨损，使得必须用新的、更先进的固定资产予以替换旧设备等原因，造成的对原有固定资产按照有关规定进行产权注销的行为。

行政单位因固定资产报废、毁损等原因减少的固定资产，转入待处置资产时，按照待处置固定资产的账面价值，借记“待处理财产损溢”账户，按照已计提折旧，借记“累计折旧”账户，按照固定资产的账面余额，贷记“固定资产”账户。报经批准予以处置时，按照处置固定资产对应的资产基金，借记“资产基金——固定资产”科目，贷记“待处理财产损溢”账户。处置收入扣除相关处置费用后的净收入，上缴财政。

[例7-44] 某行政单位一台原值12 000元设备，累计已提折旧10 000元，因技术进步而不能继续使用，决定予以报废。在清理过程中，取得残值变价收入300元已存入银行，以现金支付清理费100元。

将该固定资产转入处置。根据相关凭证，编制会计分录如下：

借：待处理财产损溢——待处理财产价值	2 000	
累计折旧	10 000	
贷：固定资产		12 000

经批准对该固定资产进行处置。根据相关凭证，编制会计分录如下：

借：资产基金——固定资产	2 000	
贷：待处理财产损溢——待处理财产价值		2 000

收回残值变价收入。根据相关凭证，编制会计分录如下：

借：银行存款　300

　贷：待处理财产损溢——处理净收入　300

支付清理费。根据相关凭证，编制会计分录如下：

借：待处理财产损溢——处理净收入　100

　贷：库存现金　100

结算清理净收入应上缴国库。根据相关凭证，编制会计分录如下：

借：待处理财产损溢——处理净收入　200

　贷：应缴财政款　200

款项上缴国库。根据相关凭证，编制会计分录如下：

借：应缴财政款　200

　贷：银行存款　200

2.固定资产出售、无偿调出、对外捐赠的核算

行政单位出售、无偿调出、对外捐赠固定资产，转入待处置资产时，按照待处置固定资产的账面价值，借记“待处理财产损溢”账户，按照已计提折旧，借记“累计折旧”账户，按照固定资产的账面余额，贷记“固定资产”账户。

实际出售、调出、捐出时，按照处置固定资产对应的资产基金，借记“资产基金——固定资产”账户，贷记“待处理财产损溢”账户。

出售固定资产过程中取得价款在扣除相关税费后的净收入应上缴财政。

［例7-45］某行政单位将一套不需用的旧设备出售，该设备原值为5 800元，已计提折旧2 000元，售价为4 500元，已通过银行收回价款。根据相关凭证，编制会计分录如下：

将该固定资产转入处置。根据相关凭证，编制会计分录如下：

借：待处理财产损溢——待处理财产价值　3 800

　　累计折旧　2 000

　贷：固定资产　5 800

经批准对该固定资产进行处置。根据相关凭证，编制会计分录如下：

借：资产基金——固定资产　3 800

　贷：待处理财产损溢——待处理财产价值　3 800

收取出售款。根据相关凭证，编制会计分录如下：

借：银行存款　4 500

　贷：待处理财产损溢——处理净收入　4 500

结算转让净收入应上缴国库。根据相关凭证，编制会计分录如下：

借：待处理财产损溢——处理净收入　4 500

　贷：应缴财政款　4 500

款项上缴国库。根据相关凭证，编制会计分录如下：

借：应缴财政款　4 500

　贷：银行存款　4 500

（四）固定资产后续支出的核算

1.固定资产日常修理的核算

固定资产在使用过程中，由于各个组成部分的耐用程度不同或者使用条件不同，因而

往往发生固定资产的局部损坏，为了保持固定资产的正常运转和使用，充分发挥固定资产的使用效能，行政单位必须对固定资产进行必要的维修。

行政单位固定资产日常修理所发生的费用，由于修理费用数额较小，可随支随报。发生日常修理费用时，借记“经费支出”账户，贷记“库存现金”“银行存款”“零余额账户用款额度”“财政拨款收入”等账户。

［例7-46］某行政单位用财政零余额账户资金1 200元支付设备的日常维修费。根据相关凭证，编制会计分录如下：

借：经费支出　　1 200

　贷：零余额账户用款额度　　1 200

2.固定资产改建、扩建或修缮等后续支出的核算

为增加固定资产使用效能或延长其使用寿命而发生的改建、扩建或修缮等后续支出，应当计入固定资产成本，通过“在建工程”账户核算，完工交付使用时转入固定资产账户。有关账务处理参见“三、行政单位在建工程的核算”。

（五）固定资产清查的核算

行政单位的固定资产应当定期进行清查盘点，每年至少盘点一次。清查时，以财产管理部门为主，由会计部门、资产使用部门共同参加。清点结果，要写出清查报告，经批准做相应账务处理。

1.固定资产盘盈的核算

行政单位盘盈固定资产，按照取得同类或类似固定资产的实际成本或类似固定资产的市场价格或名义金额增加固定资产。

［例7-47］某行政单位年终盘查，盘盈电脑一台，同类电脑的市场价格为5 000元。根据相关凭证，编制会计分录如下：

借：固定资产——通用设备　　5 000

　贷：待处理财产损溢　　5 000

经批准该盘盈固定资产相应增加资产基金。根据相关凭证，编制会计分录如下：

借：待处理财产损溢　　5 000

　贷：资产基金——固定资产　　5 000

2.固定资产盘亏的核算

行政单位盘亏的固定资产，按照盘亏固定资产的账面价值，借记“待处理财产损溢”账户，按照已计提折旧，借记“累计折旧”账户，按照固定资产账面余额，贷记“固定资产”账户。

［例7-48］某行政单位年终进行固定资产盘点，发现盘亏电视机一台，账面价值3 800元，已计提折旧1 500元。根据相关凭证，编制会计分录如下：

（1）将该固定资产转入处置。根据相关凭证，编制会计分录如下：

借：待处理财产损溢——待处理财产价值　　2 300

　　累计折旧　　1 500

　贷：固定资产——通用设备　　3 800

（2）经批准对该固定资产进行处置。根据相关凭证，编制会计分录如下：

借：资产基金——固定资产　　2 300

贷：待处理财产损溢——待处理财产价值 2 300

三、行政单位在建工程的核算

行政单位在建工程是指行政单位的房屋建筑物新建、改建、扩建、修缮，设备安装以及信息系统建设等工程。

行政单位应设置“在建工程”账户，核算已经发生的，但尚未完工交付使用的各种建筑（包括新建、改建、扩建、修缮等）、设备安装以及信息系统建设等工程的实际成本。该账户属于资产类账户，借方记录各项工程的实际成本，贷方记录结转已完工工程的实际成本，期末借方余额反映尚未完工工程的实际成本。该账户应当按照具体工程项目等设置明细账，进行明细核算；需要分摊计入不同工程项目的间接工程成本，应当通过本账户下设置的“待摊投资”明细账户核算。

（一）建筑工程的核算

行政单位的基本建设投资应当按照国家有关规定单独建账、单独核算，同时按照行政单位会计制度的规定至少按月并入“在建工程”账户相关明细账户反映。行政单位应当在“在建工程”账户下设置“建筑工程”明细账户，核算由基建账套并入的在建工程成本。

［例7-49］某行政单位申请立项建设一栋办公楼，经批准用财政资金建设，办公楼造价9 000 000元，已完成场地整理、设计招标工作，项目资金已由财政部门拨付给该行政单位，该行政单位已和建筑公司签订了基建合同，建筑公司已进场施工，按合同规定支付30%第一期工程款2 700 000元。根据相关凭证，编制会计分录如下：

借：经费支出	2 700 000	
贷：零余额账户用款额度		2 700 000

同时：

借：在建工程——建筑工程	2 700 000	
贷：资产基金——在建工程		2 700 000

［例7-50］续例7-49，3个月后，上述办公楼建设已完工70%，按合同规定支付20%第二期工程款1 800 000元。根据相关凭证，编制会计分录如下：

借：经费支出	1 800 000	
贷：零余额账户用款额度		1 800 000

同时：

借：在建工程——建筑工程	1 800 000	
贷：资产基金——在建工程		1 800 000

［例7-51］续例7-49和例7-50，经过半年的建设，上述办公楼建设已完工，经验收交付使用，按合同规定支付30%第三期工程款2 700 000元，预留20%工程质保金，工程发票已全额开具。根据相关凭证，编制会计分录如下：

借：经费支出	2 700 000	
贷：零余额账户用款额度		2 700 000

同时：

借：在建工程——建筑工程	4 500 000	
贷：资产基金——在建工程		4 500 000

预留20%工程质保金：

借：待偿债净资产　　1 800 000

　贷：长期应付款　　1 800 000

完工结转固定资产：

借：固定资产　　9 000 000

　贷：资产基金——固定资产　　9 000 000

借：资产基金——在建工程　　9 000 000

　贷：在建工程——建筑工程　　9 000 000

[例7-52] 续例7-49至例7-51，一年后，经验收办公楼使用没有质量问题，支付预留的20%工程质保金1 800 000元。根据相关凭证，编制会计分录如下：

借：长期应付款　　1 800 000

　贷：待偿债净资产　　1 800 000

同时：

借：经费支出　　1 800 000

　贷：零余额账户用款额度　　1 800 000

（二）信息系统建设工程的核算

行政单位发生各项信息系统建设支出时，按照实际支付的金额，借记“经费支出”账户，贷记“零余额账户用款额度”“银行存款”等账户；同时，借记“在建工程——信息系统建设工程”账户，贷记“资产基金——在建工程”账户。信息系统建设完成交付使用时，按照交付使用信息系统的实际成本，借记“资产基金——在建工程”账户，贷记“在建工程——信息系统建设工程”账户；同时，借记“固定资产”“无形资产”账户，贷记“资产基金——固定资产”“资产基金——无形资产”账户。

[例7-53] 某行政单位为适应办公自动化要求，建设一套管理信息系统，已签订建设合同，合同建设金额为200 000元。该行政单位按合同用财政资金支付第一期建设费用100 000元。根据相关凭证，编制会计分录如下：

借：经费支出　　100 000

　贷：零余额账户用款额度　　100 000

同时：

借：在建工程——信息系统建设工程　　100 000

　贷：资产基金——在建工程　　100 000

[例7-54] 续例7-53，该套管理信息系统已建设完成，测试性能良好，达到使用要求正式交付使用，按合同支付剩余建设费用。

借：经费支出　　100 000

　贷：零余额账户用款额度　　100 000

同时：

借：在建工程——信息系统建设工程　　100 000

　贷：资产基金——在建工程　　100 000

同时：

借：资产基金——在建工程　　200 000

贷：在建工程——信息系统建设工程 200 000

借：无形资产 200 000

贷：资产基金——无形资产 200 000

（三）设备安装工程的核算

行政单位购入需要安装的设备，按照购入的成本，借记“在建工程”账户，贷记“资产基金——在建工程”账户；同时，按照实际支付的金额，借记“经费支出”账户，贷记“财政拨款收入”“零余额账户用款额度”“银行存款”等账户。

发生安装费用时，按照实际支付的金额，借记“在建工程”账户，贷记“资产基金——在建工程”账户；同时，按照实际支付的金额，借记“经费支出”账户，贷记“财政拨款收入”“零余额账户用款额度”“银行存款”等账户。

设备安装完工交付使用时，按照交付使用设备的实际成本，借记“资产基金——在建工程”账户，贷记“在建工程”账户；同时，借记“固定资产”“无形资产”（交付使用的设备中有能够单独区分成本的无形资产）账户，贷记“资产基金——固定资产”“资产基金——无形资产”账户。

具体实例参见［例7-36］、［例7-37］和［例7-38］。

第六节 行政单位无形资产和其他资产

一、行政单位无形资产的计价

行政单位的无形资产是指不具有实物形态而能为行政单位提供某种权利的非货币性资产，包括著作权、土地使用权、专利权、非专利技术等。

行政单位购入的不构成相关硬件不可缺少组成部分的软件，应当作为无形资产核算。

行政单位取得无形资产时，应当按照其实际成本入账。不同来源形成的无形资产，其取得的实际成本并不相同。

（1）购入的无形资产，按购入时发生的实际成本计价。实际成本包括购买价款、相关税费以及可归属于该项资产达到预定用途所发生的其他支出。

委托软件公司开发软件视同外购无形资产进行处理。

（2）自行开发并按法律程序申请取得的无形资产，按照依法取得时发生的注册费、聘请律师费等费用计价。

（3）置换取得的无形资产，其成本按照换出资产的评估价值加上支付的补价或减去收到的补价，加上为换入无形资产支付的其他费用（登记费等）确定。

（4）接受捐赠、无偿调入的无形资产，其成本按照有关凭据注明的金额加上相关税费等计价；没有相关凭据的，其成本比照同类或类似无形资产的市场价格加上相关税费等计价；没有相关凭据、同类或类似无形资产的市场价格也无法可靠取得的，该资产按照名义金额计价。

二、行政单位无形资产的核算

（一）无形资产增加的核算

行政单位应设置“无形资产”账户，用来核算行政单位的专利权、非专利技术、著作权、土地使用权等各种无形资产的增减变动及结存情况。它属于资产类账户，借方登记按各种方式取得的无形资产的成本，贷方登记无形资产摊销的金额和转出的成本。期末余额在借方，反映期末结存的无形资产原价。该账户按无形资产的项目、类别设置明细账，进行明细分类核算。

[例7-55] 某行政单位用自有资金62 000元（暂不考虑税费）从某科研机构购入一项专利权。根据相关凭证，编制会计分录如下：

借：经费支出　62 000
　贷：银行存款　62 000

同时：

借：无形资产——专利权　62 000
　贷：资产基金——无形资产　62 000

如果款项是用财政资金通过零余额账户支付，编制会计分录如下：

借：经费支出　62 000
　贷：零余额账户用款额度　62 000

同时：

借：无形资产——专利权　62 000
　贷：资产基金——无形资产　62 000

[例7-56] 某行政单位委托软件公司开发一套管理软件，已和软件公司签订合同，软件开发费用为160 000元，按合同用自有资金预付首期费用80 000元。根据相关凭证，编制会计分录如下：

借：预付账款　80 000
　贷：资产基金——预付款项　80 000
借：经费支出　80 000
　贷：银行存款　80 000

如果款项是通过零余额账户用财政资金支付，编制会计分录如下：

借：经费支出　80 000
　贷：零余额账户用款额度　80 000

[例7-57] 续例7-56，上述管理软件，软件公司已开发完成，经安装测试，正式交付使用。按合同用自有资金支付剩余软件开发费80 000元。根据相关凭证，编制会计分录如下：

借：经费支出　80 000
　贷：银行存款　80 000

如果款项是通过零余额账户用财政资金支付，编制会计分录如下：

借：经费支出　80 000
　贷：零余额账户用款额度　80 000

同时：

借：无形资产——软件　160 000
　贷：资产基金——无形资产　160 000
借：资产基金——预付款项　80 000

贷：预付账款 80 000

［例7-58］某行政单位上级主管部门无偿拨入一套管理软件给其使用，主管部门没有提供相关凭据，与该管理软件同类或类似的市场价格也无法可靠取得，该管理软件按照名义金额1元计价。根据相关凭证，编制会计分录如下：

借：无形资产——软件 1

贷：资产基金——无形资产 1

（二）无形资产摊销的核算

1.无形资产摊销的要求

无形资产摊销是指在无形资产使用寿命内，按照确定的方法对应摊销金额进行系统分摊。

（1）除以名义金额计量的无形资产外，行政单位应当对无形资产进行摊销。

（2）行政单位应当按照如下原则确定无形资产的摊销年限：法律规定了有效年限的，按照法律规定的有效年限作为摊销年限；法律没有规定有效年限的，按照相关合同或单位申请书中的受益年限作为摊销年限；法律没有规定有效年限、相关合同或单位申请书也没有规定受益年限的，按照不少于10年的期限摊销；非大批量购入、单价小于1 000元的无形资产，可以于购买的当期，一次将成本全部摊销。

（3）行政单位应当采用年限平均法对无形资产进行摊销。

（4）行政单位无形资产的应摊销金额为其成本。

（5）行政单位应当自无形资产取得当月起，按月计提无形资产摊销；当月减少的无形资产，不再计提摊销。

（6）无形资产提足摊销后，无论其能否继续带来服务潜力或经济利益，均不再计提摊销；核销的无形资产，如果未提足摊销，也不再补提摊销。

（7）因发生后续支出而增加无形资产成本的，应当按照重新确定的无形资产成本，重新计算摊销额。

2.无形资产摊销核算

行政单位应设置“累计摊销”账户，核算无形资产计提的累计摊销。该账户属于资产类账户，借方记录因无形资产减少而核销的摊销额，贷方记录计提的无形资产摊销额。期末贷方余额，反映行政单位计提的无形资产摊销累计数。行政单位应当按照无形资产的类别、项目等设置明细账，进行明细核算。

按月计提无形资产摊销时，按照应计提摊销金额，借记“资产基金——无形资产”账户，贷记“累计摊销”账户。

［例7-59］某行政单位拥有的一项专利权，成本为120 000元，该专利权期限为5年，则每月的摊销额为2 000元。每月摊销时，根据相关凭证，编制会计分录如下：

借：资产基金——无形资产 2 000

贷：累计摊销 2 000

（三）无形资产减少的核算

行政单位的无形资产使用期满出售、无偿调出、对外捐赠，转入待处置资产时，按照待处置无形资产的账面价值，借记“待处理财产损溢”账户，按照已计提摊销，借记“累计摊销”账户，按照无形资产的账面余额，贷记“无形资产”账户。

实际出售、调出、捐出时，按照处置无形资产对应的非流动资产基金，借记“资产基金——无形资产”账户，贷记“待处理财产损溢”账户。

行政单位无形资产预期不能为行政单位带来服务潜力或经济利益的，应当按规定报经批准后将无形资产的账面价值予以核销。

[例7-60] 某行政单位一项办公软件，原值为25 000元，已摊销24 000元，已有新的办公软件取代旧的办公软件，该软件已无使用价值，经批准予以核销。根据相关凭证，编制会计分录如下：

借：待处理财产损溢——待处理财产价值　　1 000
　　累计摊销　　24 000
　贷：无形资产　　25 000
借：资产基金——无形资产　　1 000
　贷：待处理财产损溢——待处理财产价值　　1 000

[例7-61] 某行政单位对外转让一项专利权，该专利权原值为45 000元，已摊销20 000元，转让价格为30 000元（暂不考虑税费）。根据相关凭证，编制会计分录如下：

转入待处置资产时，根据相关凭证，编制会计分录如下：

借：待处理财产损溢——待处理财产价值　　25 000
　　累计摊销　　20 000
　贷：无形资产　　45 000
借：资产基金——无形资产　　25 000
　贷：待处理财产损溢——待处理财产价值　　25 000

取得处置收入时，根据相关凭证，编制会计分录如下：

借：银行存款　　30 000
　贷：待处理财产损溢——处置净收入　　30 000

结算转让净收入应上缴财政时，根据相关凭证，编制会计分录如下：

借：待处理财产损溢——处置净收入　　30 000
　贷：应缴财政款　　30 000

款项上缴国库时，根据相关凭证，编制会计分录如下：

借：应缴财政款　　30 000
　贷：银行存款　　30 000

（四）无形资产后续支出的核算

行政单位与无形资产有关的后续支出，分以下情况处理：

（1）为增加无形资产使用效能而发生的后续支出，如对软件进行升级改造或扩展其功能等所发生的支出，应当计入无形资产的成本，借记“无形资产”账户，贷记“资产基金——无形资产”账户；同时，借记“经费支出”账户，贷记“财政拨款收入”“零余额账户用款额度”“银行存款”等账户。

[例7-62] 某行政单位对一套办公系统软件进行升级，以扩大该软件的功能，用财政资金支付升级改造费15 000元。根据相关凭证，编制会计分录如下：

借：无形资产——软件　　15 000

贷：资产基金——无形资产 15 000

同时：

借：经费支出 15 000

贷：零余额账户用款额度 15 000

（2）为维护无形资产的正常使用而发生的后续支出，如对软件进行的漏洞修补、技术维护等所发生的支出，应当计入当期支出但不计入无形资产的成本，借记“经费支出”账户，贷记“财政拨款收入”“零余额账户用款额度”“银行存款”等账户。

［例7-63］某行政单位用财政资金对一套管理软件进行维护，支付软件维护费用2 000元。根据相关凭证，编制会计分录如下：

借：经费支出 2 000

贷：零余额账户用款额度 2 000

三、行政单位其他资产的核算

（一）行政单位政府储备物资的核算

行政单位政府储备物资是指行政单位直接储存管理的各项政府应急或救灾储备物资等。行政单位应设置“政府储备物资”账户，用来核算行政单位储存管理的各项政府应急或救灾储备物资等的增减变动及结存情况。它属于资产类账户，借方登记按各种方式取得的政府储备物资的成本，贷方登记政府储备物资转出的成本。期末余额在借方，反映期末结存的政府储备物资的实际成本。该账户按政府储备物资的种类、品种、存放地点等设置明细账，进行明细分类核算。

［例7-64］某行政单位用财政资金购入一批救灾储备物资，价值为250 000元，运费为3 000元。根据相关凭证，编制会计分录如下：

借：经费支出 253 000

贷：零余额账户用款额度 253 000

同时：

借：政府储备物资 253 000

贷：资产基金——政府储备物资 253 000

［例7-65］某行政单位接受了由社会捐赠的一批救灾物资，捐赠方提供的有关凭证上注明这批物资的价值是150 000元。根据相关凭证，编制会计分录如下：

借：政府储备物资 150 000

贷：资产基金——政府储备物资 150 000

［例7-66］某行政单位因政府救灾工作需要，调出一批救灾物资，价值为120 000元。根据相关凭证，编制会计分录如下：

借：资产基金——政府储备物资 120 000

贷：政府储备物资 120 000

（二）行政单位公共基础设施的核算

行政单位公共基础设施是指行政单位占有并直接负责维护管理、供社会公众使用的工程性公共基础设施资产，包括城市交通设施、公共照明设施、环保设施、防灾设施、健身设施、广场及公共构筑物等其他公共设施。

行政单位与公共基础设施配套使用的修理设备、工具器具、车辆等动产，与公共基础设施配套、供行政单位在公共基础设施管理中自行使用的房屋构筑物等，能够与公共基础设施分开核算的，作为管理公共基础设施的行政单位的固定资产，不属于公共基础设施。

行政单位应设置“公共基础设施”账户，用来核算行政单位占有并直接负责维护管理、供社会公众使用的各项工程性公共基础设施的增减变动及结存情况。它属于资产类账户，借方登记公共基础设施增加的成本，贷方登记公共基础设施减少的成本。期末余额在借方，反映期末结存的公共基础设施的实际成本。该账户按公共基础设施类别和项目等设置明细账，进行明细分类核算。

行政单位应当结合本单位的具体情况，制定适合于本单位管理的公共基础设施目录、分类方法，作为进行公共基础设施核算的依据。

1.公共基础设施增加的核算

行政单位公共基础设施在取得时，应当按照其成本入账。自行建设的公共基础设施，其成本包括建造该公共基础设施至交付使用前所发生的全部必要支出。公共基础设施的各组成部分需要分别核算的，按照各组成部分公共基础设施造价确定其成本；没有各组成部分公共基础设施造价的，按照各组成部分公共基础设施同类或类似市场造价的比例对总造价进行分配，确定各组成部分公共基础设施的成本。

[例7-67] 某行政单位负责城市高架桥工程建设，与施工单位签订了施工合同，合同总金额为8 000 000元，按合同用财政资金支付首期工程款2 400 000元。根据相关凭证，编制会计分录如下：

借：经费支出　　2 400 000

　贷：零余额账户用款额度　　2 400 000

同时：

借：在建工程——公共基础设施　　2 400 000

　贷：资产基金——在建工程　　2 400 000

[例7-68] 续例7-67，按照工程进度，支付高架桥工程第二期工程款3 200 000元。根据相关凭证，编制会计分录如下：

借：经费支出　　3 200 000

　贷：零余额账户用款额度　　3 200 000

同时：

借：在建工程——公共基础设施　　3 200 000

　贷：资产基金——在建工程　　3 200 000

[例7-69] 续例7-67和例7-68，上述城市高架桥工程完工，验收合格，支付剩余工程款。根据相关凭证，编制会计分录如下：

借：经费支出　　2 400 000

　贷：零余额账户用款额度　　2 400 000

同时：

借：在建工程——公共基础设施　　2 400 000

　贷：资产基金——在建工程　　2 400 000

结转公共基础设施成本。根据相关凭证，编制会计分录如下：

借：公共基础设施 8 000 000

贷：资产基金——公共基础设施 8 000 000

同时：

借：资产基金——在建工程 8 000 000

贷：在建工程——公共基础设施 8 000 000

2.公共基础设施后续支出的核算

为增加公共基础设施使用效能或延长其使用寿命而发生的改建、扩建或大型修缮等后续支出，应当计入公共基础设施成本。

[例7-70] 某行政单位负责所在城市排污系统扩建，建设支出6 000 000元，用财政资金支付。根据相关凭证，编制会计分录如下：

借：经费支出 6 000 000

贷：零余额账户用款额度 6 000 000

同时：

借：在建工程——公共基础设施 6 000 000

贷：资产基金——在建工程 6 000 000

[例7-71] 续例7-70，上述城市排污系统扩建完毕。根据相关凭证，编制会计分录如下：

借：公共基础设施 6 000 000

贷：资产基金——公共基础设施 6 000 000

同时：

借：资产基金——在建工程 6 000 000

贷：在建工程——公共基础设施 6 000 000

为维护公共基础设施的正常使用而发生的日常修理等后续支出，应当计入当期支出。

[例7-72] 某行政单位负责所在城市街道路灯维修，发生维修费30 000元，用财政资金支付。根据相关凭证，编制会计分录如下：

借：经费支出 30 000

贷：零余额账户用款额度 30 000

3.公共基础设施折旧的核算

公共基础设施计提折旧是指在公共基础设施预计使用寿命内，按照确定的方法对应折旧金额进行系统分摊。行政单位公共基础设施折旧，与固定资产折旧核算相似。

[例7-73] 某行政单位对公共基础设施按月计提折旧，经计算本月累计折旧额为25 600元。根据相关凭证，编制会计分录如下：

借：资产基金——公共基础设施 25 600

贷：累计折旧 25 600

4.公共基础设施处置的核算

行政单位管理的公共基础设施向其他单位移交、毁损、报废时，应当按照规定报经批准后进行账务处理。

[例7-74] 某行政单位一基础设施报废，该基础设施账面余额为3 600 000元，已折旧

3 200 000元。根据相关凭证，编制会计分录如下：

借：待处理财产损溢——待处理财产价值　　400 000
　　累计折旧　　3 200 000
　贷：公共基础设施　　3 600 000

借：资产基金——公共基础设施　　400 000
　贷：待处理财产损溢——待处理财产价值　　400 000

（三）行政单位受托代理资产的核算

行政单位受托代理资产是指行政单位接受委托方委托管理的各项资产，包括受托指定转赠的物资、受托储存管理的物资等。

行政单位应设置“受托代理资产”账户，用来核算行政单位受委托方托管的各项资产的增减变动及结存情况。它属于资产类账户，借方登记受托代理资产增加的成本，贷方登记受托代理资产减少的成本。期末余额在借方，反映期末结存的受托代理资产的实际成本。该账户按资产的种类和委托人设置明细账，进行明细分类核算。属于转赠资产的，还应当按照受赠人进行明细核算。

[例7-75] 某行政单位接受委托人委托，代收一批救灾物资，价值为230 000元，需要转赠给灾区。根据相关凭证，编制会计分录如下：

借：受托代理资产　　230 000
　贷：受托代理负债　　230 000

[例7-76] 续例7-75，该行政单位将代收的230 000元救灾物资，转赠给灾区。根据相关凭证，编制会计分录如下：

借：受托代理负债　　230 000
　贷：受托代理资产　　230 000

本章小结

本章主要介绍了行政单位各项资产的含义、内容和核算方法。

资产是行政单位占有或者使用的能以货币计量的经济资源，包括流动资产、固定资产、在建工程、无形资产等。其中，流动资产是指可以在1年以内（含1年）变现或者耗用的资产，包括库存现金、银行存款、零余额账户用款额度、财政应返还额度、应收及预付款项、存货等。

库存现金是指行政单位在预算执行过程中为保证日常业务活动开支的需要，而由会计部门保管的货币资金；银行存款是行政单位存放在开户银行或其他金融机构的货币资金；零余额账户用款额度是指纳入财政国库单一账户制度改革的行政单位，财政部门为其在商业银行开设的单位零余额账户的用款额度；财政应返还额度是指纳入财政国库单一账户制度改革的行政单位零余额账户中当年尚未使用的预算指标数；应收及预付款项是指行政单位在开展业务活动中形成的各项债权，包括应收账款、预付账款、其他应收款等；存货是指行政单位在开展业务活动及其他活动中为耗用而储存的各种物资，包括材料、燃料、包装物和低值易耗品等；固定资产是指使用期限超过1年（不含1年）、单位价值在规定标准以上，并且在使用过程中基本保持原有物质形态的资产；在建工程是指行政单位已经发生必要支出，但尚未交付使用的建设工程；无形资产是指不具有实物形态而能够为使用者提供某种权利的非货币性资产。

行政单位通过“库存现金”“银行存款”“零余额账户用款额度”“财政应返还额度”“应收账款”“预付账款”“其他应收款”“存货”“固定资产”“在建工程”“无形资产”“公共基础设施”“政府储备物资”“受托代理资产”等账户核算各项资产内容的增减变动及其结存情况。

第八章

行政单位负债和净资产的核算

学习目标

通过本章的学习，要求明确行政单位负债和净资产的含义及各自的内容；掌握各项负债和净资产的核算方法。

第一节 行政单位负债

行政单位负债是行政单位承担的能以货币计量，需以各项资产偿付的债务。负债按照流动性，分为流动负债和非流动负债。

一、行政单位流动负债的核算

行政单位的流动负债，是指行政单位预计在1年内（含1年）偿还的负债，包括应缴财政款、应缴税费、应付职工薪酬、应付及暂存款项、应付政府补贴款等。

（一）应缴财政款的内容与核算

1.应缴财政款的内容

应缴财政款是指行政单位按照规定取得的应当上缴财政的款项，主要包括：

（1）罚没收入，指国家各级司法机关、行政执法机关和经济管理部门依法查处应上缴国库的各项罚没收入和没收物品的变价收入。

（2）行政性收费收入，指各级行政单位按国家规定收取的各种费用，如公安部门收取的身份证工本费、户口簿工本费、出入境管理费、各种车辆管理费等，税务部门收取的税务登记证工本费，工商行政管理部门收取的企业法人登记费、营业执照工本费、商标注册费等。

（3）政府性基金，指各级人民政府及其所属部门根据法律、国家行政法规和中共中央、国务院有关文件的规定，为支持某项事业发展，按照国家规定程序批准，向公民、法人和其他组织征收的具有专项用途的资金。其包括各种基金、资金、附加和专项收费。

（4）国有资产处置和出租收入，指各级行政单位依法处置国有资产的收益及将其占有的国有资产出租取得的租金收入。

（5）按国家预算管理规定的其他应缴财政的款项。

应缴财政款是纳入财政预算的款项，行政单位必须依照国家有关法律、法规收取，不得超越法律和法规的权限任意收取。对于收取的应缴财政款，应该及时、足额上缴国库，任何单位不得缓缴截留、挪用或自行坐支应缴财政款项。年终行政单位必须将全年的应缴财政款全部缴入国库。

2.应缴财政款的核算

行政单位应设置“应缴财政款”账户，用来核算应缴财政款的发生及缴纳情况。它属于负债类账户，贷方登记收到的应缴财政的款项，借方登记上缴财政的款项，期末贷方余额，反映行政单位应当上缴财政但尚未缴纳的款项。年终清缴后，本账户一般应无余额。该账户应按应缴财政款的类别设明细账户，进行明细分类核算。

［例8-1］某行政单位根据有关规定收取行政性收费6 000元，款项存入银行。根据相关凭证，编制会计分录如下：

借：银行存款　6 000

　贷：应缴财政款——行政性收费　6 000

［例8-2］续例8-1，该行政单位将收取的行政性收费6 000元上缴国库。根据相关凭证，编制会计分录如下：

借：应缴财政款——行政性收费　6 000

　贷：银行存款　6 000

［例8-3］某行政单位将长期无人认领的财物出售，取得价款5 000元，存入银行。根据相关凭证，编制会计分录如下：

借：银行存款　5 000

　贷：应缴财政款——无主财物变价收入　5 000

［例8-4］续例8-3，该行政单位将收取的无主财物出售，收入5 000元上缴国库。根据相关凭证，编制会计分录如下：

借：应缴财政款——无主财物变价收入　5 000

　贷：银行存款　5 000

［例8-5］某行政单位将闲置的房屋出租，取得租金收入12 000元，存入银行。根据相关凭证，编制会计分录如下：

借：银行存款　12 000

　贷：应缴财政款——租金收入　12 000

［例8-6］续例8-5，该行政单位将收取的房屋租金收入12 000元上缴国库。根据相关凭证，编制会计分录如下：

借：应缴财政款——租金收入　12 000

　贷：银行存款　12 000

［例8-7］某行政单位依法对某公司进行罚款，罚款收入为10 000元，存入银行。根据相关凭证，编制会计分录如下：

借：银行存款　10 000

　贷：应缴财政款——罚没收入　10 000

［例8-8］续例8-7，该行政单位将罚款收入10 000元上缴国库。根据相关凭证，编制会计分录如下：

借：应缴财政款——罚没收入　10 000

　贷：银行存款　10 000

［例8-9］某行政单位将一套管理软件转让给外单位，该软件原值为13 800元，已摊销8 000元，售价为6 500元，已通过银行收回价款。根据相关凭证，编制会计分录

如下：

将该无形资产转入处置。根据相关凭证，编制会计分录如下：

借：待处理财产损溢——待处理财产价值　　5 800

　　累计摊销　　8 000

　贷：无形资产　　13 800

经批准对该固定资产进行处置。根据相关凭证，编制会计分录如下：

借：资产基金——无形资产　　5 800

　贷：待处理财产损溢——待处理财产价值　　5 800

收取出售款。根据相关凭证，编制会计分录如下：

借：银行存款　　6 500

　贷：待处理财产损溢——处理净收入　　6 500

结算出售净收入应上缴国库。根据相关凭证，编制会计分录如下：

借：待处理财产损溢——处理净收入　　6 500

　贷：应缴财政款　　6 500

款项上缴国库。根据相关凭证，编制会计分录如下：

借：应缴财政款　　6 500

　贷：银行存款　　6 500

（二）应缴税费的核算

应缴税费是指行政单位按照国家税法等有关规定应当缴纳的各种税费，包括增值税、城市维护建设税、教育费附加、房产税、车船税、城镇土地使用税等。行政单位代扣代缴的个人所得税，也通过“应缴税费”账户核算。

行政单位应设置“应缴税费”账户，用来核算应缴纳的各种税费。它属于负债类账户，借方登记已缴纳的各种税费，贷方登记应缴未缴的各种税费，期末借方余额为多缴的税费，贷方余额为应缴未缴的税费。该账户应按所缴纳的税费种类设置明细账，进行明细分类核算。

[例 8-10] 某行政单位为增值税小规模纳税人，转让一项专利权，取得转让收入100 000元（不含税），款项已存入银行。该行政单位应按3%税率缴纳增值税，按税额的7%和3%分别征收城市维护建设税和教育费附加。根据相关凭证，编制会计分录如下：

借：银行存款　　100 000

　贷：待处理财产损溢——处理净收入　　100 000

月末计算出按规定应负担的税金及附加。根据相关凭证，编制会计分录如下：

应交增值税税额=100 000×3%=3 000（元）

应交城市维护建设税税额=3 000×7%=210（元）

应交教育费附加=3 000×3%=90（元）

借：待处理财产损溢——处理净收入　　3 300

　贷：应缴税费——应交增值税　　3 000

　　　　　　——应交城市维护建设税　　210

　　　　　　——应交教育费附加　　90

[例8-11] 续例8-10，该行政单位以银行存款缴纳税金及附加费。根据相关凭证，编制会计分录如下：

借：应缴税费——应交增值税 3 000

——应交城市维护建设税 210

——应交教育费附加 90

贷：银行存款 3 300

[例8-12] 某行政单位通过零余额账户用财政资金向公务员发放本月应付工资250 000元，需要代扣个人所得税35 000元。根据相关凭证，编制会计分录如下：

借：应付职工薪酬 250 000

贷：应缴税费——应交个人所得税 35 000

零余额账户用款额度 215 000

[例8-13] 续例8-12，该行政单位上缴个人所得税。根据相关凭证，编制会计分录如下：

借：应缴税费——应交个人所得税 35 000

贷：零余额账户用款额度 35 000

（三）应付职工薪酬的核算

应付职工薪酬是指行政单位按照有关规定应付的职工工资、津贴补贴等，包括基本工资、奖金、国家统一规定的津贴补贴、社会保险费、住房公积金等。

应付工资是指行政单位按照国家统一规定应发给在职人员的职务工资、级别工资、年终一次性奖金等。行政单位按照国家统一规定发给离退休人员的离休、退休费及国务院或人力资源与社会保障部、财政部批准设立的津贴补贴等，属于行政单位的应付离退休费。

应付津贴补贴是指行政单位按照地方或部门、单位出台的规定应发给行政单位职工的地方或部门津贴补贴。

除以上应付工资（离退休费）和应付津贴补贴外，行政单位按照国家规定发给个人的其他收入，包括误餐费、夜餐费，出差人员的伙食补助费、市内交通费，出国人员的伙食费、公杂费、个人国外零用费，发给个人的一次性奖励等，是行政单位的应付其他个人收入。

行政单位向职工发放工资和津贴补贴等应采取银行卡的形式，中央和省级行政单位一律以银行卡的形式发放，不得发放现金。

行政单位应当按照规定将发放的工资、津贴补贴等情况在部门决算中单独反映。

为核算行政单位向职工发放的工资、津贴补贴等，应设置“应付职工薪酬”账户。行政单位发放职工工资、津贴补贴等，借记“应付职工薪酬”账户，贷记“银行存款”“财政拨款收入”“零余额账户用款额度”等账户；同时，借记“经费支出”相关账户，贷记“应付职工薪酬”账户。“应付职工薪酬”账户按照“工资（离退休费）”、“地方（部门）津贴补贴”、“其他个人收入”以及“社会保险费”、“住房公积金”等设置明细账，进行明细核算。

[例8-14] 某行政单位本月发放公务员工资，工资汇总见表8-1。

表 8-1 **工资汇总** 单位：元

基本工资	津贴补贴	应付工资	代扣款项小计	个人所得税	社会保险费	住房公积金	水电费	实发工资
①	②	③	④	⑤	⑥	⑦	⑧	⑨
250 000	550 000	800 000	210 000	80 000	16 000	96 000	18 000	590 000

（1）计算公务员薪酬。根据相关凭证，编制会计分录如下：

借：经费支出　800 000
　贷：应付职工薪酬——基本工资　250 000
　　　　　　　　——津贴补贴　550 000

（2）通过零余额账户用财政资金向公务员支付工资。根据相关凭证，编制会计分录如下：

借：应付职工薪酬——基本工资　250 000
　　　　　　　——津贴补贴　550 000
　贷：其他应收款——水电费　18 000
　　　其他应付款——住房公积金　96 000
　　　　　　　——社会保险费　16 000
　　　应缴税费——应交个人所得税　80 000
　　　零余额账户用款额度　590 000

如果工资采用财政直接支付方式发放，则会计分录为：

借：应付职工薪酬——基本工资　250 000
　　　　　　　——津贴补贴　550 000
　贷：其他应收款——水电费　18 000
　　　其他应付款——住房公积金　96 000
　　　　　　　——社会保险费　16 000
　　　应缴税费——应交个人所得税　80 000
　　　财政拨款收入　590 000

[例 8-15] 续例 8-14，该行政单位应负担社会保险费 24 000 元，住房公积金 96 000 元。根据相关凭证，编制会计分录如下：

借：经费支出　120 000
　贷：应付职工薪酬——社会保险费　24 000
　　　　　　　　——住房公积金　96 000

[例 8-16] 续例 8-14 和例 8-15，该行政单位向社保局支付社会保险费 40 000 元（其中单位负担 24 000 元，个人负担 16 000 元），向住房公积金管理中心缴纳住房公积金 192 000 元（其中单位负担 96 000 元，个人负担 96 000 元），向相关部门支付水电费 18 000 元，向税务局支付个人所得税 80 000 元。根据相关凭证，编制会计分录如下：

支付社会保险费、缴纳住房公积金、支付水电费：

借：应付职工薪酬——社会保险费（单位部分）　24 000
　　　　　　　——住房公积金（单位部分）　96 000

借：其他应收款——水电费 18 000
　　其他应付款——住房公积金 96 000
　　　　　　　——社会保险费 16 000
　贷：零余额账户用款额度 250 000

支付个人所得税：

借：应缴税费——应交个人所得税 80 000
　贷：零余额账户用款额度 80 000

如果该行政单位职工薪酬采用财政直接支付方式发放，则会计分录为：

支付社会保险费、缴纳住房公积金、支付水电费：

借：应付职工薪酬——社会保险费（单位部分） 24 000
　　　　　　　　——住房公积金（单位部分） 96 000
　　其他应收款——水电费 18 000
　　其他应付款——住房公积金 96 000
　　　　　　　——社会保险费 16 000
　贷：财政拨款收入 250 000

支付个人所得税：

借：应缴税费——应交个人所得税 80 000
　贷：财政拨款收入 80 000

（四）应付账款的核算

应付账款是指行政单位因购买物资或服务、工程建设等而应付的偿还期限在1年以内（含1年）的款项。

行政单位应设置“应付账款”账户，用来核算应付账款的增减变动情况。它属于负债类账户，贷方登记应付未付的账款，借方登记实际偿还的账款，期末余额在贷方，反映行政单位尚未支付的应付账款。该账户应按债权单位或个人设置明细账，进行明细分类核算。

［例8-17］某行政单位向一家公司赊购材料11 700元，材料已验收入库，货款未付。根据相关凭证，编制会计分录如下：

借：存货 11 700
　贷：资产基金——存货 11 700

借：待偿债净资产 11 700
　贷：应付账款 11 700

［例8-18］续例8-17，该行政单位通过零余额账户用财政资金支付购材料款11 700元。

根据相关凭证，编制会计分录如下：

借：应付账款 11 700
　贷：待偿债净资产 11 700

借：经费支出 11 700
　贷：零余额账户用款额度 11 700

（五）应付政府补贴款的核算

应付政府补贴款是指负责发放政府补贴的行政单位，按照规定应当支付给政府补贴接受者的各种政府补贴款。

行政单位应设置“应付政府补贴款”账户，用来核算应付政府各项补贴款的增减变动情况。它属于负债类账户，贷方登记应付未付的政府各项补贴款，借方登记实际支付的政府各项补贴款，期末余额在贷方，反映行政单位应付未付的政府补贴金额。该账户应按照应支付的政府补贴种类设置明细账，进行明细分类核算。

［例8-19］某行政单位按规定计算应付政府补贴款3 000 000元。根据相关凭证，编制会计分录如下：

借：经费支出　　3 000 000

　贷：应付政府补贴款　　3 000 000

实际支付时，根据相关凭证，编制会计分录如下：

借：应付政府补贴款　　3 000 000

　贷：零余额账户用款额度　　3 000 000

（六）其他应付款的核算

其他应付款是指行政单位除应缴财政款、应缴税费、应付职工薪酬、应付政府补贴款、应付账款以外的其他各项偿还期在1年以内（含1年）的应付及暂存款项，如收取的押金、保证金、未纳入行政单位预算管理的转拨资金、代扣代缴职工社会保险费和住房公积金等。

行政单位应设置“其他应付款”账户，用来核算其他应付款的增减变动情况。它属于负债类账户，贷方登记应付未付的其他应付及暂存款项，借方登记实际偿付的其他应付及暂存款项，期末余额在贷方，反映行政单位尚未支付的其他应付款。该账户应按债权单位或个人设置明细账，进行明细分类核算。

［例8-20］某行政单位收到外单位租用本单位固定资产而交来的押金10 000元，款已存入银行。根据相关凭证，编制会计分录如下：

借：银行存款　　10 000

　贷：其他应付款——××单位　　10 000

租期届满退还押金时，根据相关凭证，编制会计分录如下：

借：其他应付款——××单位　　10 000

　贷：银行存款　　10 000

二、行政单位非流动负债的核算

非流动负债是指行政单位流动负债以外的负债，主要包括长期应付款。

长期应付款是指行政单位发生的偿还期限超过1年（不含1年）的应付款项。

行政单位因购买物资、服务等发生的长期应付款，应当在收到所购物资或服务时确认；因其他原因发生的长期应付款，应当在承担付款义务时确认。

行政单位应设置“长期应付款”账户，用来核算长期应付款的增减变动情况。它属于负债类账户，贷方登记应付未付的长期应付款项，借方登记实际偿付的长期应付款项，期末余额在贷方，反映行政单位尚未支付的长期应付款。该账户应按照长期应付款的类别以及债权单位（或个人）设置明细账，进行明细分类核算。

［例8-21］某行政单位向某公司租入一台复印机，租期3年，合同规定3年租金总额9 000元。复印机已交付使用，租金尚未支付。根据相关凭证，编制会计分录如下：

借：待偿债净资产　9 000

　贷：长期应付款　9 000

［例8-22］续例8-21，按合同规定该行政单位通过零余额账户用财政资金支付第一期租金3 000元。根据相关凭证，编制会计分录如下：

借：经费支出　3 000

　贷：零余额账户用款额度　3 000

借：长期应付款　3 000

　贷：待偿债净资产　3 000

三、行政单位受托代理负债的核算

受托代理负债是指行政单位接受委托，取得受托管理资产时形成的负债。受托代理负债应当在行政单位收到受托代理资产并产生受托代理义务时确认。

行政单位应设置“受托代理负债”账户，用来核算取得受托管理资产时形成的负债的增减变动情况。它属于负债类账户，贷方登记应付未付的受托代理负债，借方登记实际偿付的受托代理负债，期末余额在贷方，反映行政单位尚未偿付的受托代理负债。该账户应按照委托人等设置明细账，进行明细分类核算。属于指定转赠物资和资金的，还应当按照指定受赠人进行明细核算。

受托代理负债的账务处理，参见［例7-75］和［例7-76］。

第二节　行政单位净资产

净资产是指行政单位的资产减去负债后的差额。行政单位净资产反映国家和行政单位对资产的所有权，包括财政拨款结转、财政拨款结余、其他资金结转结余、资产基金、待偿债净资产等。

一、行政单位财政拨款结转的核算

财政拨款结转是指行政单位当年预算已执行但尚未完成，或因故未执行，下一年度需要按照原用途继续使用的财政拨款滚存资金，包括基本支出结转、项目支出结转两类。

行政单位应设置“财政拨款结转”账户，用来核算年度内各项财政拨款结转额。它属于净资产类账户，借方登记年终财政拨款支出转入数及调减数，贷方登记财政拨款收入转入数及调增数，期末贷方余额反映行政单位滚存的财政拨款结转资金数额。

“财政拨款结转”账户应当设置“基本支出结转”“项目支出结转”两个明细账户；在“基本支出结转”明细账户下按照“人员经费”和“日常公用经费”进行明细核算，在“项目支出结转”明细账户下按照具体项目进行明细核算；本账户还应当按照《政府收支分类科目》中“支出功能分类科目”的项级科目进行明细核算。

有公共财政预算拨款、政府性基金预算拨款等两种或两种以上财政拨款的行政单位，还应当按照财政拨款种类分别进行明细核算。

“财政拨款结转”账户还可以根据管理需要按照财政拨款结转变动原因，设置“收支转账”“结余转账”“年初余额调整”“归集上缴”“归集调入”“单位内部调剂”“剩余结转”等明细账户，进行明细核算。

[例8-23] 某行政单位年终各财政拨款收支账户余额资料见表8-2。

表8-2 **账户余额表** 单位：元

账户名称	余 额
财政拨款收入——基本支出	4 000 000
——项目支出	500 000
经费支出——基本支出	3 950 000
——项目支出	480 000

年终，结转财政拨款收入额。

借：财政拨款收入——基本支出 4 000 000

——项目支出 500 000

贷：财政拨款结转——基本支出结转 4 000 000

——项目支出结转 500 000

年终，结转财政拨款支出额。

借：财政拨款结转——基本支出结转 3 950 000

——项目支出结转 480 000

贷：经费支出——财政拨款支出（基本支出） 3 950 000

——财政拨款支出（项目支出） 480 000

[例8-24] 续例8-23，上述财政拨款结转资金，留待该行政单位下年度继续使用。年终结转零余额账户用款额度。根据相关凭证，编制会计分录如下：

借：财政应返还额度 70 000

贷：零余额账户用款额度 70 000

如果上述财政拨款结转资金缴回财政部门，根据相关凭证，编制会计分录如下：

借：财政拨款结转——归集上缴 70 000

贷：零余额账户用款额度 70 000

[例8-25] 某行政单位上年11月一笔财政资金基本支出15 000元，系错误支出，本年度收回。根据相关凭证，编制会计分录如下：

借：零余额账户用款额度 15 000

贷：财政拨款结转——年初余额调整 15 000

[例8-26] 财政部门从其他单位调入财政拨款结余资金32 000元给某行政单位。根据相关凭证，某行政单位编制会计分录如下：

借：零余额账户用款额度 32 000

贷：财政拨款结转——归集调入 32 000

[例8-27] 续例8-23至例8-26，年末冲销财政拨款结转明细账户余额。根据相关凭证，编制会计分录如下：

借：财政拨款结转——基本支出结转 4 000 000

借：财政拨款结转——项目支出结转　500 000
　　　　　　　——年初余额调整　15 000
　　　　　　　——归集调入　32 000
　贷：财政拨款结转——剩余结转　4 547 000
借：财政拨款结转——剩余结转　4 500 000
　贷：财政拨款结转——基本支出结转　3 950 000
　　　　　　　　——项目支出结转　480 000
　　　　　　　　——归集上缴　70 000

二、行政单位财政拨款结余的核算

财政拨款结余是指行政单位当年预算工作目标已完成，或因故终止，剩余的财政拨款滚存资金。

行政单位应设置“财政拨款结余”账户，用来核算行政单位滚存的财政拨款项目支出结余资金。它属于净资产类账户，借方登记年终财政拨款项目支出转出数及调减数，贷方登记财政拨款项目支出转入数及调增数，期末贷方余额反映行政单位滚存的财政拨款结余资金数额。

财政拨款结余应当按照具体项目、《政府收支分类科目》中“支出功能分类科目”的项级科目等进行明细核算。有公共财政预算拨款、政府性基金预算拨款等两种或两种以上财政拨款的行政单位，还应当按照财政拨款的种类分别进行明细分类核算。

“财政拨款结余”账户还可以根据管理需要按照财政拨款结余变动原因，设置“结余转账”“年初余额调整”“归集上缴”“单位内部调剂”“剩余结余”等明细账户，进行明细核算。

[例8-28] 某行政单位项目资金财政拨款收入600 000元，支出520 000元，项目已完工，剩余资金转入结余。根据相关凭证，编制会计分录如下：

借：财政拨款结转——项目支出结转　80 000
　贷：财政拨款结余——结余转账　80 000

若上述结余需要上缴财政。根据相关凭证，编制会计分录如下：

借：财政拨款结余——归集上缴　80 000
　贷：零余额账户用款额度　80 000

[例8-29] 经财政部门批准，将某行政单位已完工的甲项目结余资金50 000元用于补充基本支出。根据相关凭证，编制会计分录如下：

借：财政拨款结余——单位内部调剂　50 000
　贷：财政拨款结转——单位内部调剂　50 000

[例8-30] 续例8-28和例8-29，年末冲销财政拨款结余明细账户余额。根据相关凭证，编制会计分录如下：

借：财政拨款结余——结余转账　80 000
　贷：财政拨款结余——剩余结余　80 000
借：财政拨款结余——剩余结余　130 000
　贷：财政拨款结余——归集上缴　80 000
　　　　　　　　——单位内部调剂　50 000

三、行政单位其他资金结转结余的核算

行政单位其他资金结转结余是指行政单位除财政拨款收支以外的各项收支相抵后剩余的滚存资金。

行政单位应设置“其他资金结转结余”账户，用来核算行政单位除财政拨款收支以外的其他各项收支相抵后剩余的滚存资金。它属于净资产类账户，借方登记年终其他资金支出转入数及调减数，贷方登记其他资金收入转入数及调增数，期末贷方余额反映行政单位滚存的各项非财政拨款资金结转结余数额。

“其他资金结转结余”账户应当设置“项目结转”和“非项目结余”明细账户，分别对项目资金和非项目资金进行明细核算。对于项目结转，还应当按照具体项目进行明细核算。本账户也可以根据管理需要按照其他资金结转结余变动原因，设置“收支转账”“年初余额调整”“结余调剂”“剩余结转结余”等明细账户，进行明细核算。

[例8-31] 某行政单位年终其他资金收支账户余额资料见表8-3。

表8-3 **账户余额表** 单位：元

账户名称	余 额
其他收入——其他资金	2 600 000
——项目资金	1 000 000
拨出经费——项目支出	800 000
经费支出——基本支出	2 400 000
——项目支出	100 000

年终，结转其他收入金额：

借：其他收入——其他资金 2 600 000
——项目资金 1 000 000
贷：其他资金结转结余——非项目结余（收支转账） 2 600 000
——项目结转（收支转账） 1 000 000

年终，结转其他支出金额：

借：其他资金结转结余——非项目结余（收支转账） 2 400 000
——项目结转（收支转账） 900 000
贷：经费支出——基本支出 2 400 000
——项目支出 100 000
拨出经费——项目支出 800 000

[例8-32] 某行政单位用其他资金建设的项目已完工，结余资金100 000元用于其他非项目用途。根据相关凭证，编制会计分录如下：

借：其他资金结转结余——项目结转（结余调剂） 100 000
贷：其他资金结转结余——非项目结余（结余调剂） 100 000

[例8-33] 续例8-31和例8-32，年终结转其他资金结转结余各明细账余额。根据相关凭证，编制会计分录如下：

借：其他资金结转结余——非项目结余（收支转账） 2 600 000
——项目结转（收支转账） 1 000 000
——非项目结余（结余调剂） 100 000
贷：其他资金结转结余——剩余结转结余 3 700 000
借：其他资金结转结余——剩余结转结余 3 400 000
贷：其他资金结转结余——非项目结余（收支转账） 2 400 000
——项目结转（收支转账） 900 000
——项目结转（结余调剂） 100 000

四、行政单位资产基金的核算

资产基金是指行政单位的非货币性资产在净资产中占用的金额，包括行政单位的预付账款、存货、固定资产、在建工程、无形资产、政府储备物资、公共基础设施等非货币性资产在净资产中占用的金额。

行政单位应设置“资产基金”账户，用来核算行政单位非货币性资产在净资产中占用的金额的增减变化及结存情况。它属于净资产类账户，借方登记资产基金的减少数，贷方登记资产基金的增加数，期末贷方余额，反映行政单位非货币性资产在净资产中占用的金额。

“资产基金”账户应当设置“预付款项”“存货”“固定资产”“在建工程”“无形资产”“政府储备物资”“公共基础设施”等明细账户，进行明细分类核算。

[例8-34] 某行政单位用财政资金预付货款30 000元，准备购入一批存货。根据相关凭证，编制会计分录如下：

借：经费支出 30 000
贷：零余额账户用款额度 30 000
同时：
借：预付账款 30 000
贷：资产基金——预付账款 30 000

[例8-35] 续例8-34，上述存货已到，验收入库。根据相关凭证，编制会计分录如下：

借：存货 30 000
贷：资产基金——存货 30 000
借：资产基金——预付账款 30 000
贷：预付账款 30 000

[例8-36] 续例8-34和例8-35，上述存货使用部门办理了领用手续，交付使用。根据相关凭证，编制会计分录如下：

借：资产基金——存货 30 000
贷：存货 30 000

[例8-37] 某行政单位经主管部门批准，用财政资金购入设备一台，价值为80 000元。根据相关凭证，编制会计分录如下：

借：经费支出 80 000
贷：零余额账户用款额度 80 000

同时：

借：固定资产　　80 000

　贷：资产基金——固定资产　　80 000

［例8-38］某行政单位接受友好单位捐赠的小汽车一辆，价值为150 000元。根据相关凭证，编制会计分录如下：

借：固定资产　　150 000

　贷：资产基金——固定资产　　150 000

［例8-39］某行政单位经批准，无偿调出计算机2台给下属单位，每台价值为5 000元。根据相关凭证，编制会计分录如下：

借：资产基金——固定资产　　10 000

　贷：固定资产　　10 000

［例8-40］某行政单位用财政资金购入一管理软件，金额为50 000元。根据相关凭证，编制会计分录如下：

借：经费支出　　50 000

　贷：零余额账户用款额度　　50 000

同时：

借：无形资产　　50 000

　贷：资产基金——无形资产　　50 000

［例8-41］某行政单位计提固定资产折旧，本月折旧额为12 600元；计提无形资产摊销，本月摊销额为1 200元。根据相关凭证，编制会计分录如下：

借：资产基金——固定资产　　12 600

　贷：累计折旧　　12 600

借：资产基金——无形资产　　1 200

　贷：累计摊销　　1 200

［例8-42］某行政单位用财政资金购入一台需要安装的设备，用财政资金支付设备款30 000元，根据相关凭证，编制会计分录如下：

借：经费支出　　30 000

　贷：零余额账户用款额度　　30 000

同时：

借：在建工程　　30 000

　贷：资产基金——在建工程　　30 000

用财政资金支付上述设备的安装费2 000元，根据相关凭证，编制会计分录如下：

借：经费支出　　2 000

　贷：零余额账户用款额度　　2 000

同时：

借：在建工程　　2 000

　贷：资产基金——在建工程　　2 000

上述设备安装完工，经验收交付使用。根据相关凭证，编制会计分录如下：

借：固定资产　　32 000

贷：资产基金——固定资产 32 000

同时：

借：资产基金——在建工程 32 000

贷：在建工程 32 000

［例 8-43］某行政单位承担政府储备物资的管理，用财政资金购入一批储备物资，价值为 260 000 元。根据相关凭证，编制会计分录如下：

借：经费支出 260 000

贷：零余额账户用款额度 260 000

借：政府储备物资 260 000

贷：资产基金——政府储备物资 260 000

［例 8-44］某行政单位调出一批救灾物资使用，价值为 160 000 元。根据相关凭证，编制会计分录如下：

借：资产基金——政府储备物资 160 000

贷：政府储备物资 160 000

［例 8-45］某行政单位负责管理公共基础设施，接受政府部门交付的公共基础设施，价值为 20 000 000 元。

借：公共基础设施 20 000 000

贷：资产基金——公共基础设施 20 000 000

本章小结

本章主要介绍了行政单位负债和净资产的含义、内容和核算方法。

负债是行政单位承担的能以货币计量，需以各项资产偿付的债务，包括流动负债和非流动负债。

流动负债是指预计在 1 年内（含 1 年）偿还的负债，包括应缴财政款、应缴税费、应付职工薪酬、应付及暂存款项、应付政府补贴款等。应缴财政款是指行政单位按照规定取得的应当上缴财政的款项；应缴税费是指行政单位按照国家税法等有关规定应当缴纳的各种税费；应付职工薪酬是指行政单位按照有关规定应付的职工工资、津贴补贴等；应付及暂存款项是指行政单位在开展业务活动中发生的各项债务，包括应付账款、其他应付款等；应付政府补贴款是指负责发放政府补贴的行政单位，按照有关规定应付给政府补贴接受者的各种政府补贴款。

非流动负债是指流动负债以外的负债，包括长期应付款。长期应付款是指行政单位发生的偿还期限超过 1 年（不含 1 年）的应付款项。

行政单位通过“应缴财政款”、“应缴税费”、“应付账款”、“应付政府补贴款”、“其他应付款”、“应付职工薪酬”、“长期应付款”和“受托代理负债”等账户核算各项负债内容的增减变动及结存情况。

净资产是行政单位的资产减去负债后的差额，反映了国家和行政单位对资产的所有权，包括财政拨款结转、财政拨款结余、其他资金结转结余、资产基金、待偿债净资产等。财政拨款结转是指行政单位当年预算已执行但尚未完成，或因故未执行，下一年度需要按照原用途继续使用的财政拨款滚存资金；财政拨款结余是指行政单位当年预算工作目标已完成，或因故终止，剩余的财政拨款滚存资金；其他资金结转结余是指行政单位除财政拨款收支以外的各项收支相抵后剩余的滚存资金；资产基金是指行政单位的非货币性资产在净资产中占用的金额；待偿债净资产是指行政单位因发生应付账款和长期应付款而相应需在净资产中冲减的金额。

行政单位通过“财政拨款结转”、“财政拨款结余”、“其他资金结转结余”、“资产基金”和“待偿债净资产”账户核算净资产的内容。

第九章

行政单位收入和支出的核算

学习目标

通过本章的学习，要求明确行政单位各项收入和支出的具体内容，掌握财政拨款收入、其他收入以及经费支出、拨出经费的内容及其核算方法。

第一节 行政单位收入

收入是指行政单位依法取得的非偿还性资金，包括财政拨款收入和其他收入。财政拨款收入是指行政单位从同级财政部门取得的财政预算资金。其他收入是指行政单位依法取得的除财政拨款收入以外的各项收入。

一、行政单位领拨经费概述

（一）行政单位领拨经费的原则

领拨经费是行政单位执行国家预算的重要环节，是行政单位开展业务活动的财务保证。行政单位会计的重要内容之一，就是依法正确领用、拨付经费，保证预算资金的及时供应，同时，对经费领拨活动进行核算和监督，确保经费领拨合理合法。行政单位领拨经费时，应遵循下列原则：

1.按计划领拨经费

行政单位应按照核定的单位年度预算和按“款”“项”反映的季度分月用款计划领取和拨付经费。财政部门和主管单位根据季度分月用款计划拨款，不办理无预算、超计划的拨款。如果由于行政计划或任务变动而需要增加拨款，应编制追加预算，并经过财政部门或主管单位审核批准以后，才能增加拨款。

2.按进度领拨经费

财政部门或主管会计单位除根据季度分月用款计划拨款外，还应结合单位各项计划和行政任务的执行进度、资金结余情况拨付经费，既要保证计划内所需资金及时供应，又要防止资金积压。

3.按支出用途领拨经费

各行政单位的经费，应按照预算规定的用途拨付，不能随便改变支出用途。一个单位系统凡涉及两个“款”以上经费项目的，应在系统内按“款”领拨经费，“款”与“款”之间未经财政机关的批准不得通用。

（二）行政单位领拨经费的依据

各级行政单位领拨经费的依据，是经过财政部门或主管单位审核批准后的部门预算。

部门预算是各级行政单位根据国家相关的方针政策和要求，结合单位的计划和行政任务，参照上年度部门预算执行情况和预算年度的变化数据编制的年度预算资金收支计划。各级行政单位为保证资金的合理使用，应根据年度单位预算，在年度开始前，编制年度分月用款计划。年度分月用款计划表的格式见表9-1。

表9-1 **年度分月用款计划表**

编制单位： ××年度 单位：元

预算账户			全年预算款	分月用款计划								
编号		名称		合计		1月份		2月份		3月份		…
款	项			计划数	核定数	计划数	核定数	计划数	核定数	计划数	核定数	…
×	×											
	×											
	×											

单位负责人： 会计： 制表：

注：核定数由审批单位填列。

各级行政单位取得财政拨款收入，要根据财政核定的年度预算和季度分月用款计划，填写经费请拨书，按领报关系，经财政或上级单位审批后拨入。

（三）行政单位领拨经费的方式

按现行财政资金支付体系，财政部门对所属行政单位领拨经费的方式主要有财政直接支付方式和财政授权支付方式，特定情况下采取划拨资金的方式。

（参见第二章第四节国库集中收付制度）

二、行政单位财政拨款收入的核算

财政拨款收入是行政单位从同级财政部门取得的财政预算资金。行政单位的财政拨款收入一般应当在收到款项时予以确认，并按照实际收到的金额进行计量。

行政单位应设置“财政拨款收入”账户，用来核算行政单位从同级财政部门取得的财政预算资金。它属于收入类账户，贷方登记从同级财政部门取得的财政拨款收入，借方登记缴回或核销的财政拨款收入数，平时贷方余额反映财政拨款收入累计数。年终结账时，将该账户本年发生额转入“财政拨款结转”账户，年终结账后，该账户无余额。

“财政拨款收入”账户应当设置“基本支出拨款”和“项目支出拨款”两个明细账户，分别核算行政单位取得用于基本支出和项目支出的财政拨款资金；同时，按照《政府收支分类科目》中“支出功能分类科目”的项级科目进行明细核算，在“基本支出拨款”明细账户下按照“人员经费”和“日常公用经费”进行明细核算，在“项目支出拨款”明细账户下按照具体项目进行明细核算。有公共财政预算拨款、政府性基金预算拨款等两种或两种以上财政拨款的行政单位，还应当按照财政拨款的种类分别进行明细核算。

（一）财政直接支付方式的核算

在财政直接支付方式下，行政单位根据部门预算和用款计划，在需要财政部门支付资金时，向财政部门提出财政直接支付申请。财政部门审核无误后，直接将款项支付给收款单位，不支付给行政单位。这一般适用于大额的、重要的、经常性的支出，如工资支出、工程物资采购支出、物品和服务采购支出等。行政单位应在收到财政国库支付执行机构委托代理银行转来的“财政直接支付入账通知书”时，按入账通知书中标明的金额确认收入。

对于由财政直接支付的工资，借记“经费支出”账户，贷记“财政拨款收入”账户。对于由财政直接支付的购买材料的款项，借记“经费支出”账户，贷记“财政拨款收入”账户，同时借记“存货”账户，贷记“资产基金——存货”账户。对于由财政直接支付的购置固定资产的款项，借记“经费支出”账户，贷记“财政拨款收入”账户；同时，借记“固定资产”账户，贷记“资产基金——固定资产”账户。

[例9-1] 某行政单位本月发生如下有关拨入经费的业务：

（1）该单位公务员工资由财政部门统发，本月工资总额为120 000元。根据相关凭证，编制会计分录如下：

借：经费支出——基本支出	120 000	
贷：应付职工薪酬		120 000
借：应付职工薪酬	120 000	
贷：财政拨款收入——基本支出拨款——人员经费		120 000

（2）该单位购入办公设备复印机一台，价款为30 000元，由财政直接支付。根据相关凭证，编制会计分录如下：

借：经费支出——基本支出	30 000	
贷：财政拨款收入——基本支出拨款——日常公用经费		30 000
同时：		
借：固定资产	30 000	
贷：资产基金——固定资产		30 000

[例9-2] 年末，某行政单位“财政拨款收入——基本支出拨款”贷方发生额累计3 600 000元，“财政拨款收入——项目支出拨款”贷方发生额累计500 000元，结转财政拨款收入。根据相关凭证，编制会计分录如下：

借：财政拨款收入——基本支出拨款	3 600 000	
——项目支出拨款	500 000	
贷：财政拨款结转——基本支出结转		3 600 000
——项目支出结转		500 000

（二）财政授权支付方式的核算

国库收付制度改革后，财政授权支付方式适用于未纳入财政直接支付的财政性资金和零星支出。在财政授权支付方式下，行政单位应于收到零余额账户代理银行盖章的“财政授权支付额度到账通知书”时，按“财政授权支付额度到账通知书”标明的额度确认收入。

收到“财政授权支付额度到账通知书”后，借记“零余额账户用款额度”账户，贷记“财政拨款收入”账户。行政单位日常零星支用额度时，借记“经费支出”账户，贷记“零余额账户用款额度”账户。对于购买存货的，借记“经费支出”账户，贷记“零余额账户用款额度”账户；同时，借记“存货”账户，贷记“资产基金——存货”账户。对于购买固定资产的，借记“经费支出”账户，贷记“零余额账户用款额度”账户；同时，借记“固定资产”账户，贷记“资产基金——固定资产”账户。行政单位从零余额账户提取现金时，借记“库存现金”账户，贷记“零余额账户用款额度”账户。

[例9-3] 某行政单位本月发生如下拨入经费的业务：

(1) 收到代理银行转来的“财政授权支付额度到账通知书”，收到财政授权支付额度150 000元，该额度用于基本支出。根据相关凭证，编制会计分录如下：

借：零余额账户用款额度　　150 000

　贷：财政拨款收入——基本支出拨款　　150 000

(2) 从零余额账户提取库存现金2 000元备用。根据相关凭证，编制会计分录如下：

借：库存现金　　2 000

　贷：零余额账户用款额度　　2 000

(3) 购买材料一批，价值为15 000元，通过零余额账户用财政资金支付。根据相关凭证，编制会计分录如下：

借：经费支出——基本支出　　15 000

　贷：零余额账户用款额度　　15 000

同时：

借：存货　　15 000

　贷：资产基金——存货　　15 000

(4) 购买一套办公设备，价值为40 000元，通过零余额账户用财政资金支付。根据相关凭证，编制会计分录如下：

借：经费支出——基本支出　　40 000

　贷：零余额账户用款额度　　40 000

同时：

借：固定资产　　40 000

　贷：资产基金——固定资产　　40 000

(三) 财政实拨资金方式的核算

在实拨资金方式下，行政单位根据部门预算和用款计划，按规定的时间和程序向财政部门提出资金拨入申请；财政部门审核无误后，将财政资金直接拨入行政单位的开户银行，行政单位收到开户银行转来的收款通知书时，借记“银行存款”账户，贷记“财政拨款收入”账户。

[例9-4] 某行政单位尚未纳入财政国库单一账户制度改革。该行政单位收到开户银行转来的收款通知，收到财政部门拨入的预算经费200 000元。根据相关凭证，编制会计分录如下：

借：银行存款　　200 000

　贷：财政拨款收入——基本支出拨款　　200 000

三、行政单位其他收入的核算

（一）其他收入的内容

其他收入是指行政单位依法取得的除财政拨款收入以外的各项收入，包括从非同级财政部门、上级主管部门等取得的用于完成项目或专项任务的资金、库存现金溢余等。行政单位从非同级财政部门、上级主管部门等取得指定转给其他单位，且未纳入本单位预算管理的资金，不通过“其他收入”账户核算，应当通过“其他应付款”账户核算。

行政单位的其他收入一般应当在收到款项时予以确认，并按照实际收到的金额进行计量。

其他收入大多是行政单位自行筹集的非正常公务活动所取得的，且大多有相应的开支，必须按国家规定的标准合理使用，贯彻“先收后支、量入为出、自求平衡、略有结余”的原则。

（二）其他收入的核算

行政单位应设置“其他收入”账户，用来核算行政单位依法取得的除财政拨款收入以外的各项收入的情况。它属于收入类账户，贷方登记取得的其他收入数，借方登记其他收入的冲销转出数，平时贷方余额反映其他收入的累计数。年终，该账户的累计发生额要转入“其他资金结转结余”账户，结转后，该账户无余额。该账户应按照其他收入的类别、来源单位、项目资金和非项目资金设置明细账，进行明细分类核算。

[例9-5] 某行政单位发生如下其他收入业务：

（1）收到银行转来的存款利息3 200元。根据相关凭证，编制会计分录如下：

借：银行存款　　3 200

　贷：其他收入——利息收入　　3 200

（2）出售废旧物品，取得现金80元。根据相关凭证，编制会计分录如下：

借：库存现金　　80

　贷：其他收入——废品变价收入　　80

（3）收到出租会议室租金收入5 000元（不含税），增值税税额为300元，已存入银行。根据相关凭证，编制会计分录如下：

借：银行存款　　5 300

　贷：其他收入——租金收入　　5 000

　　　应缴税费——应交增值税　　300

（4）以现金300元退还多收的会议室租金（不考虑增值税）。根据相关凭证，编制会计分录如下：

借：其他收入——租金收入　　300

　贷：库存现金　　300

（5）收到业务主管部门拨来的专项资金150 000元。根据相关凭证，编制会计分录如下：

借：银行存款　　150 000

　贷：其他收入——××项目　　150 000

（6）年终，将“其他收入”账户的累计发生额157 980元，转入“其他资金结转结余”账户。根据相关凭证，编制会计分录如下：

借：其他收入　　157 980

贷：其他资金结转结余　　157 980

第二节　行政单位支出

支出是指行政单位为保障机构正常运转和完成工作任务所发生的资金耗费和损失，包括经费支出和拨出经费。

一、经费支出的核算

经费支出是指行政单位自身开展业务活动使用各项资金发生的基本支出和项目支出。

经费支出是行政单位为完成业务活动所发生的支出，也是行政单位向财政部门或上级机关办理支出报销的依据。行政单位各项支出应按预算确定的用途办理，如需改变用途，涉及预算账户调整的，应由主管会计单位按规定程序报经同级财政部门同意后办理。

（一）经费支出的分类

经费支出的范围广泛，为了便于考核预算支出的执行情况和资金使用的效果，经费支出一般按如下3个标准分类：

1.按资金管理要求分类

经费支出按资金管理要求分类，可分为基本支出和项目支出。基本支出是指行政单位为保障正常运转和完成日常工作任务而发生的支出；项目支出是指行政单位为完成专项或特定工作任务而发生的支出。

2.按开支对象分类

经费支出按开支对象分类，可分为人员经费支出和公用经费支出。人员经费支出是指为开展公务活动而用于个人方面的费用开支，主要包括基本工资、补助工资、其他工资、职工福利费、社会保险费等。公用经费支出是指为了完成行政任务而用于公务活动方面的费用开支，主要包括公务费、业务费、修缮费、设备购置费和其他费用等。

3.按支出用途分类

经费支出按支出用途分类，可分为以下10个目级账户：基本工资、补助工资、其他工资、职工福利费、社会保险费、公务费、业务费、修缮费、设备购置费和其他费用。每个目级账户下面又可分为若干个节级账户。

（二）经费支出的列报口径

经费支出的列报口径是指行政单位会计办理支出数报销的确认标准。行政单位的各项支出按实际支出数额列报，不能以拨作支、以领代报，也不能按预算数列报。为了正确地核算单位的经费支出，在列报各项经费支出时，应按下列口径办理：

（1）发给个人的工资、津贴、补贴和抚恤救济等应根据实有人数和实发金额，取得本人签收的凭据，列作经费支出，不能以编制金额或预算数字列支。

（2）购入办公用品和行政用的零星材料，一般按购入数直接列为经费支出；对于数量较大、陆续耗用的材料物资，应通过存货核算。

（3）职工福利费和工会经费及其他按规定提取的经费，按规定标准和实有人数每月计提，经办人员签收后列支。

（4）凡应由个人负担的罚款或其他费用，不得由单位支付。

（5）其他各项经费，均以实际报销数列为经费支出。财务制度另有规定的，按财务制度规定办理。

（三）经费支出的核算

行政单位应设置“经费支出”账户，用来核算行政单位在业务活动中实际发生的各项支出数。该账户属于支出类账户，借方登记经费实际支出数，贷方登记支出收回或冲销转出数，平时借方余额反映经费实际支出累计数。年终，该账户借方余额应转入“财政资金结转”“其他资金结转结余”等账户，结转后，该账户无余额。该账户应当分别按照“财政拨款支出”和“其他资金支出”、“基本支出”和“项目支出”等分类进行明细核算，并按照《政府收支分类科目》中“支出功能分类科目”的项级科目进行明细核算；“基本支出”和“项目支出”明细科目下应当按照《政府收支分类科目》中“支出经济分类科目”的款级科目进行明细核算。同时在“项目支出”明细科目下按照具体项目进行明细核算。

有公共财政预算拨款、政府性基金预算拨款等两种或两种以上财政拨款的行政单位，还应当按照财政拨款的种类分别进行明细核算。

1.基本支出的核算

［例9-6］某行政单位发生下列经常性经费支出业务：

（1）开出转账支票，支付上月电话费3 500元。根据相关凭证，编制会计分录如下：

借：经费支出——基本支出——其他资金支出（公务费）　　3 500
　贷：银行存款　　3 500

如果款项是通过零余额账户用财政资金支付的，编制会计分录如下：

借：经费支出——基本支出——财政拨款支出（公务费）　　3 500
　贷：零余额账户用款额度　　3 500

（2）本月应付在职人员工资200 000元、在职人员的津贴补贴50 000元、离休人员的离休费80 000元、退休人员的退休费60 000元。代扣项目有职工水电费9 000元、住房公积金11 500元、养老保险7 500元、个人所得税3 000元。

①计算发放工资。根据相关凭证，编制会计分录如下：

借：经费支出——基本支出——财政拨款支出（工资）　　200 000
　　　　　　——基本支出——财政拨款支出（津贴补贴）　　50 000
　　　　　　——基本支出——财政拨款支出（离退休费）　　80 000
　贷：应付职工薪酬——应付工资——在职人员　　200 000
　　　　　　　　　——津贴补贴　　50 000
　　　　　　　　　——应付工资——离退休人员　　80 000

②通过零余额账户用财政资金发放工资。根据相关凭证，编制会计分录如下：

借：应付职工薪酬——应付工资——在职人员　　200 000
　　　　　　　　——津贴补贴　　50 000
　　　　　　　　——应付工资——离退休人员　　80 000
　贷：其他应收款——水电费　　9 000
　　　其他应付款——住房公积金　　11 500
　　　　　　　　——社会保险费　　7 500
　　　应缴税费——应交个人所得税　　3 000
　　　零余额账户用款额度　　299 000

如果工资由财政直接支付，编制会计分录如下：

借：应付职工薪酬——应付工资——在职人员　200 000
　　　　　　　　——津贴补贴　50 000
　　　　　　　　——应付工资——离退休人员　80 000
　贷：其他应收款——水电费　9 000
　　　其他应付款——住房公积金　11 500
　　　　　　　　——社会保险费　7 500
　　　应缴税费——应交个人所得税　3 000
　　　财政拨款收入　299 000

③通过零余额账户用财政资金将各项代扣款项支付给有关部门。根据相关凭证，编制会计分录如下：

支付社会保险费、住房公积金、水电费：

借：其他应收款——水电费　9 000
　　其他应付款——住房公积金　11 500
　　　　　　　——社会保险费　7 500
　贷：零余额账户用款额度　28 000

支付个人所得税：

借：应缴税费——应交个人所得税　3 000
　贷：零余额账户用款额度　3 000

如果工资由财政直接支付，编制会计分录如下：

支付社会保险费、住房公积金、水电费：

借：其他应收款——水电费　9 000
　　其他应付款——住房公积金　11 500
　　　　　　　——社会保险费　7 500
　贷：财政拨款收入　28 000

支付个人所得税：

借：应缴税费——应交个人所得税　3 000
　贷：财政拨款收入　3 000

（3）以现金650元为单位职工报销差旅费。根据相关凭证，编制会计分录如下：

借：经费支出——基本支出——其他资金支出（公务费）　650
　贷：库存现金　650

（4）开出转账支票一张，支付本单位职工参加继续教育的经费3 500元。根据相关凭证，编制会计分录如下：

借：经费支出——基本支出——其他资金支出（其他费用）　3 500
　贷：银行存款　3 500

如果款项是通过零余额账户用财政资金支付的，编制会计分录如下：

借：经费支出——基本支出——财政拨款支出（其他费用）　3 500
　贷：零余额账户用款额度　3 500

（5）开出转账支票购买一批办公用品，共计1 680元。根据相关凭证，编制会计分录如下：

借：经费支出——基本支出——其他资金支出（业务费） 1 680

贷：银行存款 1 680

如果款项是通过零余额账户用财政资金支付的，编制会计分录如下：

借：经费支出——基本支出——财政拨款支出（业务费） 1 680

贷：零余额账户用款额度 1 680

（6）开出转账支票购买一台打印机，价值3 250元。根据相关凭证，编制会计分录如下：

借：经费支出——基本支出——其他资金支出（设备购置费） 3 250

贷：银行存款 3 250

同时：

借：固定资产 3 250

贷：资产基金——固定资产 3 250

如果款项是通过零余额账户用财政资金支付的，编制会计分录如下：

借：经费支出——基本支出——财政拨款支出（设备购置费） 3 250

贷：零余额账户用款额度 3 250

同时：

借：固定资产 3 250

贷：资产基金——固定资产 3 250

（7）开出转账支票一张，支付办公用房维修费用6 720元。根据相关凭证，编制会计分录如下：

借：经费支出——基本支出——其他资金支出（修缮费） 6 720

贷：银行存款 6 720

如果款项是通过零余额账户用财政资金支付的，编制会计分录如下：

借：经费支出——基本支出——财政拨款支出（修缮费） 6 720

贷：零余额账户用款额度 6 720

（8）开出转账支票一张，支付本单位本月水电费5 260元。根据相关凭证，编制会计分录如下：

借：经费支出——基本支出——其他资金支出（公务费） 5 260

贷：银行存款 5 260

如果款项是通过零余额账户用财政资金支付的，编制会计分录如下：

借：经费支出——基本支出——财政拨款支出（公务费） 5 260

贷：零余额账户用款额度 5 260

（9）开出转账支票一张，支付本单位本月公务用车油料费8 360元。根据相关凭证，编制会计分录如下：

借：经费支出——基本支出——其他资金支出（公务费） 8 360

贷：银行存款 8 360

如果款项是通过零余额账户用财政资金支付的，编制会计分录如下：

借：经费支出——基本支出——财政拨款支出（公务费） 8 360

贷：零余额账户用款额度　　8 360

（10）年终，将“经费支出——基本支出——其他资金支出”账户的累计发生额1 500 000元、“经费支出——基本支出——财政拨款支出”账户的累计发生额3 360 000元进行结转。根据相关凭证，编制会计分录如下：

借：财政拨款结转——基本支出结转　　3 360 000
　其他资金结转结余——非项目结余　　1 500 000
　贷：经费支出——基本支出——财政拨款支出　　3 360 000
　　　　　　　　　　　　　——其他资金支出　　1 500 000

2.项目支出的核算

［例9-7］某行政单位发生下列项目支出业务：

（1）用项目拨款购置一批现代办公设备，价款为250 000元。根据相关凭证，编制会计分录如下：

借：经费支出——项目支出——其他资金支出　　250 000
　贷：银行存款　　250 000

同时：

借：固定资产　　250 000
　贷：资产基金——固定资产　　250 000

如果款项是通过零余额账户用财政资金支付的，编制会计分录如下：

借：经费支出——项目支出——财政拨款支出　　250 000
　贷：零余额账户用款额度　　250 000

同时：

借：固定资产　　250 000
　贷：资产基金——固定资产　　250 000

（2）年终，将“经费支出——项目支出——财政拨款支出”账户的累计发生额460 000元、“经费支出——项目支出——其他资金支出”账户的累计发生额250 000元进行结转。根据相关凭证，编制会计分录如下：

借：财政拨款结转——项目支出结转　　460 000
　其他资金结转结余——项目结转　　250 000
　贷：经费支出——项目支出——财政拨款支出　　460 000
　　　　　　　　　　　　　——其他资金支出　　250 000

二、行政单位经费支出收回的处理

行政单位经费支出收回是指已经列作经费支出后又收回的款项，其处理方法如下：

（1）行政单位收回本年度已列为经费支出报销的款项，冲减当年的经费支出。

（2）收回以前年度已经列为经费支出的款项，应调整财政拨款结转、财政拨款结余或其他资金结转结余，不得冲减本年度经费支出。

［例9-8］某行政单位发生如下有关经费支出收回业务：

（1）收回上月已列支的经费支出500元现金。根据相关凭证，编制会计分录如下：

借：库存现金　　500
　贷：经费支出——基本支出　　500

（2）收回以前年度已列支的经费支出2 670元。根据相关凭证，编制会计分录如下：

借：银行存款 2 670

贷：其他资金结转结余——年初余额调整 2 670

如果是财政资金，编制会计分录如下：

借：零余额账户用款额度 2 670

贷：财政拨款结转——年初余额调整 2 670

三、行政单位拨出经费的核算

拨出经费是指行政单位纳入单位预算管理、拨付给所属单位的非同级财政拨款资金，包括拨给所属单位的专项经费和补助经费等。为了保证预算资金能合理、节约地使用，各级行政单位应根据下属单位提出的用款计划，认真审核后确定拨款数额拨款。

行政单位应设置“拨出经费”账户，用来核算拨付给所属单位的非同级财政拨款资金。该账户属于支出类账户，借方登记对所属单位转拨经费数，贷方登记收回或冲销转出数，平时借方余额反映拨出经费累计数。年终，将该账户累计发生额转入“其他资金结转结余”账户，结转后该账户无余额。该账户应当分别按照“基本支出”和“项目支出”分设二级账户，并按所属拨款单位设置明细账，进行明细分类核算，还应当按照接受拨出经费的具体单位和款项类别等分别进行明细核算。

［例9-9］某行政单位发生如下拨出经费业务：

（1）开出转账支票360 000元，拨给下属单位经常性经费。根据相关凭证，编制会计分录如下：

借：拨出经费——基本支出 360 000

贷：银行存款 360 000

如果款项是通过零余额账户用财政资金转付的，编制会计分录如下：

借：拨出经费——基本支出 360 000

贷：零余额账户用款额度 360 000

（2）开出转账支票150 000元，拨给下属单位专项用于办公室装修。根据相关凭证，编制会计分录如下：

借：拨出经费——项目支出 150 000

贷：银行存款 150 000

如果款项是通过零余额账户用财政资金转付的，编制会计分录如下：

借：拨出经费——项目支出 150 000

贷：零余额账户用款额度 150 000

（3）收回原拨给下属单位基本支出经费拨款16 000元，款项已存入银行。根据相关凭证，编制会计分录如下：

借：银行存款 16 000

贷：拨出经费——基本支出 16 000

（4）年终，将“拨出经费——基本支出”账户借方余额1 500 000元，“拨出经费——项目支出”账户借方余额280 000元转入“其他资金结转结余”账户。根据相关凭证，编制会计分录如下：

借：其他资金结转结余——非项目结余 1 500 000

借：其他资金结转结余——项目结转　　280 000

　贷：拨出经费——基本支出　　1 500 000

　　　　　　——项目支出　　280 000

本章小结

本章讲述了行政单位收入和支出的概念、内容与核算方法。

行政单位收入是指行政单位依法取得的非偿还性资金，包括财政拨款收入和其他收入。

财政拨款收入是指行政单位从同级财政部门取得的财政预算资金；其他收入是指行政单位依法取得的除财政拨款收入以外的各项收入。

行政单位通过“财政拨款收入”和“其他收入”账户核算各项收入的内容。

行政单位的支出是指行政单位为保障机构正常运转和完成工作任务所发生的资金耗费和损失，主要包括经费支出和拨出经费。

经费支出是指行政单位为自身开展业务活动使用各项资金发生的基本支出和项目支出；拨出经费是指行政单位纳入单位预算管理、拨付给所属单位的非同级财政拨款资金。

行政单位通过“经费支出”和“拨出经费”账户核算各项支出的内容。

第十章

行政单位年终清理和结账与会计报表

学习目标

通过本章的学习，要求明确行政单位年终清理和结账的内容，掌握行政单位资产负债表、收入支出表、财政拨款收入支出表的内容、结构和编制方法；了解行政单位会计报表的审核与汇总。

第一节 行政单位年终清理和结账

一、行政单位年终清理

行政单位的年度决算是在做好年终清理和结账工作的基础上编制的。年终清理和结账，不仅是行政单位在一个会计年度终了结清账务、顺利转入下一年度会计核算所必须做好的工作，是行政单位编报年度决算的一个重要环节，也是保证行政单位决算报表数字准确、真实、完整的一项基础工作。

所谓年终清理，是指各行政单位在年度终了前，应根据财政部门或上级主管部门的决算编审工作要求，对各项收支项目、往来款项、货币资金及财产物资进行全面的清理核对，以保证账户资料的真实性。对任何一个行政单位来说，年终清理都包括对本单位财产的全面清理及会计、财务活动的总清理。年终清理的内容主要包括：

1.清理核对年度预算收支数、预算领拨款数及上缴下拨款数

行政单位在年终前应与财政机关、上级单位和所属各单位之间认真清理核对全年预算数字。同时，要逐笔清理核对上下级之间预算拨款和预算上缴数字，按核定的预算或调整的预算，该拨付的拨付，该缴回的缴回，保证上下级之间的年度预算数、领拨经费数和上缴下拨数一致。

为了保证年终按期结账，凡属本年的应拨、应缴款项，必须在年底前汇达对方。主管会计单位对所属各单位的预算拨款截至12月25日，逾期一般不再下拨。凡是预拨下年度的款项，应注明款项所属年度，以免造成跨年错账。

2.清理核对各项收支款项

凡属本年的各项收入，要及时入账，本年的各项应缴预算收入和应上缴上级的款项，要在年终前全部上缴。凡属于本年的各项支出，要按规定的支出渠道如实列报。年度单位支出决算，一律以基层单位截至12月31日的本年实际支出数为准，不得将年终前预拨下一年的预算拨款列入本年的支出，也不得以上级会计单位的拨款数代替基层会计实际支出数。

3.清理核对各项往来款项

行政单位的各种暂存、暂付等往来款项，要按照“严格控制，及时结算”的原则分类

清理。对各项应收款和应付款，原则上不宜跨年度挂账，做到人欠收回、欠人归还。对外单位委托代办业务，凡托办业务已结束的，要及时向委托单位清算，委托单位不得以拨代支，受托单位不得以领代报。应转为各项收入和应列支出的往来款项，要及时转入有关收支账户，编入本年决算。对没有合法手续的各种往来款项，要查明原因采取措施，该追回的追回，该退还的退还。

4.清查货币资金和财产物资

行政单位在年终要及时同开户银行对账，银行存款日记账账面余额要同银行存款对账单的余额核对相符。库存现金的账面余额要同库存现金核对相符。有价证券账面金额要同实存的有价证券金额核对相符。各种财产物资年终必须全部入账，行政单位年终要对全部财产物资进行清理盘点，发生盘盈、盘亏的，要及时查明原因，按规定做出处理，调整账务，做到账实相符、账账相符。

二、行政单位年终结账

年终结账是指行政单位在年终清理的基础上进行年终结账。年终结账工作包括年终转账、结清旧账和记入新账三个环节。

（一）年终转账

年终转账是指行政单位在年终清理结束、账目核对无误后，将应对冲结转的各个收入、支出账户的余额转入结余账户内。年终转账的步骤是：首先，计算出各账户借方或贷方的12月份合计数和全年累计数，结出12月末的余额；其次，根据各总账12月末的余额，编制结账前的资产负债表，并进行试算平衡；最后，试算平衡后，将应对冲结转的各个收入、支出账户的余额按年终冲转办法，填制12月31日的记账凭证，转入结余账户内，办理结转冲账。

[例10-1] 某行政单位年终结账时各收支账户累计发生额（单位：元）如下：

财政拨款收入——基本支出拨款	4 500 000（贷）
——项目支出拨款	800 000（贷）
其他收入——基本支出	340 000（贷）
——项目支出	100 000（贷）
经费支出——基本支出——财政拨款支出	4 500 000（借）
——项目支出——财政拨款支出	750 000（借）
——基本支出——其他资金支出	280 000（借）
拨出经费——基本支出	50 000（借）
——项目支出	100 000（借）

（1）将“财政拨款收入”和“其他收入”账户累计发生额进行结转。根据相关凭证，编制会计分录如下：

借：财政拨款收入——基本支出拨款	4 500 000	
——项目支出拨款	800 000	
其他收入——基本支出	340 000	
——项目支出	100 000	
贷：财政拨款结转——基本支出结转		4 500 000
——项目支出结转		800 000

贷：其他资金结转结余——非项目结余 340 000

——项目结转 100 000

（2）将“经费支出”和“拨出经费”账户累计发生额进行结转。根据相关凭证，编制会计分录如下：

借：财政拨款结转——基本支出结转 4 500 000

——项目支出结转 750 000

其他资金结转结余——非项目结余 50 000

——项目结转 380 000

贷：经费支出——基本支出——财政拨款支出 4 500 000

——项目支出——财政拨款支出 750 000

——基本支出——其他资金支出 280 000

拨出经费——基本支出 50 000

——项目支出 100 000

（二）结清旧账

结清旧账是指在年终转账之后，对无余额的账户结出全年总累计数，然后在下面画双红线，表示该账户已全部结清；对年终有余额的账户，如“库存现金”“银行存款”“存货”“应收账款”“固定资产”“应付账款”“资产基金”“财政拨款结转”“其他资金结转结余”等账户，在“全年累计数”下行的“摘要”栏内注明“结转下年”字样，再在下面画双红线，表示年终余额转入新账，旧账结束。

（三）记入新账

记入新账是指根据本年度各个总账、明细账和日记账的账户余额，编制年终决算结账的资产负债表和有关明细表，表中各账户的年终余额数不需要编制凭证，直接记入下年度总账、明细账和日记账各账户预留空行的余额栏内，并在“摘要”栏注明“上年结余”字样，以区别下年度发生数。

单位决算经财政部门或上级单位审核批准后，调整上报决算数字时，还应当相应调整旧账，重新办理结账和过入新账手续。

第二节 行政单位会计报表

一、行政单位会计报表的意义和编制要求

（一）行政单位会计报表的意义

行政单位会计报表是根据日常核算资料，通过整理、汇总而编制的，反映行政单位一定时期的财务状况和预算执行结果的书面文件，它综合、系统、全面地反映了行政单位预算收支活动的情况。定期编制会计报表的意义在于：

（1）各单位利用会计报表及其他有关资料，可以分析和检查单位预算的执行情况，发现预算管理和财务管理工作中存在的问题，以便采取有效措施，改进预算管理工作，提高财务管理水平。

（2）各级主管部门利用下级单位的会计报表，可以考核各单位执行国家有关方针政策的情况，督促各单位认真遵守财经制度与法规，维护财经纪律。主管部门对全系统的会计

报表汇总后，还可以分析和检查全系统的预算执行情况，提高全系统的预算管理工作水平。

(3) 财政机关利用行政单位上报的会计报表，可以掌握各单位的预算执行进度，正确地核算预算支出，还可以了解各单位在执行预算的过程中存在的问题，指导和帮助各单位做好预算会计工作，提高预算管理质量。

（二）行政单位会计报表的编制要求

为了充分发挥会计报表应有的作用，行政单位必须按照财政部门和主管部门统一规定的格式、内容和编制方法编制会计报表，做到数字真实、内容完整、计算准确、报送及时。

1.数字真实

行政单位会计报表必须真实可靠、数字准确，如实反映单位预算的执行情况。编制时要以核对无误的会计账簿数字为依据，不能以估计数、计划数填报，更不能弄虚作假、篡改和伪造会计数据，也不能由上级单位代编。为此，各单位必须按期结账，一般不能为赶编报表而提前结账。编制报表前，要认真核对有关账目，切实做到账证相符、账账相符和账实相符，保证会计报表的真实性。

2.内容完整

行政单位会计报表必须内容完整，按照统一规定的报表种类、格式和内容编报齐全，不能漏报、少报。规定的格式栏次不论是表内项目还是补充资料，应填的项目、内容要填列齐全，不能任意取舍，应形成一套完整的指标体系，以保证会计报表在本部门、本地区以及全国的逐级汇总分析需要。各级主管部门可以根据本系统内的特殊情况和特殊要求，规定增加一些报表或项目，但不得影响国家统一规定的报表和报表项目的编报。

3.计算准确

行政单位会计报表的不少数据是需要通过计算得出的，计算时必须做到计算方法一致、计算口径统一、计算结果准确。只有计算准确，才能得出真实的会计信息。

4.报送及时

行政单位会计报表必须按照国家或上级机关规定的期限和程序，在保证报表真实、完整的前提下，在规定的期限内报送上级单位。如果一个单位的会计报表不及时报送，势必影响主管单位、财政部门乃至全国的逐级汇总，影响全局对会计信息的分析。为此，应当科学、合理地组织好日常的会计核算工作，加强会计部门内部及会计部门与有关部门的协作与配合，以便尽快地编制出会计报表，满足预算管理和财务管理的需要。

二、行政单位会计报表的种类

（一）按反映的经济内容分类

行政单位会计报表按反映的经济内容的不同，可分为资产负债表、收入支出表、财政拨款收入支出表等。资产负债表是反映行政单位在某一特定日期财务状况的报表；收入支出表是反映行政单位在某一会计期间全部预算收支执行结果的报表；财政拨款收入支出表是反映行政单位在某一会计期间财政拨款收入、支出、结转及结余情况的报表。

（二）按编报的时间分类

行政单位会计报表按编报的时间的不同，可分为月报、季报和年报。行政单位应当按财政部门或上级主管部门的规定报送月度、季度和年度会计报表。

（1）月报。它是反映单位截至报告月度预算资金活动和预算收支情况的报表，主要服务于本单位预算和财务管理的需要，一般要求编制资产负债表和经费支出明细表。

（2）季报。它是分析、检查单位季度预算资金活动和经费收支执行情况的报表，应在月报的基础上较详细地反映单位经费收支执行的全貌。各单位的季报一般要求在月报的基础上，加上基本数字表等。

（3）年报，也称年度决算报表。它是全面反映年度预算资金活动和经费收支结果的报表。单位年度决算报表种类和要求等按照财政部门和上级单位下达的有关单位决算编审规定组织执行。

（三）按编制的层次分类

行政单位会计报表按编制的层次的不同，又可分本级报表和汇总报表。本级报表是反映各单位预算执行情况和资金活动情况的报表；汇总报表是各主管部门对本单位和所属单位的报表进行汇总后编制的报表。基层会计单位只编制本级报表；二级单位和主管会计单位要先编制本级报表，然后编制汇总报表。

行政单位在编制年度决算报表时，应编写报表说明书，它是对会计报表的一种补充说明，是会计报表的重要组成部分，包括报表编制技术说明和报表分析说明两部分。报表编制技术说明主要包括采用的主要会计处理方法，特殊事项的会计处理方法，会计处理方法的变更情况、变更原因，以及对预算收支情况和结果的影响等；报表分析说明一般包括基本情况，影响预算执行、资金活动的原因，经费支出、资金活动的趋势，管理中存在的问题和改进的措施等。

三、行政单位会计报表的编制

财务报表是反映行政单位财务状况和预算执行结果等的书面文件，由会计报表及其附注构成。会计报表包括资产负债表、收入支出表、财政拨款收入支出表等。

（一）资产负债表

1.资产负债表的作用

资产负债表是反映行政单位在某一特定日期财务状况的报表。它是行政单位最基本、最主要的报表之一。

资产负债表提供的资料包括行政单位在某一特定日期（月末、季末、年末）的资产、负债、净资产结存状况。其作用主要体现在：资产负债表可以反映行政单位在某一特定日期的资产总额，表明行政单位拥有的经济资源及其分布情况，是分析行政单位业务活动情况的重要资料；可以反映行政单位在某一特定日期的负债总额及其结构，表明行政单位未来需要多少经济资源来偿还债务；可以反映行政单位在某一特定日期的净资产总额，了解行政单位净资产的结构；能提供财务分析的基础资料，便于行政单位进行会计报表分析。

2.资产负债表的结构

资产负债表的基本结构分为“表头”“表体”两个部分。

（1）表头。表头由表名、编制单位、编制日期及表内金额单位组成。

（2）表体。表体是资产负债表的基本部分，分为左右两方：左方是资产部类，具体包括资产类账户；右方为负债和净资产部类，具体包括负债类和净资产类账户。左右两方总额相等，即“资产=负债+净资产”。

3.行政单位编制资产负债表的要求

行政单位按月编制资产负债表，应当遵守以下规定：

（1）月度资产负债表应在资产部分“银行存款”项目下增加“零余额账户用款额度”项目。

（2）“零余额账户用款额度”项目，反映行政单位期末零余额账户用款额度的金额。本项目应当根据“零余额账户用款额度”科目的期末余额填列。

（3）“财政拨款结转”项目。本项目应当根据“财政拨款结转”科目的期末余额，加上“财政拨款收入”科目本年累计发生额，减去“经费支出——财政拨款支出”科目本年累计发生额后的余额填列。

（4）“其他资金结转结余”项目。本项目应当根据“其他资金结转结余”科目的期末余额，加上“其他收入”科目本年累计发生额，减去“经费支出——其他资金支出”科目本年累计发生额，再减去“拨出经费”科目本年累计发生额后的余额填列。

“项目结转”项目。本项目应当根据“其他资金结转结余”科目中“项目结转”明细科目的期末余额，加上“其他收入”科目中“项目收入”的本年累计发生额，减去“经费支出——其他资金支出”科目中“项目支出”明细科目的本年累计发生额，再减去“拨出经费”科目中“项目支出”明细科目的本年累计发生额后的余额填列。

（5）月度资产负债表其他项目的填列方法与年度资产负债表的填列方法相同。

4.资产负债表的编制方法

资产负债表的项目，按会计要素类别分别列示，表内各项目均按有关账户的余额填列。

“年初余额”栏内各项数字，应当根据上年年末资产负债表“期末余额”栏内数字填列。如果本年度资产负债表规定的各个项目的名称和内容同上年度不相一致，应对上年年末资产负债表各项目的名称和数字按照本年度的规定进行调整，填入资产负债表“年初余额”栏内。

“期末余额”栏各项目的内容和填列方法如下：

资产类项目：

（1）“库存现金”项目，反映行政单位期末库存现金的金额。本项目应当根据“库存现金”科目的期末余额填列；期末库存现金中有属于受托代理现金的，本项目应当根据“库存现金”科目的期末余额减去其中属于受托代理的现金金额后的余额填列。

（2）“银行存款”项目，反映行政单位期末银行存款的金额。本项目应当根据“银行存款”科目的期末余额填列；期末银行存款中有属于受托代理存款的，本项目应当根据“银行存款”科目的期末余额减去其中属于受托代理的存款金额后的余额填列。

（3）“财政应返还额度”项目，反映行政单位期末财政应返还额度的金额。本项目应当根据“财政应返还额度”科目的期末余额填列。

（4）“应收账款”项目，反映行政单位期末尚未收回的应收账款金额。本项目应当根据“应收账款”科目的期末余额填列。

（5）“预付账款”项目，反映行政单位预付给物资或者服务提供者款项的金额。本项目应当根据“预付账款”科目的期末余额填列。

（6）“其他应收款”项目，反映行政单位期末尚未收回的其他应收款余额。本项目应当根据“其他应收款”科目的期末余额填列。

（7）“存货”项目，反映行政单位期末为开展业务活动耗用而储存的存货的实际成本。本项目应当根据“存货”科目的期末余额填列。

（8）“固定资产”项目，反映行政单位期末各项固定资产的账面价值。本项目应当根据“固定资产”科目的期末余额减去“累计折旧”科目中“固定资产累计折旧”明细科目的期末余额后的金额填列。

“固定资产原价”项目，反映行政单位期末各项固定资产的原价。本项目应当根据“固定资产”科目的期末余额填列。

“固定资产累计折旧”项目，反映行政单位期末各项固定资产的累计折旧金额。本项目应当根据“累计折旧”科目中“固定资产累计折旧”明细科目的期末余额填列。

（9）“在建工程”项目，反映行政单位期末除公共基础设施在建工程以外的尚未完工交付使用的在建工程的实际成本。本项目应当根据“在建工程”科目中属于非公共基础设施在建工程的期末余额填列。

（10）“无形资产”项目，反映行政单位期末各项无形资产的账面价值。本项目应当根据“无形资产”科目的期末余额减去“累计摊销”科目的期末余额后的金额填列。

“无形资产原价”项目，反映行政单位期末各项无形资产的原价。本项目应当根据“无形资产”科目的期末余额填列。

“累计摊销”项目，反映行政单位期末各项无形资产的累计摊销金额。本项目应当根据“累计摊销”科目的期末余额填列。

（11）“待处理财产损溢”项目，反映行政单位期末待处理财产的价值及处理损溢。本项目应当根据“待处理财产损溢”科目的期末借方余额填列；如“待处理财产损溢”科目期末为贷方余额，则以“-”号填列。

（12）“政府储备物资”项目，反映行政单位期末储存管理的各种政府储备物资的实际成本。本项目应当根据“政府储备物资”科目的期末余额填列。

（13）“公共基础设施”项目，反映行政单位期末占有并直接管理的公共基础设施的账面价值。本项目应当根据“公共基础设施”科目的期末余额减去“累计折旧”科目中“公共基础设施累计折旧”明细科目的期末余额后的金额填列。

“公共基础设施原价”项目，反映行政单位期末占有并直接管理的公共基础设施的原价。本项目应当根据“公共基础设施”科目的期末余额填列。

“公共基础设施累计折旧”项目，反映行政单位期末占有并直接管理的公共基础设施的累计折旧金额。本项目应当根据“累计折旧”科目中“公共基础设施累计折旧”明细科目的期末余额填列。

（14）“公共基础设施在建工程”项目，反映行政单位期末尚未完工交付使用的公共基础设施在建工程的实际成本。本项目应当根据“在建工程”科目中属于公共基础设施在建工程的期末余额填列。

（15）“受托代理资产”项目，反映行政单位期末受托代理资产的价值。本项目应当根据“受托代理资产”科目的期末余额（扣除其中受托储存管理物资的金额）加上“库存现金”“银行存款”科目中属于受托代理资产的现金余额和银行存款余额的合计数填列。

负债类项目：

（16）“应缴财政款”项目，反映行政单位期末按规定应当上缴财政的款项（应缴税费除外）。本项目应当根据“应缴财政款”科目的期末余额填列。

（17）“应缴税费”项目，反映行政单位期末应缴未缴的各种税费。本项目应当根据“应缴税费”科目的期末贷方余额填列；如“应缴税费”科目期末为借方余额，则以“-”号填列。

（18）“应付职工薪酬”项目，反映行政单位期末尚未支付给职工的各种薪酬。本项目应当根据“应付职工薪酬”科目的期末余额填列。

（19）“应付账款”项目，反映行政单位期末尚未支付的偿还期限在1年以内（含1年）的应付账款的金额。本项目应当根据“应付账款”科目的期末余额填列。

（20）“应付政府补贴款”项目，反映行政单位期末尚未支付的应付政府补贴款的金额。本项目应当根据“应付政府补贴款”科目的期末余额填列。

（21）“其他应付款”项目，反映行政单位期末尚未支付的其他各项应付及暂收款项的金额。本项目应当根据“其他应付款”科目的期末余额填列。

（22）“一年内到期的非流动负债”项目，反映行政单位期末承担的1年以内（含1年）到偿还期的非流动负债。本项目应当根据“长期应付款”等科目的期末余额分析填列。

（23）“长期应付款”项目，反映行政单位期末承担的偿还期限超过1年的应付款项。本项目应当根据“长期应付款”科目的期末余额减去其中1年以内（含1年）到偿还期的长期应付款金额后的余额填列。

（24）“受托代理负债”项目，反映行政单位期末受托代理负债的金额。本项目应当根据“受托代理负债”科目的期末余额（扣除其中受托储存管理物资对应的金额）填列。

净资产类项目：

（25）“财政拨款结转”项目，反映行政单位期末滚存的财政拨款结转资金。本项目应当根据“财政拨款结转”科目的期末余额填列。

（26）“财政拨款结余”项目，反映行政单位期末滚存的财政拨款结余资金。本项目应当根据“财政拨款结余”科目的期末余额填列。

（27）“其他资金结转结余”项目，反映行政单位期末滚存的除财政拨款以外的其他资金结转结余的金额。本项目应当根据“其他资金结转结余”科目的期末余额填列。

“项目结转”项目，反映行政单位期末滚存的非财政拨款未完成项目结转资金。本项目应当根据“其他资金结转结余”科目中“项目结转”明细科目的期末余额填列。

（28）“资产基金”项目，反映行政单位期末预付账款、存货、固定资产、在建工程、无形资产、政府储备物资、公共基础设施等非货币性资产在净资产中占用的金额。本项目应当根据“资产基金”科目的期末余额填列。

（29）“待偿债净资产”项目，反映行政单位期末因应付账款和长期应付款等负债而相应需在净资产中冲减的金额。本项目应当根据“待偿债净资产”科目的期末借方余额以“-”号填列。

［例10-2］某行政单位20××年12月末总账年初、期末余额资料见表10-1，据以编制资产负债表（见表10-2）。

表 10-1　　**总账年初、期末余额资料表**　　单位：元

账户名称	年初数	期末余额
库存现金	500	300
银行存款	90 000	84 000
应收账款	3 000	8 000
其他应收款	0	5 000
存货	14 000	11 000
固定资产	880 000	1 100 000
累计折旧	50 000	60 000
应付账款	31 500	22 300
其他应付款	12 000	15 000
其他资金结转结余	50 000	60 000
资产基金	844 000	1 051 000

表 10-2　　**资产负债表**　　会行政 01 表

编制单位：某行政单位　　20××年 12 月 31 日　　单位：元

资　产	年初余额	期末余额	负债和净资产	年初余额	期末余额
流动资产：			流动负债：		
库存现金	500	300	应缴财政款		
银行存款	90 000	84 000	应缴税费		
财政应返还额度			应付职工薪酬		
应收账款	3 000	8 000	应付账款	31 500	22 300
预付账款			应付政府补贴款		
其他应收款	0	5 000	其他应付款	12 000	15 000
存货	14 000	11 000	一年内到期的非流动负债		
流动资产合计	107 500	108 300	流动负债合计	43 500	37 300
固定资产	830 000	1 040 000	非流动负债：		
固定资产原价	880 000	1 100 000	长期应付款		
减：固定资产累计折旧	50 000	60 000	受托代理负债		
在建工程			负债合计	43 500	37 300
无形资产					

续表

资　产	年初余额	期末余额	负债和净资产	年初余额	期末余额
无形资产原价					
减：累计摊销					
待处理财产损溢			财政拨款结转		
政府储备物资			财政拨款结余		
公共基础设施			其他资金结转结余	50 000	60 000
公共基础设施原价			其中：项目结转		
减：公共基础设施累计折旧			资产基金	844 000	1 051 000
公共基础设施在建工程			待偿债净资产		
受托代理资产			净资产合计	894 000	1 111 000
资产总计	937 500	1 148 300	负债和净资产总计	937 500	1 148 300

（二）收入支出表

1.收入支出表的作用

收入支出表是反映行政单位在某一会计期间全部预算收支执行结果的报表。收入支出表应当按照收入、支出的构成和结转结余情况分类、分项列示。收入支出表是行政单位最基本、最主要的报表之一。通过收入支出表，可以了解行政单位各项收入和支出的构成、各项收入和支出的总体完成情况以及财政资金和其他资金结转结余情况，评价行政单位业绩，预测未来发展趋向。

2.收入支出表的内容

行政单位收入支出表分为6个部分，分别反映年初各项资金结转结余、各项资金结转结余调整及变动、收入合计、支出合计、本期收支差额、年末各项资金结转结余。收入支出表的格式见表10-3。

表10-3　　**收入支出表**　　会行政02表

编制单位：　　年　月　　单位：元

项　目	本月数	本年累计数
一、年初各项资金结转结余		
（一）年初财政拨款结转结余		
1.财政拨款结转		
2.财政拨款结余		
（二）年初其他资金结转结余		
二、各项资金结转结余调整及变动		
（一）财政拨款结转结余调整及变动		

续表

项　目	本月数	本年累计数
（二）其他资金结转结余调整及变动		
三、收入合计		
（一）财政拨款收入		
1.基本支出拨款		
2.项目支出拨款		
（二）其他资金收入		
1.非项目收入		
2.项目收入		
四、支出合计		
（一）财政拨款支出		
1.基本支出		
2.项目支出		
（二）其他资金支出		
1.非项目支出		
2.项目支出		
五、本期收支差额		
（一）财政拨款收支差额		
（二）其他资金收支差额		
六、年末各项资金结转结余		
（一）年末财政拨款结转结余		
1.财政拨款结转		
2.财政拨款结余		
（二）年末其他资金结转结余		

3.收入支出表的编制方法

收入支出表“本月数”栏反映各项目的本月实际发生数。在编制年度收入支出表时，应当将本栏改为“上年数”栏，反映上年度各项目的实际发生数；如果本年度收入支出表规定的各个项目的名称和内容同上年度不一致，应对上年度收入支出表各项目的名称和数字按照本年度的规定进行调整，填入本年度收入支出表的“上年数”栏。

收入支出表“本年累计数”栏反映各项目自年初起至报告期末止的累计实际发生数。

编制年度收入支出表时，应当将本栏改为“本年数”。

收入支出表“本月数”栏各项目的内容和填列方法如下：

(1)“年初各项资金结转结余”项目及其所属各明细项目，反映行政单位本年初所有资金结转结余的金额。各明细项目应当根据“财政拨款结转”“财政拨款结余”“其他资金结转结余”科目及其明细科目的年初余额填列。本项目及其所属各明细项目的数额，应当与上年度收入支出表中“年末各项资金结转结余”中各明细项目的数额相等。

(2)“各项资金结转结余调整及变动”项目及其所属各明细项目，反映行政单位因发生需要调整以前年度各项资金结转结余的事项，以及本年因调入、上缴或交回等导致各项资金结转结余变动的金额。

①“财政拨款结转结余调整及变动”项目，根据“财政拨款结转”“财政拨款结余”科目下的“年初余额调整”“归集上缴”“归集调入”明细科目的本期贷方发生额合计数减去本期借方发生额合计数的差额填列；如为负数，以“-”号填列。

②“其他资金结转结余调整及变动”项目，根据“其他资金结转结余”科目下的“年初余额调整”“结余调剂”明细科目的本期贷方发生额合计数减去本期借方发生额合计数的差额填列；如为负数，以“-”号填列。

(3)“收入合计”项目，反映行政单位本期取得的各项收入的金额。本项目应当根据“财政拨款收入”科目的本期发生额加上“其他收入”科目的本期发生额的合计数填列。

①“财政拨款收入”项目及其所属明细项目，反映行政单位本期从同级财政部门取得的各类财政拨款的金额。本项目应当根据“财政拨款收入”科目及其所属明细科目的本期发生额填列。

②“其他资金收入”项目及其所属明细项目，反映行政单位本期取得的各类非财政拨款的金额。本项目应当根据“其他收入”科目及其所属明细科目的本期发生额填列。

(4)“支出合计”项目，反映行政单位本期发生的各项资金支出金额。本项目应当根据“经费支出”和“拨出经费”科目的本期发生额的合计数填列。

①“财政拨款支出”项目及其所属明细项目，反映行政单位本期发生的财政拨款支出金额。本项目应当根据“经费支出——财政拨款支出”科目及其所属明细科目的本期发生额填列。

②“其他资金支出”项目及其所属明细项目，反映行政单位本期使用各类非财政拨款资金发生的支出金额。本项目应当根据“经费支出——其他资金支出”和“拨出经费”科目及其所属明细科目的本期发生额的合计数填列。

(5)“本期收支差额”项目及其所属各明细项目，反映行政单位本期发生的各项资金收入和支出相抵后的余额。

①“财政拨款收支差额”项目，反映行政单位本期发生的财政拨款资金收入和支出相抵后的余额。本项目应当根据收入支出表中“财政拨款收入”项目金额减去“财政拨款支出”项目金额后的余额填列；如为负数，以“-”号填列。

②“其他资金收支差额”项目，反映行政单位本期发生的非财政拨款资金收入和支出相抵后的余额。本项目应当根据收入支出表中“其他资金收入”项目金额减去“其他资金支出”项目金额后的余额填列；如为负数，以“-”号填列。

(6)“年末各项资金结转结余”项目及其所属各明细项目，反映行政单位截至本年末的各项资金结转结余金额。各明细项目应当根据“财政拨款结转”“财政拨款结余”“其他资金结转结余”科目的年末余额填列。

上述“年初各项资金结转结余”“年末各项资金结转结余”项目及其所属各明细项目，只在编制年度收入支出表时填列。

（三）财政拨款收入支出表

财政拨款收入支出表是反映行政单位在某一会计期间财政拨款收入、支出、结转及结余情况的报表。它是行政单位最基本、最主要的报表之一。

1.财政拨款收入支出表的作用

财政拨款收入支出表可以反映行政单位财政补助基本支出、项目支出期初结转结余情况，本年度收入支出情况，年末结转结余情况，可以反映行政单位财政资金使用变动情况。

2.财政拨款收入支出表的内容

财政拨款收入支出表包括公共财政预算资金和政府性基金预算资金两部分，分别反映公共财政预算资金和政府性基金预算资金的基本支出、项目支出拨款的收支情况。财政拨款收入支出表的格式见表10-4。

表10-4 财政拨款收入支出表 会行政03表

编制单位： 年度 单位：元

项目	年初财政拨款结转结余		调整年初财政拨款结转结余	归集调入或上缴	单位内部调剂		本年财政拨款收入	本年财政拨款支出	年末财政拨款结转结余	
	结转	结余			结转	结余			结转	结余
一、公共财政预算资金										
（一）基本支出										
1.人员经费										
2.日常公用经费										
（二）项目支出										
1.××项目										
2.××项目										
⋮										
二、政府性基金预算资金										
（一）基本支出										
1.人员经费										
2.日常公用经费										
（二）项目支出										
1.××项目										
2.××项目										
⋮										
总计										

3.财政拨款收入支出表的编制方法

财政拨款收入支出表"项目"栏内各项目，应当根据行政单位取得的财政拨款种类分项设置；其中"项目支出"下，根据每个项目设置；行政单位取得除公共财政预算拨款和政府性基金预算拨款以外的其他财政拨款的，应当按照财政拨款种类增加相应的资金项目及其明细项目。

财政拨款收入支出表各栏及其对应项目的内容和填列方法如下：

（1）"年初财政拨款结转结余"栏中各项目，反映行政单位年初各项财政拨款结转和结余的金额。各项目应当根据"财政拨款结转""财政拨款结余"科目及其明细科目的年初余额填列。本栏目中各项目的数额，应当与上年度财政拨款收入支出表中"年末财政拨款结转结余"栏中各项目的数额相等。

（2）"调整年初财政拨款结转结余"栏中各项目，反映行政单位对年初财政拨款结转结余的调整金额。各项目应当根据"财政拨款结转""财政拨款结余"科目中"年初余额调整"科目及其所属明细科目的本年发生额填列。如调整减少年初财政拨款结转结余，以"-"号填列。

（3）"归集调入或上缴"栏中各项目，反映行政单位本年取得主管部门归集调入的财政拨款结转结余资金和按规定实际上缴的财政拨款结转结余资金金额。各项目应当根据"财政拨款结转""财政拨款结余"科目中"归集上缴"和"归集调入"科目及其所属明细科目的本年发生额填列。对归集上缴的财政拨款结转结余资金，以"-"号填列。

（4）"单位内部调剂"栏中各项目，反映行政单位本年财政拨款结转结余资金在内部不同项目之间的调剂金额。各项目应当根据"财政拨款结转"和"财政拨款结余"科目中的"单位内部调剂"科目及其所属明细科目的本年发生额填列。对单位内部调剂减少的财政拨款结转结余项目，以"-"号填列。

（5）"本年财政拨款收入"栏中各项目，反映行政单位本年从同级财政部门取得的各类财政预算拨款金额。各项目应当根据"财政拨款收入"科目及其所属明细科目的本年发生额填列。

（6）"本年财政拨款支出"栏中各项目，反映行政单位本年发生的财政拨款支出金额。各项目应当根据"经费支出"科目及其所属明细科目的本年发生额填列。

（7）"年末财政拨款结转结余"栏中各项目，反映行政单位年末财政拨款结转结余的金额。各项目应当根据"财政拨款结转""财政拨款结余"科目及其所属明细科目的年末余额填列。

四、行政单位会计报表说明和附注

（一）行政单位会计报表说明

行政单位年度决算报表应编制会计报表说明。会计报表说明是会计报表不可或缺的组成部分，是对在资产负债表、收入支出表等报表中列示项目的文字描述或明细资料，以及对未能在这些报表中列示项目的说明等。会计报表中的数字是经过分类与汇总后得出的结果，是对行政单位发生的经济事项的高度简化和浓缩的数字，如果没有形成这些数字所使用的会计政策、理解这些数字所必需的说明，会计报表就不可能充分发挥效用。因此，会计报表说明与资产负债表、收入支出表等会计报表具有同等的重要性，是会计报表的重要组成部分，是报表使用者了解事业单位的财务状况、收支情况的主要补充。

行政单位会计报表说明的内容，应该包括行政单位报表的编制范围、编制依据，编制单位的基本情况，收支总体情况，资产、负债、净资产状况，财政补助收支预算执行情况，基本支出、项目支出具体情况，主要财务指标分析及其他有关情况说明。

（二）行政单位会计报表附注

报表附注是对会计报表的一种补充说明，以及对未能在这些报表中列示项目的说明等。编制附注的目的是通过对会计报表本身做补充说明，以更加全面、系统地反映行政单位财务状况、收支情况的全貌，从而有助于向会计报表的使用者提供更为有用的信息，做出更加科学合理的决策。

行政单位的会计报表附注应当至少披露下列内容：

（1）遵循《行政单位会计制度》的声明。

（2）单位整体财务状况、预算执行情况的说明。

（3）会计报表中列示的重要项目的进一步说明，包括其主要构成、增减变动情况等。

（4）重要资产处置、资产重大损失情况的说明。

（5）以名义金额计量的资产名称、数量等情况，以及以名义金额计量理由的说明。

（6）或有负债情况的说明、1年以上到期负债预计偿还时间和数量的说明。

（7）以前年度结转结余调整情况的说明。

（8）有助于理解和分析会计报表的其他需要说明事项。

五、行政单位会计报表的审核与汇总

（一）行政单位会计报表的审核

行政单位的经费是按隶属关系的级次逐级领拨的，其会计报表也要按照隶属关系逐级上报汇总。行政单位对已编好的会计报表应认真审核后上报，财政部门和上级部门对所属单位会计报表应认真审核，然后汇总，确保报表的准确、完整。

会计报表的审核主要从以下两个方面进行：

1.政策性审核

政策性审核主要是审核会计报表中反映的各项资金收支是否符合政策、制度的规定，有无违反财经纪律的现象。

（1）审查各项收入是否符合政策性规定，预算资金的取得是否符合预算和用款计划，其他收入的收费标准是否符合有关规定。

（2）审查各项支出是否按预算和计划执行，有没有违反国家统一规定的开支范围和开支标准以及其他财务制度的规定，有没有将预算外支出挤入预算内报销，是否存在乱拉资金、乱上计划外项目、盲目扩大基本建设规模等问题。

（3）审核各项应上缴、下拨的款项是否及时、足额上缴、拨付，有无截留挪用现象。

2.技术性审核

技术性审核主要审核会计报表的数字是否正确、表内有关项目是否完整、有关数字之间的勾稽关系是否正确、有无漏报和错报的情况、会计报表的报送是否及时等。在审核时应注意审核以下4个方面的数字关系：

（1）审核上下级单位之间的上缴、下拨数是否一致，如上级单位的经费拨款支出和下级单位的经费拨款收入是否一致，上级单位的专项资金支出和下级单位的拨入专项资金是否一致等。

（2）审核上下年度有关数字是否一致，如资产负债表、财政拨款收入支出表等的年初数和上年期末数是否一致等。

（3）审核会计报表中的有关数字和业务部门提供的数字是否一致。

（4）审核会计报表之间的有关数字是否一致，如资产负债表中的固定资产期末数与固定资产统计表（附表）的数字是否一致，资产负债表的经费支出数与经费支出明细表的支出总数是否一致等。

通过以上各项审核后，将审核无误的会计报表进行汇总，编制本系统或二级会计单位的汇总会计报表。

（二）行政单位会计报表的汇总

会计报表的汇总是指上级会计单位根据本级会计报表和经审核无误的所属单位的会计报表所提供的会计资料进行汇总计算，从而编制出全面反映本单位和所属单位预算执行情况与资金活动情况的汇总会计报表，并报送主管单位或财政部门。

基层单位的会计报表应根据登记完整、核对无误的账簿记录和其他有关资料编制，切实做到账表相符，不得估列代编。主管会计单位和二级会计单位应根据本级报表和经审核所属单位会计报表编制汇总会计报表，借以反映全系统的预算执行情况和资金活动情况。汇总会计报表的种类和内容、格式与基层会计报表相同，主要包括汇总资产负债表、汇总收入支出表、汇总经费支出明细表、汇总基本数字表。编制汇总报表时应将上下级单位之间对应的上缴、下拨数以及系统内部各单位之间的往来款项相互冲销，如上级单位拨出经费与所属单位的拨入经费对冲，系统内部本单位的暂收款和所属单位的暂付款冲销等，以免重复计算。然后，将其他单列相同项目的金额加计总额后填列，计算出本系统的汇总数，从而完成汇总会计报表的编制。

本章小结

本章讲述了行政单位年终清理和结账基本业务的核算，以及会计报表的种类、编制、审核等基本内容。

年终清理是指各行政单位在年度终了前，应根据财政部门或上级主管部门的决算编审工作要求，对各项收支项目、往来款项、货币资金及财产物资进行全面的清理核对，以保证账户资料的真实性。年终结账是指行政单位在年终清理的基础上进行年终结账。

财务报表是反映行政单位财务状况和预算执行结果等的书面文件，由会计报表及其附注构成。会计报表包括资产负债表、收入支出表、财政拨款收入支出表等。

资产负债表是反映行政单位在某一特定日期财务状况的报表。资产负债表应当按照资产、负债和净资产分类、分项列示。

收入支出表是反映行政单位在某一会计期间全部预算收支执行结果的报表。收入支出表应当按照收入、支出的构成和结转结余情况分类、分项列示。

财政拨款收入支出表是反映行政单位在某一会计期间财政拨款收入、支出、结转及结余情况的报表。

第四篇　事业单位会计

第十一章

事业单位资产的核算

学习目标

通过本章的学习，要求明确事业单位资产的含义及具体内容；掌握事业单位各项流动资产、长期投资、固定资产及无形资产的核算方法。

事业单位资产是事业单位占有或使用的能以货币计量的经济资源，包括各种财产、债权和其他权利。资产按其流动性进行分类，可分为流动资产和非流动资产。

事业单位“资产”所包含的内容与企业单位的“资产”基本相同，不同之处主要在于：事业单位不设置“长期待摊费用”账户，因事业单位多属于非营利性组织，不需要分期计算盈亏，因此不设置此类跨期摊提的账户。

第一节 事业单位流动资产

事业单位流动资产是指可以在1年以内变现或者耗用的资产，具体包括现金、银行存款、应收及预付款项、存货等。

一、事业单位现金的核算

事业单位的现金是指事业单位的库存现金，它是由出纳员经管的用于日常零星开支的款项。现金是流动性最强的资产，既可以随时投入使用，也可以随时投入流通领域，还可以存入银行。事业单位办理各项现金收付业务，应严格遵守国家的现金管理规定，严密现金的收支手续，如实反映现金的收支和结存情况，保证现金的安全，提高现金的使用效率。

（一）现金的管理

国务院颁布的《中华人民共和国现金管理暂行条例》（以下简称《现金管理暂行条例》）的规定，各单位现金管理应做到：

（1）按规定的范围开支现金。根据《现金管理暂行条例》的规定，各单位可以在下列范围内使用现金：

①职工工资、津贴；

②个人劳务报酬，包括稿费、讲课费，以及其他专门工作报酬；

③根据国家规定须发给个人的科学技术、文化艺术、体育等各种奖金；

④各种劳保、福利费用，以及国家规定的对个人的其他支出；

⑤向个人收购农副产品和其他物资的价款；

⑥出差人员必须随身携带的差旅费；

⑦结算起点以下的零星支出；

⑧中国人民银行确定需要支付现金的其他支出。

除上述范围的开支可以用现金支付外，其他开支必须通过银行转账支付。

（2）严格执行库存现金的限额。为了既保证各单位使用现金的需要，又防止积压现金和保障现金的安全，银行对各单位提出的库存现金限额进行核定，其数额一般为不超过本单位3~5天的日常零星开支所需要的现金，边远地区和交通不便地区的单位，可以多于5天，但不得超过15天的日常零星开支。各单位超过库存现金核准限额的，应及时送存银行。

（3）不得坐支现金。坐支现金是指事业单位不通过银行，直接用收入的现金办理现金支出。各单位收入的现金应于当日或规定的时间内送存开户银行，需要支付现金时，从本单位的库存现金限额中支付，或者从银行提取，不得从本单位现金收入中直接支付。因特殊情况需坐支现金的，应当事先报经开户银行审查批准。

（4）实行钱账分管制度。钱账分管是指钱物和账务分别管理的一项内部牵制制度。为了防止各种错误、弊端的发生，现金的收付、结算、审核、登记等工作，不得由一人负责。一般来讲，各单位应单独设置现金出纳员岗位，由出纳员专门负责现金的收付工作，并登记库存现金日记账。出纳员不得兼管收入费用、债权债务的登记工作，不得兼任稽核和档案保管工作。会计和出纳分开，实行会计管账不管钱，出纳管钱不管账的内部牵制制度。

（5）规范现金收付手续。事业单位办理任何现金收支，都必须以合法的原始凭证作为依据。收付现金的各种原始单据，应根据各单位的具体情况，指定专门人员进行审核，出纳员按月连续编号，作为库存现金日记账的顺序号。出纳员付出现金后，应当在原始单据上加盖“现金付讫”戳记，并在当天入账，不准以借据抵现金入账，不得将单位收入的现金存入个人储蓄账户。

（6）如实反映现金库存情况。收付现金要及时记账，每天业务终了要结出余额，出纳员每日要清点库存现金，做到日清月结，账款相符，不得以借据或白条抵库。出纳员在将账面库存与实际库存核对时，如发现长款或短款，应及时查明原因，报请领导做出处理。

现金收入业务较多、单独设置收款部门的单位，收款部门的收款员应每天将所收现金，连同收款收据副联及“库存现金收入日报表”送会计部门的出纳员核收，或者将所收现金直接送存开户银行后，将收款收据副联、“库存现金收入日报表”和向银行送现金的凭证一并交会计部门的会计员核收记账。现金收付业务较多的单位，现金出纳员应每日编制“库存现金日报表”，连同原始单据交会计部门的会计员复核整理后填制记账凭证。

（二）现金的核算

事业单位应设置“库存现金”账户，用来总括反映库存现金的收支和结存情况。该账户属于资产类账户，其借方反映单位库存现金的增加，贷方反映库存现金的减少，期末借方余额，反映库存现金的余额。

事业单位为了加强库存现金的管理和核算，系统了解库存现金收付的动态，除了进行总分类核算外，还应进行明细分类核算。库存现金收支的明细分类核算是通过设置库存现金日记账进行的。库存现金日记账是出纳员根据审核无误的库存现金收付款凭证，按照库存现金收付业务发生或完成时间的先后顺序，逐日逐笔连续登记，用来记录库存现金的增减变动情况的序时账簿。库存现金日记账一般可以采用收、付、余三栏式日记账。每日终了应计算本日库存现金收入、支出合计数和结存数，并且同库存现金实存数核对相符，做到日清月结，保证账款相符。月末终了，库存现金日记账的余额应与库存现金总账的余额相符。

有外币现金的单位，应分别按人民币现金、外币现金设置“库存现金日记账”进行明细核算。

1.现金收入的核算

事业单位收入现金的主要途径是：从银行提取现金；收入转账起点以下的余额销售款；职工交回的差旅费剩余款等。单位收入现金时，根据审核无误的记账凭证，借记“库存现金”账户，贷记有关账户。

［例11-1］某事业单位4月份发生如下现金收入业务：

（1）从银行提取现金1 000元。根据相关凭证，编制会计分录如下：

借：库存现金	1 000	
贷：银行存款		1 000

如果从零余额账户提取现金1 000元。根据相关凭证，编制会计分录如下：

借：库存现金	1 000	
贷：零余额账户用款额度		1 000

（2）销售产品收到货款100元（不含税），增值税税额为17元（该事业单位为一般纳税人），均为现金。根据相关凭证，编制会计分录如下：

借：库存现金	117	
贷：经营收入		100
应缴税费——应交增值税（销项税额）		17

（3）李亮出差回来报销，实际支出差旅费455元，退回现金45元。根据相关凭证，编制会计分录如下：

借：库存现金	45	
事业支出	455	
贷：其他应收款——李亮		500

2.现金支出的核算

事业单位支出现金必须遵守国家现金管理制度的规定，在允许的范围内办理现金支出业务。支出现金时，根据审核无误的记账凭证，借记有关账户，贷记“库存现金”账户。

［例11-2］某事业单位4月份发生如下现金支出业务：

（1）张华预借现金500元作为差旅费。根据相关凭证，编制会计分录如下：

借：其他应收款——张华	500	
贷：库存现金		500

（2）单位行政部门购买办公用品，价值为126元，以现金支付。根据相关凭证，编制会计分录如下：

借：事业支出	126	
贷：库存现金		126

3.库存现金清查的核算

为了加强对库存现金出纳保管工作的监督，防止盗窃和营私舞弊，保护库存现金安全和完整，必须建立并认真执行库存现金清查制度。库存现金的清查包括出纳人员每日的清查核对和清查小组定期或不定期的清查。库存现金清查的主要手段是实地盘点。清查小组盘点库存现金时，出纳人员应当在场，盘点后将实存数与账存数核对，并编制“库存现金盘点报告表”，列明实存、账存和余缺金额。如有余缺，应查明原因，并及时请领导审批。

发生库存现金溢缺，在未查明原因之前，应根据“库存现金日报表”调整账务。库存现金短缺时，借记“其他应收款——库存现金短款”账户，贷记“库存现金”账户；属于库存现金溢余的金额，借记“库存现金”账户，贷记“其他应付款——库存现金长款”账户。在查明原因并报经领导审批后，如因工作失误造成的库存现金短缺，由责任人赔偿收回库存现金时，借记“库存现金”账户，贷记“其他应收款——库存现金短款”账户；如果是属于正常误差而产生的短缺，经批准可列入“事业支出——其他费用”账户。对于溢余的库存现金，如属错收的，应退回；如属无主款，应上缴国库，借记“其他应付款——库存现金长款”账户，贷记“应缴国库款”账户。

［例11-3］某事业单位4月份库存现金清查时发现库存现金短缺64元。根据相关凭证，编制会计分录如下：

借：其他应收款——库存现金短款　64

　贷：库存现金　64

上述库存现金短款经查明属出纳员工作失误造成，报请领导批准责成出纳员赔偿，收回库存现金64元。根据相关凭证，编制会计分录如下：

借：库存现金　64

　贷：其他应收款——库存现金短款　64

［例11-4］某事业单位4月份库存现金清查时发现库存现金溢余85元。根据相关凭证，编制会计分录如下：

借：库存现金　85

　贷：其他应付款——库存现金长款　85

上述库存现金长款经查明属无主款，报请领导批准作为应缴国库款处理。根据相关凭证，编制会计分录如下：

借：其他应付款——库存现金长款　85

　贷：应缴国库款　85

二、事业单位银行存款的核算

事业单位的银行存款是指存入银行或其他金融机构账户上的货币，包括人民币存款和外币存款两种。

（一）银行存款的管理

事业单位的货币资金除不超过库存现金限额的少量现金外，其余都必须存入银行。货币资金的收付除按国家规定可以用现金办理的结算外，其余都必须通过银行办理转账结算。银行转账结算就是由银行将结算款项从付款单位的存款账户划拨到收款单位的存款账户。因此，各单位应按规定在银行开立存款账户。

1.银行存款户的开立

我国《支付结算办法》规定，事业单位应在银行开立账户，以办理存款、取款和转账等结算。各单位在办理银行存款开户时，应按银行规定填写“开户申请表”，经上级主管部门或同级财政机关审查同意后，连同盖有单位公章和有权支配款项的个人名章的印鉴卡片一并送开户银行，再经银行审查同意后方可开户。

事业单位在银行开户后，即可通过银行与其他单位办理结算。各开户单位应加强对银行存款户的管理，通过银行存款户办理资金收付时，必须切实遵守银行规定的下述管理原则：

（1）严格遵守国家银行的各项结算制度和现金管理制度，接受银行监督。

（2）银行存款户只供本单位使用，不准出租、出借、套用或转让给其他单位或个人使用。

（3）银行存款户必须有足够的资金保证支付，加强支票管理，不准签发空头支票和其他远期支付的凭证。

（4）各种收支款项的凭证，必须如实填明款项的来源或用途，不得巧立名目、弄虚作假、套取现金、套购物资，严禁利用账户搞非法活动。

（5）加强与银行的对账工作，认真及时地与银行寄送的对账单进行核对，保证账账相符、账款相符。如果银行存款日记账的余额与银行存款对账单的余额不符，要及时与银行核对清楚，查明原因。

2.银行转账结算方式

事业单位的各项收支业务除了按规定可以使用现金结算外，一律通过银行办理转账结算。中国人民银行总行发布的《支付结算办法》规定，现行结算方式有支票、银行汇票、银行本票、商业汇票、汇兑、委托收款、托收承付7种结算方式。事业单位发生的大量资金收付业务，可根据《支付结算办法》的规定，通过上述7种方式办理结算。

3.结算纪律

事业单位必须遵守国家的法律、法规和《支付结算办法》的各项规定，遵守结算纪律，不准出租、出借账户，不准签发空头支票和远期支票，不准套取银行信用。

（二）银行存款的核算

事业单位应设置“银行存款”账户，用来总括反映银行存款的收支和结存情况。该账户属于资产类账户，借方登记银行存款的增加数额，贷方登记银行存款的减少数额，期末余额在借方，反映银行存款的结存数额。

事业单位每天都可能发生通过银行进行结算的业务，为了系统地了解银行存款收付的动态，除了对银行存款进行总分类核算外，还应进行明细分类核算。银行存款收支的明细分类核算是通过设置银行存款日记账进行的。事业单位应按开户银行、其他金融机构、存款种类及货币种类分别设置银行存款日记账，由出纳员根据审核无误的银行存款收付款凭证逐日逐笔登记，进行序时核算。银行存款日记账一般可采用三栏式日记账，其格式内容与库存现金日记账基本相同。

事业单位将现金存入银行的业务，一般是编制库存现金付款凭证，因此银行存款日记账中的此类收入是根据库存现金付款凭证登记的。每日终了应结出银行存款日记账余额，月末结出本月收入、付出的合计数和月末结存数，并且和银行核对账目。

1.银行存款收入的核算

事业单位收到银行存款时，根据银行存款收款凭证及有关单据，借记“银行存款”账户，贷记有关账户。

[例11-5] 某事业单位4月份发生如下银行存款收入业务：

(1) 收到上级拨入事业经费600 000元。根据相关凭证，编制会计分录如下：

借：银行存款　　600 000

　贷：上级补助收入　　600 000

(2) 销售产品收到销货款20 000元（不含税），增值税税额为3 400元（该事业单位为一般纳税人）。根据相关凭证，编制会计分录如下：

借：银行存款　　23 400

　贷：经营收入　　20 000

　　应缴税费——应交增值税（销项税额）　　3 400

(3) 收回应收账款23 000元，款项存入银行。根据相关凭证，编制会计分录如下：

借：银行存款　　23 000

　贷：应收账款　　23 000

2.银行存款支出的核算

事业单位支出银行存款时，根据银行存款付款凭证及有关单据，借记有关账户，贷记“银行存款”账户。

[例11-6] 某事业单位4月份发生如下银行存款支出业务：

(1) 开出转账支票一张，拨付所属单位待核销的经费150 000元，该笔钱款为非财政补助收入。根据相关凭证，编制会计分录如下：

借：对附属单位补助支出　　150 000

　贷：银行存款　　150 000

(2) 开出转账支票一张，支付购买材料所欠货款11 700元。根据相关凭证，编制会计分录如下：

借：应付账款　　11 700

　贷：银行存款　　11 700

(3) 开出转账支票一张，支付购买办公用品款2 500元。根据相关凭证，编制会计分录如下：

借：事业支出——其他资金支出　　2 500

　贷：银行存款　　2 500

（三）银行存款的核对

为了确保银行存款核算的真实、准确，防止银行存款日记账发生差错，事业单位应定期进行银行存款日记账的核对。银行存款日记账的核对主要包括3个方面：一是银行存款日记账与银行存款收款凭证、付款凭证要互相核对，做到账证相符；二是银行存款日记账与银行存款总账要互相核对，做到账账相符；三是银行存款日记账与银行开出的银行存款对账单要互相核对，以便准确地掌握事业单位可动用的银行存款实有数。银行存款日记账同银行存款对账单的核对一般于每月在银行送来银行存款对账单时进行核对。导致双方余额不一致的情况有两种：一种情况是银行存款日记账记账有错漏；另一种情况就是存在未达账项。所谓未达账项，是指对于同一经济业务，由于事业单位与开户行的记账时间不同，一方已登记入账，而另一方尚未收到有关凭证而未登记入账的款项。

事业单位与银行之间发生的未达账项有下列4种情况：

（1）银行代事业单位的收款已入账，而事业单位尚未收款入账。

（2）银行代事业单位的付款已入账，而事业单位尚未付款入账。

（3）事业单位已收款入账，而银行尚未办理收款入账。

（4）事业单位已付款入账，而银行尚未办理付款入账。

发生以上任何一种情况，都会使事业单位银行存款日记账和银行存款对账单双方的余额不一致。单位在接到银行转来的银行存款对账单时，应尽快与银行存款日记账进行核对。核对时若发现未达账项，应编制“银行存款余额调节表”进行调节。调节后，双方余额如果相等，一般说明双方记账没有错误；如果不相等，表明记账有错误，需要进一步查对，找出原因，更正错误记录。

银行存款余额调节表的编制方法是根据银行存款日记账和银行存款对账单核对时发现的未达账项，将银行存款日记账的余额和银行存款对账单的余额都调整为正确数额，以相互核对。

［例11-7］某事业单位月底的银行存款日记账账面余额为76 760元，银行存款对账单的余额为84 250元，经逐笔核对，发现有如下未达账项：

（1）单位委托银行代收单位服务费20 790元，月底银行已收款入账，但单位尚未收到银行的收款通知，故未入账。

（2）银行已支付本单位购买材料的款项2 000元，而单位未收到付款通知，故未记账。

（3）本单位月末收到某大学的转账支票一张，金额为18 000元，系多发出的书刊款，银行尚未入账。

（4）本单位月末开出转账支票一张，金额为6 700元，支付购买图书款，银行未转账付款。

根据以上情况，编制银行存款余额调节表（见表11-1）。

表11-1　**银行存款余额调节表**

20××年×月×日　单位：元

项　目	金　额	项　目	金　额
银行存款日记账账面余额	76 760	银行存款对账单余额	84 250
加：单位未收，银行已收 （1）外单位商品加工款	20 790	加：银行未收，单位已收 （3）某大学书款	18 000
减：单位未付，银行已付 （2）购买材料款	2 000	减：银行未付，单位已付 （4）购书款	6 700
调整后银行存款余额	95 550	调整后银行存款余额	95 550

银行存款日记账和银行存款对账单核对调节后余额相等，说明银行存款日记账的账户记录是正确的。需要指出的是，编制银行存款余额调节表的目的，只是检查账簿记录的正确性，并不是要更改账簿记录，对于银行已经入账而本单位尚未入账的业务和本单位已经入账而银行尚未入账的业务，均不调整账户记录，待以后业务凭证到达后，再做相应的核算。

三、事业单位零余额账户用款额度的核算

（一）零余额账户用款额度的核算

零余额账户并不实存财政资金，它只是事业单位的一个授权支付账户。对于纳入财政国库单一账户制度改革的事业单位，财政部门为其在商业银行开设单位零余额账户。该账户用于财政部门对事业单位的授权支付。当财政部门向事业单位零余额账户的代理银行下达零余额账户用款额度时，事业单位的零余额账户用款额度增加。事业单位根据经批准的单位预算和用款计划，自行向单位零余额账户的代理银行开具支付令，从单位零余额账户向收款人支付款项或提取现金。事业单位的零余额账户只是一个过渡账户，它在财政国库单一账户与收款人之间起着过渡的作用。对于事业单位而言，在财政国库单一账户制度下，尽管财政预算资金全部存放在国库单一账户，但事业单位可以随时自行开具支付令，利用单位零余额账户的用款额度进行支付，因此单位零余额账户用款额度是事业单位的一项特殊的流动资产。

为了核算事业单位在单位零余额账户中的财政授权支付业务，事业单位应设置“零余额账户用款额度”账户。它属于资产类账户，借方登记事业单位收到代理银行转来的财政授权支付额度，贷方登记事业单位从单位零余额账户中支付的款项。该账户平时的余额在借方，反映事业单位尚未使用的财政授权支付额度。年终，“零余额账户用款额度”账户的余额全部转入“财政应返还额度”账户，结转后，该账户无余额。

事业单位收到代理银行转来的“授权支付到账通知书”，并与单位预算和用款计划核对无误后，借记“零余额账户用款额度”账户，贷记“财政补助收入”账户；事业单位开具支付令从单位零余额账户支付款项时，借记“事业支出”“存货”等有关账户，贷记“零余额账户用款额度”账户；事业单位从零余额账户提取现金时，借记“库存现金”账户，贷记“零余额账户用款额度”账户。

[例11-8] 某事业单位收到单位零余额账户代理银行转来的“授权支付到账通知书”，该单位获得财政授权支付额度550 000元。根据相关凭证，编制会计分录如下：

借：零余额账户用款额度	550 000	
贷：财政补助收入		550 000

[例11-9] 某事业单位通过单位零余额账户支付了一笔日常经费，金额共计60 000元。根据相关凭证，编制会计分录如下：

借：事业支出——财政补助支出	60 000	
贷：零余额账户用款额度		60 000

[例11-10] 某事业单位从单位零余额账户中提取现金1 000元，以备日常开支。根据相关凭证，编制会计分录如下：

借：库存现金	1 000	
贷：零余额账户用款额度		1 000

（二）零余额账户用款额度支付更正

财政资金用于日常基本支出和项目支出，有时发生支票已开出或已办妥汇款手续，发现支付的科目代码或支付代码（关联码）错误，或者发生退票或无法支付的情况，需要进行支付更正。

如果仅是支付的科目代码或支付代码（关联码）错误，支付金额和收款单位都没有错误的，不需要对方单位退回款项，只需要填写“财政授权支付更正（退回）通知书”，由银行在集中支付系统内进行更正调整。

如果是收款单位或金额错误，就必须由对方单位先退回款项，再填写“财政授权支付更正（退回）通知书”，会计处理做支付的更正分录：

借：事业支出——财政补助支出 （红字）

　贷：零余额账户用款额度 （红字）

同时，填写支票等重新支付，会计处理做支付正确的分录：

借：事业支出——财政补助支出

　贷：零余额账户用款额度

四、事业单位财政应返还额度的核算

对于实现财政国库单一账户制度改革的事业单位，在年度终了，零余额账户中的预算指标数与事业单位从零余额账户中的支用数之间的差额，构成事业单位当年尚未使用的预算指标数。这些当年尚未使用的预算指标数，经过批准，事业单位在次年可以继续使用。但在当年年终，即构成事业单位的财政应返还额度。财政部门对事业单位的财政应返还额度采用先注销后恢复的管理办法，即年度终了，财政部门对事业单位的财政应返还额度先进行注销；次年初，财政部门对事业单位的财政应返还额度再予以恢复，供事业单位在额度内继续使用。

为核算财政应返还额度的业务，事业单位应设置“财政应返还额度”账户。年终，事业单位根据本年度财政直接支付预算指标数与本年度财政直接支付实际支出数的差额，借记“财政应返还额度——财政直接支付”账户，贷记“财政补助收入”账户；根据本年度已下达的财政授权支付额度数与本年度财政授权支付实际支出数的差额，借记“财政应返还额度——财政授权支付”账户，贷记“零余额账户用款额度”账户；如果本年度财政授权支付预算指标数大于“零余额账户用款额度”账户用款额度下达数，根据两者的差额，借记“财政应返还额度——财政授权支付”账户，贷记“财政补助收入”账户。下年度财政部门恢复财政直接支付额度时，事业单位不做会计处理；待实际使用恢复的额度时，借记“事业支出”等账户，贷记“财政应返还额度——财政直接支付”账户。下年度财政部门恢复财政授权支付额度时，借记“零余额账户用款额度”账户，贷记“财政应返还额度——财政授权支付”账户；实际使用恢复的额度时，借记“事业支出”等账户，贷记“零余额账户用款额度”账户。

[例 11-11] 某事业单位已经纳入财政国库单一账户制度改革。年终，本年度财政授权支付预算指标数为786 000元，本年度财政授权支付实际支出数为745 000元，单位零余额账户代理银行收到零余额账户用款额度为766 000元。事业单位尚未使用的财政授权支付预算额度为21 000元、尚未收到的财政授权支付预算指标数为20 000元。根据相关凭证，编制会计分录如下：

借：财政应返还额度——财政授权支付 21 000

　贷：零余额账户用款额度 21 000

同时：

借：财政应返还额度——财政授权支付 20 000

贷：财政补助收入　20 000

［例11-12］续例11-11，次年初，该事业单位收到代理银行提供的额度恢复到账通知书，恢复财政授权支付额度21 000元。根据相关凭证，编制会计分录如下：

借：零余额账户用款额度　21 000

贷：财政应返还额度——财政授权支付　21 000

［例11-13］续例11-11，次年初，该事业单位收到财政部门批复的上年末未下达的单位零余额账户用款额度20 000元。根据相关凭证，编制会计分录如下：

借：零余额账户用款额度　20 000

贷：财政应返还额度——财政授权支付　20 000

五、事业单位应收票据的核算

（一）应收票据的内容

应收票据是指事业单位因开展经营活动销售产品、提供有偿服务等而收到的商业汇票。商业汇票是由出票人签发的、经承兑人承兑，委托付款人在一定日期支付一定金额给收款人或持票人的票据。商业汇票按其承兑人不同，分为商业承兑汇票和银行承兑汇票。商业承兑汇票是由付款人承兑的汇票，它可以由收款人签发，也可以由付款人签发，但必须由付款人承兑，承兑时付款人应在汇票正面记载“承兑”字样、承兑日期并签章。银行承兑汇票是由收款人或承兑申请人签发，并由承兑申请人向银行申请，银行审查同意承兑的票据。

应收票据按是否计息划分，可分为带息票据和不带息票据。带息票据是指注明利率及付息日期的票据，带息票据在票据到期时，承兑人必须按票面金额加上应计利息向收款人或被背书人支付票款。不带息票据是指到期时，承兑人只需按票面金额向收款人或被背书人支付票款，无须支付利息的票据。

带息票据到期利息的计算公式为：

应收票据利息=应收票据面值×利率×期限

票据到期值=应收票据面值+应收票据利息

上式中的利率一般以年利率表示，期限则以日或月表示。因此，应把年利率调整为月利率或者日利率，一年以360天计算。

不论票据是否带息，应收票据在收到或开出并承兑时，均以票据面值入账。

（二）应收票据贴现利息的计算

应收票据的贴现是指事业单位将持有的未到期的商业汇票在到期前可以在背书后送交银行，银行同意受理后，从票据到期值中扣除按银行贴现率计算的自贴现日至到期日的贴现利息，将其余额即贴现净值支付给事业单位。应收票据贴现是利用票据向银行借入短期资金，其实质是融资的一种形式。

计算贴现净值的步骤是：

票据到期值=面值×（1+利率×期限）（对于无息票据来说，到期值=面值）

贴现期限=票据有效天数-企业持有天数

贴现息=票据到期值×银行贴现率×贴现期限

贴现净值=票据到期值-贴现息

（三）应收票据的核算

事业单位应设置“应收票据”账户，用于核算应收票据的收取和到期结算或贴现情况。它属于资产类账户，借方登记收取应收票据的金额，贷方登记到期收回的票面金额和已办贴现的应收票据的票面金额，期末余额在借方，反映期末持有的尚未到期的应收票据的票面金额。

事业单位还应设置应收票据备查簿，逐笔登记每一笔应收票据的种类、号数、出票日期、交易合同号、付款人、承兑人、背书人的姓名或单位名称、到期日期和利率、贴现日期、贴现率和贴现净额，以及收款日期和收回金额等资料。应收票据到期结清票款后，应在应收票据备查簿内逐笔注销。

应收票据核算的主要经济业务有收到应收票据、到期收款、贴现等。

1.收到应收票据

事业单位因销售产品、提供服务等收到应收票据，借记“应收票据”账户，贷记“经营收入”“应缴税费——应交增值税”等账户。

［例11-14］某事业单位为一般纳税人，销售一批产品给智通公司，货已发出，价款为30 000元，增值税税额为5 100元。收到智通公司一张2个月到期的商业承兑汇票，面值为35 100元。根据相关凭证，编制会计分录如下：

借：应收票据	35 100	
贷：经营收入		30 000
应缴税费——应交增值税（销项税额）		5 100

2.应收票据到期收回款项

按应收票据到期收回的票面金额，借记“银行存款”账户，贷记“应收票据”账户。

［例11-15］例11-14中的票据在2个月后到期，收回款项35 100元，存入银行。根据相关凭证，编制会计分录如下：

借：银行存款	35 100	
贷：应收票据		35 100

3.应收票据贴现

事业单位持未到期的应收票据向银行贴现，应按实际收到的金额（即扣除贴现息后的净额），借记“银行存款”等账户，按贴现利息部分，借记“经营支出”账户，按应收票据的票面金额，贷记“应收票据”账户。

［例11-16］某事业单位为一般纳税人，销售一批产品给华洋公司，货已发出，货款为20 000元，增值税税额为3 400元。收到华洋公司一张3个月到期的无息商业承兑汇票，面值为23 400元。该事业单位60天后持此票据到银行贴现，贴现率为8%。

该事业单位收到票据时，根据相关凭证，编制会计分录如下：

借：应收票据	23 400	
贷：经营收入		20 000
应缴税费——应交增值税（销项税额）		3 400

该事业单位办理贴现时，根据相关凭证，编制会计分录如下：

贴现息=23 400×8%×［（90-60）÷360］=156（元）

扣除贴现息后的净额=23 400-156=23 244（元）

借：银行存款　　23 244

　　经营支出　　156

　　贷：应收票据　　23 400

4.贴现应收票据到期

贴现的应收票据到期，如果付款人按期付款给贴现银行，则办理贴现的事业单位的责任完全解除。该事业单位在应收票据备查簿上注销该票据。

已贴现的商业汇票到期，如果承兑人的银行账户不足以支付，申请贴现的事业单位将会收到银行退回的应收票据和支款通知，银行从已贴现单位的账户中将票款划出。此时，申请贴现的事业单位要按所付本息，借记“应收账款”账户，贷记“银行存款”账户。若申请贴现的事业单位的银行存款账户余额不足，银行做逾期贷款处理，申请贴现的事业单位应借记“应收账款”账户，贷记“短期借款”账户。

[例11-17] 某事业单位已办贴现的应收票据到期，到期值为11 700元，承兑人未能按期付款，贴现银行将票据退回并从该事业单位的账户中将票据款划出。根据相关凭证，编制会计分录如下：

借：应收账款——××单位　　11 700

　　贷：银行存款　　11 700

如果该事业单位的账户余额不足，银行则将其视为逾期贷款通知该事业单位。根据相关凭证，编制会计分录如下：

借：应收账款——××单位　　11 700

　　贷：短期借款　　11 700

如果贴现票据是银行承兑的，一般不会出现到期不能付款的情况。票据到期时，承兑银行如数付款给贴现银行，不构成贴现单位的经济业务，不需要编制任何会计分录。

六、事业单位应收账款的核算

应收账款是指事业单位因开展经营活动销售产品、提供有偿服务等而应收取的款项。

（一）应收账款的计价

多数情况下，事业单位赊销商品或提供劳务等应按收付款双方成交时的实际金额入账，但在具体计算应收账款的入账金额时，则应考虑折扣因素，包括商业折扣和现金折扣。

1.商业折扣

所谓商业折扣，是指单位可以从价目单上规定的价格中扣减一定百分比数额的折扣方式，如10%、15%、20%等，扣减后的净额才是实际销售价格。例如，某科研单位某项科研产品的报价为200元，按10%的商业折扣出售，则应收账款的入账金额为180元。显然商业折扣不会引起特殊的会计问题，会计上只需按已扣除商业折扣的实际发票价格确认应收账款。

2.现金折扣

所谓现金折扣，是指单位为了鼓励客户在一定时期内尽早付款而给予的一种折扣优惠。这种折扣的条件，通常表达为：2/10、1/20、N/30（即10天内（含10天）付款折扣2%，10~20天内（含20天）付款折扣1%，20~30天内全价付款）。例如，一笔10 000元的赊销账款，规定的折扣条件为“2/10、1/20、N/30”，如果客户于10天内（含10天）付款，扣除2%的折扣后，应收账款的数额为9 800元；如果客户于10~20天内（含20天）付款，扣除1%的折扣后，应收账款的数额为9 900元；如果客户于20~30天内付款，就需要全价计算，应收账款的数额为10 000元。

存在现金折扣的情况下，应收账款入账金额的确认有两种处理方法：

第一种：总价法。总价法是将未减除现金折扣前的全部金额作为实际售价，记作应收账款的入账金额。这种方法把现金折扣理解为鼓励客户提早付款而获得的经济收益。销售方给予客户的现金折扣，从融资角度出发，属于一种理财费用，于收到账款时计入经营支出。

第二种：净价法。净价法是将扣减现金折扣后的净金额作为实际售价，据以记作应收账款的入账金额。这种方法是把客户取得的折扣视为正常现象，认为一般客户都会提前付款，而将由于客户超过折扣期限而多收入的金额，视为提供信贷获得的收入，于收到账款时入账，作为冲减经营支出处理。

在我国会计实务中，所采用的是总价法。

（二）应收账款的核算

事业单位应设置“应收账款”账户，用来核算事业单位因开展经营活动销售产品、提供有偿服务等而应收取的款项。它属于资产类账户，借方登记事业单位应收的款项，贷方登记已收回的款项，期末余额在借方，反映尚未收回的各种应收账款。该账户应按不同的债务人设置明细账，进行明细分类核算。

1.发生应收账款

事业单位销售产品、提供有偿服务等，应借记“应收账款”账户，贷记“经营收入”“应缴税费”等账户。

［例11-18］某研究所8月份发生如下业务：

（1）8月3日，向华星公司提供劳务取得收入50 000元（含税），增值税税率为6%，规定的现金折扣条件是“2/10、1/15、N/30”。根据相关凭证，编制会计分录如下：

应交增值税税额=50 000÷（1+6%）×6%=2 830.19（元）

借：应收账款——华星公司	50 000	
贷：经营收入		47 169.81
应缴税费——应交增值税		2 830.19

（2）华星公司于8月12日付款，收到款项49 000元（50 000−50 000×2%）。根据相关凭证，编制会计分录如下：

借：银行存款	49 000	
经营支出	1 000	
贷：应收账款——华星公司		50 000

（3）向华燕公司销售一批科研产品，货已按合同发出，价款为20 000元（不含税），增值税税额为3 400元，货款尚未收到。根据相关凭证，编制会计分录如下：

借：应收账款——华燕公司	23 400	
贷：经营收入		20 000
应缴税费——应交增值税（销项税额）		3 400

2.代垫包装费和运杂费

事业单位为购货单位代垫的包装费和运杂费，借记“应收账款”账户，贷记“银行存款”等账户。

［例11-19］某事业单位为华燕公司代垫运杂费600元，已用银行存款支付。根据相关凭证，编制会计分录如下：

借：应收账款——华燕公司　　600

　贷：银行存款　　600

3.收回应收账款

事业单位收到应收账款时，按实际金额借记“银行存款”账户，贷记“应收账款”账户。

［例11-20］续例11-18和例11-19，该事业单位收到华燕公司用支票支付前欠货款及代垫运杂费24 000元，已存入银行。根据相关凭证，编制会计分录如下：

借：银行存款　　24 000

　贷：应收账款——华燕公司　　24 000

七、事业单位预付账款的核算

事业单位的预付账款是指按照购货、劳务合同的约定，预付给供应单位的款项，如预付所购材料款。预付账款按实际发生的金额入账。

事业单位应设置“预付账款”账户，用来核算预付货款的支出和结算情况。它属于资产类账户，借方登记本单位向供应单位预付的货款，贷方登记本单位收到所购物品时应结转的预付款项，期末余额一般在借方，反映本单位向供应单位已预付尚未结算的货款。该账户有时也会出现贷方余额，反映企业预付款低于货款的数额。该账户应按供应单位名称设置明细账，进行明细分类核算。

预付账款不多的事业单位，可以不设此账户，而将预付的货款记入“应收账款”账户的借方。但在编制会计报表时，仍然要将“预付账款”和“应收账款”的金额分开列报。

1.支付预付账款

事业单位按购货、劳务合同的规定预付货款时，借记“预付账款”账户，贷记“银行存款”账户。

［例11-21］某事业单位订购某种货物，货款为50 000元，按合同的规定需预付价款的30%，即15 000元定金。根据相关凭证，编制会计分录如下：

借：预付账款　　15 000

　贷：银行存款　　15 000

如果款项是通过零余额账户用财政资金支付的，编制会计分录如下：

借：预付账款　　15 000

　贷：零余额账户用款额度　　15 000

2.收到预订货物

事业单位收到预订的货物时，根据发票账单等列明的金额，借记“存货”“应缴税费”等有关账户，贷记“预付账款”账户；补付货款时，借记“预付账款”账户，贷记“银行存款”账户。

［例11-22］续例11-21，该事业单位为一般纳税人，所订货物到货，发票账单同时到

达，价款为50 000元，增值税税额为8 500元，用银行存款补付货款43 500元。根据相关凭证，编制会计分录如下：

借：存货 50 000

应缴税费——应交增值税（进项税额） 8 500

贷：预付账款 15 000

银行存款 43 500

如果预付账款大于发票账单列明的金额，退回多付的货款时，借记“银行存款”账户，贷记“预付账款”账户。

八、事业单位其他应收款的核算

事业单位的其他应收款是指除财政应返还额度、应收票据、应收账款、预付账款以外的其他各项应收、暂付款项，包括职工预借的差旅费、拨付给内部有关部门的备用金、应向职工收取的各种垫付款、应收的各种赔偿款等。其他应收款应按实际发生额入账。

事业单位应设置“其他应收款”账户，用来核算其他应收款的发生和结算情况。它属于资产类账户，借方登记发生的各种其他应收款，贷方登记单位收到的款项和结转情况，期末余额通常在借方，反映尚未结算的其他应收款项。该账户应按债务人或其他应收款项目设置明细账，进行明细分类核算。

1.发生其他应收款

事业单位发生各种其他应收款时，借记“其他应收款”账户，贷记有关账户。

[例11-23] 某事业单位职工张明因公出差预借差旅费2 200元，以现金拨付。根据相关凭证，编制会计分录如下：

借：其他应收款——张明 2 200

贷：库存现金 2 200

[例11-24] 某事业单位对内部总务部门实行定额备用金制度，核定总务部门定额备用金3 500元，以现金拨付。根据相关凭证，编制会计分录如下：

借：其他应收款——备用金 3 500

贷：库存现金 3 500

2.结算、收回其他应收款

其他应收款在结算、收回时，借记有关账户，贷记“其他应收款”账户。

[例11-25] 续例11-23，张明出差回来报账，报销差旅费2 050元，交回现金150元。根据相关凭证，编制会计分录如下：

借：库存现金 150

事业支出——其他资金支出 2 050

贷：其他应收款——张明 2 200

九、事业单位存货的核算

（一）存货的内容

存货是指事业单位在开展业务活动及其他活动过程中为耗用而储存的各种材料、燃料、包装物、低值易耗品及达不到固定资产标准的用具、装具、动植物等的实际成本。

事业单位的存货一般包括以下几类：

（1）材料，是指使用以后即消耗或改变原有形态的各种物资，如原料、实验材料、改装使用的元件和零配件等。

（2）燃料，是指事业单位耗用的一切从外部购进的各种燃料，包括固体、液体、气体燃料。

（3）低值易耗品，是指因价值低（单位价值在1 000元以下，其中专用设备单位价值在1 500元以下）、易损耗等原因而不按固定资产管理的劳动资料，如仪器、仪表、工具、量具、器皿、一般用品和劳动保护用品等。

（4）产成品，是指事业单位生产完工并已验收入库的产品。

由于事业单位的业务规模和性质不同，对存货管理的方式和要求应有所不同。存货品种多、数量大、价值较高的事业单位，应对存货进行详细划分，实行明细核算；存货品种少、数量小、价值较低的事业单位，实行综合核算，可以对存货不划分细类，也可以不使用核算存货的会计账户进行核算，其购入和耗用可直接列作支出。

（二）存货的盘存制度

存货的盘存制度是指确定特定会计期间减少与结存存货数量的方法，包括实地盘存制和永续盘存制两种。

1.实地盘存制

实地盘存制又称“以存计耗”或“以存计销”，是指事业单位在每个会计期间增加的存货，要依据会计凭证，依次记入存货明细账及其总账，但对各个会计期间销售或耗用的存货平时不予记录。会计期末，通过实地盘点，确定存货的期末结存数量，并按一定的存货计价方法确定期末存货的金额，然后通过倒挤的方法确定本会计期间已经销售或耗用存货的数量和金额。

实地盘存制的优点是平时在存货明细账中只记增加的存货数量，不记减少的存货数量，期末根据实地盘点的数量倒挤计算出本期减少的存货数量，一次登记账簿，简化了日常的存货核算工作。其缺点是不能随时了解存货的收发结存情况，不利于日常对存货的计划管理和控制；减少的存货只能月末一次结转，加大了期末核算的工作量；通过期末实地盘点确定结存存货数量倒挤计算减少的存货数量，掩盖了存货管理中出现的自然和人为损耗因素，从而可能导致成本资料不真实。

［例11-26］某事业单位甲存货的期初结存及购进和发出的资料如下：

4月1日，结存100千克，单价200元，金额20 000元；

4月6日，发出80千克；

4月15日，购进300千克，单价200元，金额60 000元；

4月18日，发出250千克；

4月22日，购进250千克，单价200元，金额50 000元；

4月28日，发出220千克。

4月30日盘点，该种存货的结存数量为90千克。采用实地盘存制，登记存货明细账（见表11-2）。

表11-2 存货明细账

计量单位：千克

品名：甲存货 金额单位：元

20××年		凭证		摘要	收入			发出			结存		
月	日	字	号		数量	单价	金额	数量	单价	金额	数量	单价	金额
4	1			期初结存							100	200	20 000
4	15			购进	300	200	60 000						
4	22			购进	250	200	50 000						
4	30			盘点							90	200	18 000
4	30			发出成本				560	200	112 000			
4	30			合计	550	200	110 000	560	200	112 000	90	200	18 000

通过例11-26可以看出，采用实地盘存制，平时只记录购进的数量和成本，不记录发出的数量、金额，可以简化存货的核算工作，但不能从账面上随时反映存货的收入、发出和结存情况，只能通过定期盘点，计算、结转发出存货的成本。由于倒挤发出存货的成本，使结转的发出成本中可能包含非正常耗用的成本，从而不利于存货的管理。如在本例中，领料单上实际发出存货是550千克（80+250+220），金额应为110 000元，但采用实地盘存制，计算发出存货数量多出了10千克，把非正常原因减少的10千克存货也计入了正常耗用，使正常支出增加了2 000元。

2.永续盘存制

永续盘存制又称“账面盘存制”，是指事业单位在每个会计期间所增加、减少的存货，都要根据存货收发的凭证，依次记入存货明细账，对存货的增减变动进行连续记录，随时在存货明细账中结出存货的结存数量。在这种方法下，存货明细账中的收入数量和金额可以根据收入存货的原始记录进行登记，发出数量和金额可以根据发出存货的原始记录进行登记，在每次收发存货以后，要随时结出存货的数量。存货明细账中是否随时登记发出和结存存货的金额，应根据事业单位采取的期末存货的计价方法而定。在会计实务中，一般都在会计期末通过期末存货的计价，集中计算和结转本会计期已经销售或已经耗用的存货成本。无论事业单位采用何种存货计价方法，都能在每次收发存货以后，在存货明细账中及时结出存货的结存数量。

永续盘存制的优点是可以随时了解存货的收发结存情况，缺点是核算工作较繁琐。应用永续盘存制，要求按存货的品名及型号设置明细分类账，以反映每种品名及型号存货的收入、发出和结余的数量和金额。有了这种明细记录，一方面可据以同存货总分类账相互核对，以便在它们之间保持数量和金额上的勾稽关系，增强存货核算的正确性；另一方面也便于存货的管理和控制，可以弥补实地盘存制的缺陷。

［例11-27］续例11-26，采用永续盘存制登记存货明细账（见表11-3）。

表11-3 **存货明细账**

计量单位：千克

品名：甲存货 金额单位：元

20××年		凭证		摘要	收入			发出			结存		
月	日	字	号		数量	单价	金额	数量	单价	金额	数量	单价	金额
4	1			期初结存							100	200	20 000
4	6			发出				80	200	16 000	20	200	4 000
4	15			购进	300	200	60 000				320	200	64 000
4	18			发出				250	200	50 000	70	200	14 000
4	22			购进	250	200	50 000				320	200	6 400
4	28			发出				220	200	44 000	100	200	20 000
4	30			本期发生额及余额	550	200	110 000	550	200	110 000	100	200	20 000

上述甲存货若期末盘点数是90千克，盘亏的10千克不能简单计入正常支出，应查明盘亏的原因，再进行相应的处理。

（三）存货的计价

存货的计价是指对收入存货、发出存货及结存存货价值的计量，它是事业单位存货核算的关键。

1.存货入账价值的确定

存货应按取得时的实际成本入账。事业单位取得存货的实际成本不同，入账价值也有所不同：

购入的存货，按买价、采购费用和按规定应计入成本的税金及其他费用入账。

自制存货，按自制过程的各项实际支出入账。

委托加工的存货，按实际耗用的存货成本、加工费、运杂费及按规定应计入成本的税金入账。

盘盈的存货，按同类或类似存货的市场价格入账。

2.发出存货的计价方法

按现行会计制度规定，事业单位发出存货可以根据实际情况选择先进先出法、加权平均法等方法确定其实际成本。

（1）先进先出法。先进先出法是以先购进的存货先发出为前提，并根据这一前提下的成本流转顺序，对发出存货和期末结存的存货进行计价的方法。采用这种计价方法，收到存货时要逐笔登记每一次收到的存货数量、单价和金额；发出时，按先进先出的原则确定单价，逐笔登记存货的发出金额和结存金额。

［例11-28］某事业单位发出存货采用先进先出法，期初库存乙存货500千克，单价为2元，金额为1 000元，本期乙存货收发情况见表11-4。

表11-4 存货明细账

计量单位：千克

品名：乙存货 金额单位：元

20××年		凭证		摘要	收入			发出			结存		
月	日	字	号		数量	单价	金额	数量	单价	金额	数量	单价	金额
5	1			期初结存							500	2.00	1 000
5	5			领用				200	2.00	400	300	2.00	600
5	8			购入	400	1.80	720				300 400	2.00 1.80	600 720
5	14			领用				300 200	2.00 1.80	600 360	200	1.80	360
5	19			购入	600	1.90	1 140				200 600	1.80 1.90	360 1 140
5	22			领用				200 500	1.80 1.90	360 950	100	1.90	190
5	27			购入	500	2.00	1 000				100 500	1.90 2.00	190 1 000
5	31			合计	1 500		2 860	1 400		2 670	100 500	1.90 2.00	190 1 000

（2）加权平均法。它是以本期期初累计的库存存货总金额与本期收入的存货总金额之和，除以期初库存存货总数量与本期收入的存货总数量之和，求得存货加权平均单位成本，作为发出存货的单位成本的方法。采用这种方法，可以在每期期末根据存货明细分类账有关数字计算出加权平均单价后，求出发出和结存存货金额。因此，计价工作一般要在期末进行。其计算公式如下：

$$加权平均单价=\frac{期初结存金额+本期收入存货金额}{期初结存数量+本期收入数量}$$

期末存货成本=加权平均单价×期末结存数量

本期发出存货成本=期初存货成本+本期收入存货成本-期末存货成本

或 =加权平均单价×本期发出数量

［例11-29］根据例11-28的资料，用加权平均法计算本期发出乙存货实际成本和期末结存乙存货实际成本如下：

$$加权平均单价=\frac{1\,000+2\,860}{500+1\,500}=1.93（元/千克）$$

本期发出乙存货实际成本=1 400×1.93=2 702（元）

期末结存乙存货实际成本=600×1.93=1 158（元）

（四）存货的核算

事业单位应设置“存货”账户，用来核算存货的收入、发出和结存情况。它属于资产类账户，借方登记外购验收入库存货的成本，贷方登记发出、领用、对外销售、盘亏、毁损等各种原因而减少的存货成本，期末余额在借方，反映期末结存存货的成本。该账户应按存货的种类、规格、保管地点等进行明细核算。存货明细账的格式采用数量金额式，既提供数量指标，又提供金额指标。

会计部门的总账应和存货保管部门的明细账定期核对，以便从金额和数量两个方面来加强对存货的控制。

1.购入存货的核算

事业单位购入存货时，应根据原始单据验收无误后，在原始单据上加盖“验收合格”戳记和验收人的签章，并填制“入库单”，其中一份由存货保管部门据以登记存货明细账，另一份连同购入的原始单据一并送会计部门报账。会计部门对存货保管部门送来的凭证单据审核无误后，凭以做存货收入的核算。

购入的存货验收入库，按确定的成本，借记“存货”账户，贷记“银行存款”“应付账款”“财政补助收入”“零余额账户用款额度”等账户。

属于增值税一般纳税人的事业单位购入非自用材料的，按确定的成本（不含增值税进项税额），借记“存货”账户，按增值税专用发票上注明的增值税税额，借记“应缴税费——应交增值税（进项税额）”账户，按实际支付或应付的金额，贷记“银行存款”“应付账款”等账户。

[例11-30] 某事业单位属于一般纳税人，购入生产用甲材料200千克，单价为100元，取得的增值税专用发票上注明的价款为20 000元，增值税税额为3 400元，款项已通过银行付讫，材料已验收入库。根据相关凭证，编制会计分录如下：

借：存货——甲材料　　20 000
　　应缴税费——应交增值税（进项税额）　　3 400
　贷：银行存款　　23 400

如果款项是通过零余额账户用财政资金支付的，编制会计分录如下：

借：存货——甲材料　　20 000
　　应缴税费——应交增值税（进项税额）　　3 400
　贷：零余额账户用款额度　　23 400

如果该事业单位为小规模纳税人，则根据相关凭证，编制会计分录如下：

借：存货——甲材料　　23 400
　贷：银行存款　　23 400

如果款项是通过零余额账户用财政资金支付的，编制会计分录如下：

借：存货——甲材料　　23 400
　贷：零余额账户用款额度　　23 400

[例11-31] 某事业单位属于一般纳税人，购入自用水电维修用材料1 500千克，单价为20元，增值税税额为5 100元，价税合计35 100元，通过银行付讫，材料已验收入库。根据相关凭证，编制会计分录如下：

借：存货——维修材料　　35 100
　贷：银行存款　　35 100

如果款项是通过零余额账户用财政资金支付的，编制会计分录如下：

借：存货——维修材料　　35 100
　贷：零余额账户用款额度　　35 100

[例11-32] 某事业单位是小规模纳税人，从外地购入一批办公用打印纸，价格为5 000元，增值税税额为850元。打印纸已验收入库，款项未付。根据相关凭证，编制会计分录如下：

借：存货——办公用品 5 850

贷：应付账款 5 850

2.发出存货的核算

事业单位发出存货时，由领用部门填写“存货领用单”，写明存货品名、规格、数量和用途，向存货管理部门领取。存货管理部门发出存货后，在“存货领用单”上加盖“付讫”戳记，并登记存货明细账。

存货领用出库时，借记“事业支出”“经营支出”等账户，贷记“存货”账户。

［例11-33］某事业单位为从事产品生产的事业单位，领用材料成本为25 600元。根据相关凭证，编制会计分录如下：

借：存货——生产成本 25 600

贷：存货——材料 25 600

［例11-34］某事业单位为不从事产品生产的事业单位，为维修设备领用材料，成本为4 600元。根据相关凭证，编制会计分录如下：

借：事业支出 4 600

贷：存货——材料 4 600

3.加工存货的核算

有的事业单位可以自行购置材料，加工生产产品。产成品作为存货的一种，是指从事产品生产的、已经完成全部生产工序并已验收入库的产品。从事产品生产的事业单位必须加强产成品的管理，建立健全产成品内部控制的制度，做好产成品的核算工作。为此，要在建立健全产成品收发、保管责任制的基础上，认真执行产成品收发凭证的填制和审核程序，正确计价，设置账簿，进行产成品的总分类核算和明细分类核算并确保账账相符、账实相符。

事业单位应在“存货”账户下设置“产成品”明细账，用来核算从事产品生产的事业单位库存的各种产成品实际成本的增减变动及结存情况。

［例11-35］某从事产品生产的事业单位发生如下业务：

（1）生产A产品领用甲材料80 000元，B产品领用乙材料60 000元。根据相关凭证，编制会计分录如下：

借：存货——生产成本——A产品 80 000

——B产品 60 000

贷：存货——甲材料 80 000

——乙材料 60 000

（2）分配产品生产人员工资，其中A产品生产工人工资为50 000元，B产品生产工人工资为30 000元。根据相关凭证，编制会计分录如下：

借：存货——生产成本——A产品 50 000

——B产品 30 000

贷：应付职工薪酬——A产品 50 000

——B产品 30 000

（3）以自有资金支付生产耗用电费，其中A产品生产负担2 600元，B产品生产负担1 500元。根据相关凭证，编制会计分录如下：

借：存货——生产成本——A产品 2 600

——B产品 1 500

贷：银行存款 4 100

（4）结转完工并验收入库的A产品的生产成本为132 600元，B产品的生产成本为91 500元。根据相关凭证，编制会计分录如下：

借：存货——A产品 132 600

——B产品 91 500

贷：存货——生产成本——A产品 132 600

——B产品 91 500

（5）结转已经销售发出的产品的实际成本计101 000元，其中A产品的生产成本为65 000元，B产品的生产成本为36 000元。根据相关凭证，编制会计分录如下：

借：经营支出 101 000

贷：存货——A产品 65 000

——B产品 36 000

发出销售产成品实际成本的计算，可具体采用先进先出法、加权平均法等方法。

（五）存货清查的核算

事业单位为了如实反映存货库存情况，对存货应定期进行清查盘点。每年年终，应当全面清查一次。存货清查后，如果实存数与账存数一致，账实相符，不必进行核算。如果实存数大于账存数，称为盘盈；如果实存数小于账存数，称为盘亏。不论是盘盈还是盘亏，都需要调整存货的账户记录，使账存数与实存数一致，保证账实相符。

对于发生的存货盘盈、盘亏或者报废、毁损，应当及时查明原因，按规定报经批准后进行账务处理。

盘盈的存货，按照同类或类似存货的实际成本或市场价格确定入账价值；同类或类似存货的实际成本、市场价格均无法可靠取得的，按照名义金额入账，借记“存货”账户，贷记“其他收入”账户。

盘亏或者毁损、报废的存货，转入待处置资产时，按照待处置存货的账面余额，借记“待处置资产损溢”账户，贷记“存货”账户。

属于增值税一般纳税人的事业单位购进的非自用材料发生盘亏或者毁损、报废的，转入待处置资产时，按照存货的账面余额与相关增值税进项税额转出的合计金额，借记“待处置资产损溢”账户，按存货的账面余额，贷记“存货”账户，按相关增值税进项税额转出的合计金额，贷记“应缴税费——应交增值税（进项税额转出）”账户。

报经批准予以处置时，按照“待处置资产损溢”账户的相应余额，借记“其他支出”账户，贷记“待处置资产损溢”账户。

[例11-36] 某事业单位不属于一般纳税人，年终盘点时发现事业用A材料盘亏100千克，单价为20元，共计2 000元；经营用B材料盘盈150千克，单价为10元，共1 500元。经查属合理损耗和溢出。

（1）经营用B材料盘盈1 500元，根据相关凭证，编制会计分录如下：

借：存货——B材料 1 500

贷：其他收入 1 500

（2）事业用A材料盘亏2 000元，转入待处置资产。根据相关凭证，编制会计分录如下：

借：待处置资产损溢 2 000

贷：存货——A材料 2 000

（3）上述盘亏A材料经批准予以处置。根据相关凭证，编制会计分录如下：

借：其他支出 2 000

贷：待处置资产损溢 2 000

［例11-37］某事业单位属于一般纳税人，年终盘点时发现事业用A材料盘亏10件，每件成本为100元，该批材料的增值税进项税额为170元，系自然灾害损失。

（1）事业用A材料转入待处置资产。根据相关凭证，编制会计分录如下：

借：待处置资产损溢 1 170

贷：存货——A材料 1 000

应缴税费——应交增值税（进项税额转出） 170

（2）上述盘亏A材料经批准予以处置。根据相关凭证，编制会计分录如下：

借：其他支出 1 170

贷：待处置资产损溢 1 170

有财政拨款的事业单位年底前要分析存货形成的资金来源，如果是财政补助或非财政专项资金形成的，要注意及时领用，否则可能会影响资金结转，从而影响预算资金执行进度。

第二节 事业单位对外投资

一、事业单位对外投资的种类

事业单位对外投资是指利用货币资金、实物或无形资产等方式向其他单位的投资。其目的是将暂时闲置的资金投资于有价证券或其他方面，以获取一定的投资报酬。

事业单位对外投资按投资对象的不同，可分为债券投资和其他投资。债券投资是指事业单位以购买各种债券的形式而进行的对外投资，包括认购国库券、公司债券、金融债券等；其他投资是指事业单位以货币资金、实物或无形资产等方式与其他单位共同出资组成合资或者联营实体的对外投资。

事业单位对外投资按投资性质的不同，可分为债权性投资和权益性投资。债权性投资是指事业单位通过投资取得被投资单位的债权，从而与被投资单位形成债权债务关系的投资，如购买各种债券等。其特点是投资风险小，有固定的偿还期限和利息收入。权益性投资是指事业单位通过投资取得被投资单位相应份额的所有权，从而与被投资单位形成所有权关系的投资，如通过合同、协议等方式向合资、联营单位进行投资。其特点是在投资合同、协议未到期之前不能随意收回投资，投资风险较大，投资收益不固定。

事业单位对外投资按投资回收期限的不同，可分为短期投资和长期投资。短期投资是指持有时间不超过1年（含1年）的投资，主要是国债投资。长期投资是指持有时间超过1年（不含1年）的股权和债权性质的投资。

事业单位应当严格遵守国家法律、行政法规以及财政部门、主管部门有关事业单位对外投资的规定。

事业单位对外投资的计价，应按下列原则确定：

（1）以货币资金对外投资，按实际支付的款项计价。

（2）以实物或无形资产对外投资，按评估或合同、协议确认的价值计价。

（3）购买债券，按实际支付的款项计价，实际支付的款项包括买价、经纪人佣金、手续费用等。

二、事业单位短期投资的核算

事业单位短期投资是指事业单位依法取得的，持有时间不超过1年（含1年）的投资。事业单位短期投资主要为用自有资金投资短期国债。

事业单位应设置“短期投资”账户，用来核算持有时间不超过1年（含1年）的投资的形成以及投资的收回情况。它属于资产类账户，借方登记短期投资实际支付的成本（包括购买价款以及税金、手续费等相关税费），贷方登记到期收回的本金及出售时收回的成本，余额在借方，反映期末结存的短期投资成本。该账户应按照国债投资的种类等进行明细核算。

［例11-38］某事业单位用自有资金购买短期国债100 000元。根据相关凭证，编制会计分录如下：

借：短期投资	100 000	
贷：银行存款		100 000

［例11-39］某事业单位收到持有的短期国债利息4 000元。根据相关凭证，编制会计分录如下：

借：银行存款	4 000	
贷：其他收入——投资收益		4 000

［例11-40］某事业单位到期收回短期国债本金100 000元，利息4 000元。根据相关凭证，编制会计分录如下：

借：银行存款	104 000	
贷：短期投资		100 000
其他收入——投资收益		4 000

三、事业单位长期投资的核算

事业单位长期投资是指事业单位依法取得的，持有时间超过1年（不含1年）的股权和债权性质的投资。

事业单位应设置“长期投资”账户，用来核算各类长期投资的形成以及投资的收回情况。它属于资产类账户，借方登记长期投资实际支付的价款及其他投资按评估或合同、协议确认的价值，贷方登记到期收回的本金及出售时收回的成本，余额在借方，反映期末结存的长期投资成本。该账户应当按照长期投资的种类和被投资单位等进行明细核算。

（一）债券投资的核算

1.购入债券

事业单位以购入债券的形式对外长期投资，应按实际支付的价款，借记“长期投资——债券投资”账户，贷记“银行存款”等账户；同时，借记“事业基金——一般基金”账户，贷记“非流动资产基金——长期投资”账户。

［例11-41］某事业单位年初购入某股份有限公司发行的债券，债券面值为50 000元，期限为3年，年利率为6%，每年支付一次利息，购入价格为50 000元。根据相关凭证，编制会计分录如下：

借：长期投资——债券投资 50 000
　贷：银行存款 50 000

同时：

借：事业基金——一般基金 50 000
　贷：非流动资产基金——长期投资 50 000

2.收取利息

债券投资持有期内收到的利息应当计入当期收入，借记“银行存款”账户，贷记“其他收入——投资收益”账户。

［例11-42］续例11-41，年底收到当年债券利息3 000元。根据相关凭证，编制会计分录如下：

借：银行存款 3 000
　贷：其他收入——投资收益 3 000

3.债券投资的转让

事业单位转让债券及到期兑付的债券本金，按实际收到的金额，借记“银行存款”账户，按实际成本贷记“长期投资——债券投资”账户。实际金额与账面金额的差额，借记或贷记“其他收入——投资收益”账户。同时，调整事业基金的明细账户。

［例11-43］某事业单位3年前购入的债券到期，收回本金50 000元及当年的利息3 000元，款项存入银行。根据相关凭证，编制会计分录如下：

借：银行存款 53 000
　贷：长期投资——债券投资 50 000
　　其他收入——投资收益 3 000

同时：

借：非流动资产基金——长期投资 50 000
　贷：事业基金——一般基金 50 000

［例11-44］某事业单位将1年前购入的面值为20 000元、购入价为20 800元、年利率为8%的债券，以22 300元的价格出售，款项收妥存入银行。根据相关凭证，编制会计分录如下：

借：银行存款 22 300
　贷：长期投资——债券投资 20 800
　　其他收入——投资收益 1 500

同时：

借：非流动资产基金——长期投资 20 800
　贷：事业基金——一般基金 20 800

（二）其他投资的核算

其他投资是指事业单位以固定资产、无形资产、材料、产成品等方式进行的投资。事业单位的其他投资通过“长期投资——其他投资”账户核算。

1.以货币资金对外投资

事业单位以货币资金对外投资时，按实际支付的货币，借记“长期投资”账户，贷记“银行存款”账户；同时借记“事业基金——一般基金”账户，贷记“非流动资产基金——长期投资”账户。

[例11-45] 某事业单位用银行存款500 000元出资与某单位合资兴办一企业。根据相关凭证，编制会计分录如下：

借：长期投资——其他投资　500 000
　贷：银行存款　500 000

同时：

借：事业基金——一般基金　500 000
　贷：非流动资产基金——长期投资　500 000

2.以固定资产对外投资

事业单位向其他单位投资转出固定资产，应按评估或合同、协议确认的价值，借记“长期投资——其他投资”账户，贷记“非流动资产基金——长期投资”账户；同时按固定资产账面原价，借记“非流动资产基金——固定资产”账户，贷记“固定资产”账户。

[例11-46] 某事业单位以一栋账面原值为1 200 000元的房屋作价出资，与其他单位合资兴办一企业，该房屋经资产评估机构评估确认的价值为1 800 000元。根据相关凭证，编制会计分录如下：

借：长期投资——其他投资　1 800 000
　贷：非流动资产基金——长期投资　1 800 000

同时：

借：非流动资产基金——固定资产　1 200 000
　贷：固定资产　1 200 000

[例11-47] 某事业单以一套账面原值为200 000元、已折旧60 000元的设备，投资到一家合作企业，该设备经资产评估机构评估确认价值为160 000元。根据相关凭证，编制会计分录如下：

借：长期投资——其他投资　160 000
　贷：非流动资产基金——长期投资　160 000

同时：

借：非流动资产基金——固定资产　140 000
　　累计折旧　60 000
　贷：固定资产　200 000

3.以无形资产对外投资

事业单位向其他单位投出的无形资产，按双方确定的价值，借记“长期投资——其他投资”账户，贷记“非流动资产基金——长期投资”账户；同时按无形资产账面原价，借记“非流动资产基金——无形资产”账户，贷记“无形资产”账户。

[例11-48] 某事业单位以一项账面价值为68 000元、已摊销10 000元的专利权对某公司进行投资。该专利权经双方协议作价52 000元。根据相关凭证，编制会计分录如下：

借：长期投资——其他投资　52 000

　　贷：非流动资产基金——长期投资　　52 000

同时：

借：非流动资产基金——无形资产　　58 000

　　累计摊销　　10 000

　　贷：无形资产——专利权　　68 000

4.以存货中的材料对外投资

事业单位向其他单位投资转出存货中的材料，其核算分以下两种情况：

第一种情况，事业单位属于一般纳税人，向其他单位以存货中的材料对外投资时，按合同协议确定的价值，借记“长期投资——其他投资”账户，按存货中的材料账面价值(不含增值税)，贷记“存货”账户，按增值税税额，贷记“应缴税费——应交增值税（销项税额）”账户，按合同协议确定的价值与存货中的材料账面价值和应交增值税销项税额的差额，借记或贷记“非流动资产基金——长期投资”账户；同时按存货中的材料账面价值，借记“事业基金——一般基金”账户，贷记“非流动资产基金——长期投资”账户。

[例11-49] 某事业单位为一般纳税人，以一批材料向某公司投资。该批材料的账面成本为90 000元，双方协议价值为100 000元，增值税税率为17%。根据相关凭证，编制会计分录如下：

借：长期投资——其他投资　　100 000

　　非流动资产基金——长期投资　　7 000

　　贷：存货　　90 000

　　　　应缴税费——应交增值税（销项税额）　　17 000

同时：

借：事业基金——一般基金　　107 000

　　贷：非流动资产基金——长期投资　　107 000

第二种情况，事业单位属于小规模纳税人，向其他单位以存货中的材料对外投资时，按合同协议确定的价值，借记“长期投资——其他投资”账户，按存货中的材料账面价值(含增值税)，贷记“存货”账户，按合同协议确定的价值与存货中的材料账面价值的差额，借记或贷记“非流动资产基金——长期投资”账户；同时，按存货中的材料账面价值，借记“事业基金——一般基金”账户，贷记“非流动资产基金——长期投资”账户。

[例11-50] 某事业单位为小规模纳税人，以一批材料向某公司投资。该批材料的账面价值（含税）为23 400元，合同确认的价值为22 000元。根据相关凭证，编制会计分录如下：

借：长期投资——其他投资　　22 000

　　非流动资产基金——长期投资　　1 400

　　贷：存货　　23 400

同时：

借：事业基金——一般基金　　23 400

　　贷：非流动资产基金——长期投资　　23 400

5.以存货中的产成品对外投资

事业单位向其他单位投资转出存货中的产成品，按合同协议确定的价值，借记“长期投资——其他投资”账户，按存货中的产成品账面价值，贷记“存货”账户，按增值税税额，贷记“应缴税费——应交增值税（销项税额）”账户，按合同协议确定的价值与存货中的产成品账面价值和应交增值税销项税额的差额，借记或贷记“非流动资产基金——长期投资”账户；同时按存货中的产成品账面价值，借记“事业基金——一般基金”账户，贷记“非流动资产基金——长期投资”账户。

［例11-51］某事业单位为一般纳税人，以一批自产的产成品向某公司投资。该批产成品的账面成本为120 000元，双方协议价值为150 000元，增值税税率为17%。根据相关凭证，编制会计分录如下：

借：长期投资——其他投资	150 000	
贷：存货		120 000
应缴税费——应交增值税（销项税额）		25 500
非流动资产基金——长期投资		4 500

同时：

借：事业基金——一般基金	120 000	
贷：非流动资产基金——长期投资		120 000

第三节 事业单位固定资产

事业单位的固定资产是指事业单位持有的使用年限在1年以上、单位价值在规定标准以上，并在使用过程中保持原来物质形态的资产，包括房屋和建筑物，专用设备，通用设备，文物和陈列品，图书、档案，家具、用具、装具及动植物等。

事业单位的固定资产必须同时具备两个条件：一是使用年限在1年以上；二是单位价值在规定标准以上。按现行财务制度规定，事业单位的固定资产，一般设备单位价值在1 000元以上，专用设备单位价值在1 500元以上。单位价值虽未达到规定标准，但是使用年限在1年以上的大批同类物资，作为固定资产管理。

一、事业单位固定资产的分类

事业单位的固定资产是事业单位开展业务及其他活动的重要物质条件，其种类繁多、规格不一，为了加强固定资产管理，正确进行固定资产核算，必须对固定资产进行科学、合理的分类。事业单位的固定资产按其性质和使用情况，一般分为以下6类：

（1）房屋和建筑物，是指事业单位拥有占有权和使用权的房屋、建筑物及其附属设施。其中，房屋包括办公用房、业务用房、库房、职工宿舍用房、职工食堂、锅炉房等；建筑物包括道路、围墙、水塔等；附属设施包括房屋、建筑物内的电梯、通信线路、输电线路、水气管道等。

（2）专用设备，是指事业单位根据业务工作的实际需要购置的各种具有专门性能和专门用途的设备，如学校的教学仪器、科研单位的科研仪器、医院的医疗器械等。

（3）通用设备，是指事业单位用于业务工作的通用性设备，如交通工具等。

（4）文物和陈列品，是指博物馆、展览馆、纪念馆等文化事业单位的各种文物或陈列品，如古物、字画、纪念品等。

（5）图书、档案，是指专业图书馆、文化馆贮藏的书籍，以及事业单位贮藏的统一管理使用的业务用书，如单位图书馆（室）、阅览室的图书等。

（6）家具、用具、装具及动植物，是指事业单位用于业务工作的办公用的家具、用具及以上各类未包含的固定资产。

二、事业单位固定资产的计价

事业单位的固定资产应当按取得的实际成本入账。事业单位因不同原因增加的固定资产，实际成本的构成不尽相同，具体按下列规定的价值入账：

（1）购入、调入的固定资产，按照实际支付的买价和调拨价及运杂费、安装费、途中保险费等入账。购置车辆按规定支付的车辆购置附加费计入购价之内。

（2）自制的固定资产，按建造过程中发生的全部支出入账。

（3）在原有固定资产基础上进行改建、扩建的固定资产，应按改建、扩建发生的支出减去改建、扩建过程中的变价收入后的净增加值，增计固定资产。

（4）接受捐赠的固定资产，按照同类固定资产的市场价格或根据所提供的有关凭据记账。接受固定资产时发生的各项费用，应当计入固定资产价值。

（5）融资租入固定资产，按租赁协议确定的设备价款、运输费、途中保险费、安装调试费等支出入账。

（6）盘盈的固定资产，按照同类或类似固定资产的市场价格确定入账价值；同类或类似固定资产的市场价格无法可靠取得的，按照名义金额入账。

（7）已投入使用但尚未办理移交手续的固定资产，可先按估计价值入账，待确定实际价值后，再进行调整。

事业单位在确定固定资产的入账价值时应注意以下3点：

（1）固定资产借款利息和有关费用，以及外币借款的汇兑差额，在固定资产办理竣工决算之前发生的，计入固定资产价值；在竣工决算之后发生的，计入当期支出或费用。

（2）购置固定资产过程中发生的差旅费不计入固定资产价值。

（3）投资者投入的固定资产，按照评估或者合同、协议确认的价值计价。

三、事业单位固定资产增加的核算

事业单位应设置“固定资产”账户，用来核算固定资产原价的增减变化及结存情况。它属于资产类账户，借方登记增加的固定资产原价，贷方登记减少的固定资产原价，期末余额在借方，反映期末结存的固定资产原价。为了反映固定资产的详细资料，应设置固定资产卡片和固定资产登记簿，按固定资产类别、使用部门和项目进行明细分类核算。

固定资产卡片是进行固定资产明细核算的账簿。事业单位应为每一个独立的固定资产项目设置一张卡片，卡片上载明该固定资产的编号、名称、规格、主要技术参数、使用单位、开始使用日期、原价、预计使用年限、停用记录、修理记录等。固定资产卡片按类别保管，每类内按使用单位顺序排列，以便查找。

固定资产登记簿应按固定资产类别开设账页，每个账页内按使用单位设专栏。年初分别按固定资产增加或减少的日期序时登记，反映各类、各部门固定资产原值的增减变动。固定资产卡片、固定资产登记簿和“固定资产”总账的余额要定期核对。

临时租入的固定资产，应另设固定资产备查簿进行登记，不在本账户内核算。

事业单位还应设置“非流动资产基金——固定资产”账户，用来核算事业单位因购入、自制、调入、融资租入、接受投资、接受捐赠等方式增加固定资产形成的基金。它属于净资产类账户，借方登记“非流动资产基金——固定资产”账户的减少数，贷方登记“非流动资产基金——固定资产”账户的增加数，期末余额在贷方，反映固定资产基金的实存数。

（一）购入固定资产的核算

（1）事业单位购置固定资产时，应按资金来源分别借记“事业支出”“经营支出”“专用基金——修购基金”等账户，贷记“银行存款”等账户；同时，借记“固定资产”账户，贷记“非流动资产基金——固定资产”账户。

［例11-52］某事业单位用自有资金购入3台不需要安装的手提电脑，价款总计为13 000元，以银行存款支付。根据相关凭证，编制会计分录如下：

借：事业支出——其他资金支出——基本支出——设备购置费　13 000
　贷：银行存款　13 000
同时：
借：固定资产　13 000
　贷：非流动资产基金——固定资产　13 000

如果款项是通过零余额账户用财政资金支付的，编制会计分录如下：

借：事业支出——财政补助支出——基本支出——设备购置费　13 000
　贷：零余额账户用款额度　13 000
同时：
借：固定资产　13 000
　贷：非流动资产基金——固定资产　13 000

［例11-53］某事业单位用上级拨入的非财政专项资金购置设备一台，价值为52 000元，以银行存款支付。根据相关凭证，编制会计分录如下：

借：事业支出——非财政专项资金支出——设备购置费　52 000
　贷：银行存款　52 000
同时：
借：固定资产　52 000
　贷：非流动资产基金——固定资产　52 000

［例11-54］某事业单位用固定资产残值的变价收入款购入一台激光打印机，价款为3 800元，以银行存款支付。根据相关凭证，编制会计分录如下：

借：专用基金——修购基金　3 800
　贷：银行存款　3 800
同时：
借：固定资产　3 800
　贷：非流动资产基金——固定资产　3 800

（2）事业单位购入需要安装的固定资产，先通过“在建工程”账户核算。安装完工交付使用时，借记“固定资产”账户，贷记“非流动资产基金——固定资产”账户；同时，借记“非流动资产基金——在建工程”账户，贷记“在建工程”账户。

［例11-55］某事业单位用财政资金购入一台需要安装的设备，通过零余额账户支付设备款68 000元。根据相关凭证，编制会计分录如下：

借：事业支出——财政补助支出——基本支出——设备购置费　68 000

　贷：零余额账户用款额度　68 000

同时：

借：在建工程——设备安装工程　68 000

　贷：非流动资产基金——在建工程　68 000

［例11-56］续例11-55，该事业单位通过零余额账户用财政资金支付上述设备的安装费3 000元。根据相关凭证，编制会计分录如下：

借：事业支出——财政补助支出——基本支出——设备购置费　3 000

　贷：零余额账户用款额度　3 000

同时：

借：在建工程——设备安装工程　3 000

　贷：非流动资产基金——在建工程　3 000

［例11-57］续例11-55和例11-56，上述设备安装完工，经验收交付使用。根据相关凭证，编制会计分录如下：

借：固定资产　71 000

　贷：非流动资产基金——固定资产　71 000

同时：

借：非流动资产基金——在建工程　71 000

　贷：在建工程——设备安装工程　71 000

（二）自行建造的固定资产的核算

事业单位自行建造的固定资产，其成本包括建造该项资产至交付使用前所发生的全部必要支出。工程完工交付使用时，按自行建造过程中发生的实际支出，借记“固定资产”账户，贷记“非流动资产基金——固定资产”账户；同时，借记“非流动资产基金——在建工程”账户，贷记“在建工程”账户。已交付使用但尚未办理竣工决算手续的固定资产，按照估计价值入账，待确定实际成本后再进行调整。

［例11-58］某事业单位用自有资金自行建造的一栋房屋完工验收交付使用，建设成本为8 000 000元。根据相关凭证，编制会计分录如下：

借：固定资产　8 000 000

　贷：非流动资产基金——固定资产　8 000 000

同时：

借：非流动资产基金——在建工程　8 000 000

　贷：在建工程——基建工程　8 000 000

（三）融资租入固定资产的核算

事业单位以融资租入的方式租入固定资产，按租赁协议确定的设备价款、运输费、途中保险费、安装调试费等费用借记“固定资产”账户（不需要安装）或“在建工程”账户（需要安装），贷记“长期应付款”账户，按照其差额，贷记“非流动资产基金——固定资产（或在建工程）”账户。同时，按照实际支付的相关税费、运输费、途中保险费、安装调试费等，借记“事业支出”“经营支出”等账户，贷记“财政补助收入”“零余额账户用款额度”“银行存款”等账户。

定期支付租金时，按照支付的租金金额，借记“事业支出”“经营支出”等账户，贷记“财政补助收入”“零余额账户用款额度”“银行存款”等账户；同时，借记“长期应付款”账户，贷记“非流动资产基金——固定资产”账户。

［例11-59］某事业单位以融资方式租入设备一台，按租赁协议规定，设备的价款为100 000元，租期为5年，每年支付租金20 000元。另外以自由资金银行存款支付运输费2 000元、途中保险费1 000元、安装调试费7 000元。设备安装调试完毕并交付使用。

（1）租入固定资产时，根据相关凭证，编制会计分录如下：

借：固定资产——融资租入固定资产　　110 000

　贷：长期应付款　　100 000

　　　非流动资产基金——固定资产　　10 000

同时，支付运输费、保险费、安装调试费等时，编制会计分录如下：

借：事业支出——其他资金支出——基本支出——设备购置费　　10 000

　贷：银行存款　　10 000

（2）每年支付租金时，根据相关凭证，编制会计分录如下：

借：事业支出——其他资金支出——基本支出——设备购置费　　20 000

　贷：银行存款　　20 000

同时：

借：长期应付款　　20 000

　贷：非流动资产基金——固定资产　　20 000

（四）接受捐赠、无偿调入固定资产的核算

事业单位收到捐赠、无偿调入固定资产时，根据捐赠者提供的有关单据或按同类固定资产的市场价格，加上相关税费、运输费等确定入账价值，借记“固定资产”账户（不需要安装）或“在建工程”账户（需要安装），贷记“非流动资产基金——固定资产（或在建工程）”账户；按照发生的相关税费、运输费等，借记“其他支出”账户，贷记“银行存款”等账户。

［例11-60］某事业单位接受外商捐赠的一辆小汽车，其发票等单据记载的价值为250 000元，另外以自有资金银行存款支付运输费3 000元。根据相关凭证，编制会计分录如下：

借：固定资产　　253 000

　贷：非流动资产基金——固定资产　　253 000

借：其他支出　　3 000

　贷：银行存款　　3 000

四、事业单位固定资产折旧的核算

（一）固定资产折旧的要求

事业单位固定资产折旧是指在固定资产使用寿命内，按照确定的方法对应折旧金额进行系统分摊。事业单位除文物、陈列品、动植物、图书、档案、以名义金额计量的固定资产以外的固定资产，都应计提折旧。

（1）事业单位应当根据固定资产的性质和实际使用情况，合理确定其折旧年限。省级以上财政部门、主管部门对事业单位固定资产折旧年限做出规定的，从其规定。

（2）事业单位一般应当采用年限平均法或工作量法计提固定资产折旧。

（3）事业单位固定资产的应折旧金额为其成本，计提固定资产折旧不考虑预计净残值。

（4）事业单位一般应当按月计提固定资产折旧。当月增加的固定资产，当月不计提折旧，从下月起计提折旧；当月减少的固定资产，当月照计提折旧，从下月起不计提折旧。

（5）固定资产提足折旧后，无论能否继续使用，均不再计提折旧；提前报废的固定资产，也不再补提折旧。已提足折旧的固定资产，可以继续使用的，应当继续使用，规范管理。

（6）计提融资租入固定资产折旧时，应当采用与自有固定资产相一致的折旧政策。能够合理确定租赁期届满时将会取得租入固定资产所有权的，应当在租入固定资产尚可使用年限内计提折旧；无法合理确定租赁期届满时能够取得租入固定资产所有权的，应当在租赁期与租入固定资产尚可使用年限两者中较短的期间内计提折旧。

（7）固定资产因改建、扩建或修缮等原因而延长其使用年限的，应当按照重新确定的固定资产的成本以及重新确定的折旧年限，重新计算折旧额。

（二）固定资产折旧的核算

事业单位应设置“累计折旧”账户，用来核算事业单位固定资产计提的累计折旧。该账户属于资产类账户，借方登记因固定资产减少而核销的折旧额，贷方登记计提的固定资产折旧额。期末贷方余额，反映事业单位计提的固定资产折旧累计数。事业单位应当按照所对应固定资产的类别、项目等进行明细核算。

按月计提固定资产折旧时，按照应计提折旧金额，借记“非流动资产基金——固定资产”账户，贷记“累计折旧”账户。

［例11-61］某事业单位按月计提固定资产折旧，经计算累计折旧额为26 800元。根据相关凭证，编制会计分录如下：

借：非流动资产基金——固定资产　　26 800

　贷：累计折旧　　26 800

五、事业单位固定资产减少的核算

事业单位固定资产的减少，包括固定资产正常报废、毁损、出售、对外捐赠、无偿调出、投资转出以及盘亏等。发生固定资产减少时，会计部门应认真审核有关凭证，按照有关规定处理。

（一）固定资产报废、毁损的核算

固定资产报废是指固定资产由于长期使用中的有形磨损，并达到规定的使用年限，不能修复继续使用，或者由于技术进步形成的无形磨损，使得必须用新的、更先进的固定资产予以替换旧设备等原因，造成的对原有固定资产按照有关规定进行产权注销的行为。

事业单位因固定资产报废、毁损等原因减少的固定资产，转入待处置资产时，按照待处置固定资产的账面价值，借记“待处置资产损溢”账户，按照已计提折旧，借记“累计折旧”账户，按照固定资产的账面余额，贷记“固定资产”账户。报经批准予以处置时，按照处置固定资产对应的非流动资产基金，借记“非流动资产基金——固定资产”账户，贷记“待处置资产损溢”账户。处置收入扣除相关费用后的净收入，应上缴国库。

[例11-62] 某事业单位一台原值16 500元的设备，累计已提折旧16 000元，因磨损修复后仍不能继续使用，决定予以报废。在清理过程中，取得残值变价收入800元现金已存入银行，以现金支付清理费300元。处置收入扣除相关费用后的净收入，上缴国库。

(1) 转入待处置固定资产。根据相关凭证，编制会计分录如下：

借：待处置资产损溢——处置资产价值　　500
　　累计折旧　　16 000
　贷：固定资产　　16 500

(2) 报经批准予以核销。根据相关凭证，编制会计分录如下：

借：非流动资产基金——固定资产　　500
　贷：待处置资产损溢——处置资产价值　　500

(3) 收回残值变价收入。根据相关凭证，编制会计分录如下：

借：银行存款　　800
　贷：待处置资产损溢——处置净收入　　800

(4) 支付清理费。根据相关凭证，编制会计分录如下：

借：待处置资产损溢——处置净收入　　300
　贷：库存现金　　300

(5) 结算清理净收入应缴国库。根据相关凭证，编制会计分录如下：

借：待处置资产损溢——处置净收入　　500
　贷：应缴国库款　　500

(6) 款项上缴国库。根据相关凭证，编制会计分录如下：

借：应缴国库款　　500
　贷：银行存款　　500

(二) 固定资产出售、无偿调出、对外捐赠的核算

事业单位出售、无偿调出、对外捐赠固定资产，转入待处置资产时，按照待处置固定资产的账面价值，借记“待处置资产损溢”账户，按照已计提折旧，借记“累计折旧”账户，按照固定资产的账面余额，贷记“固定资产”账户。

实际出售、无偿调出、对外捐赠时，按照处置固定资产对应的非流动资产基金，借记“非流动资产基金——固定资产”账户，贷记“待处置资产损溢”账户。处置收入扣除相关费用后的净收入，应上缴国库。

[例11-63] 某事业单位将一台不需用的旧彩色打印机出售，该复印机原值为7 500元，已计提折旧2 000元，售价为6 500元，已通过银行收回价款。取得价款已上缴国库。

(1) 转入待处置固定资产。根据相关凭证，编制会计分录如下：

借：待处置资产损溢——处置资产价值　　5 500
　　累计折旧　　2 000
　贷：固定资产　　7 500

(2) 报经批准予以核销。根据相关凭证，编制会计分录如下：

借：非流动资产基金——固定资产　　5 500
　贷：待处置资产损溢——处置资产价值　　5 500

(3) 收取出售款。根据相关凭证，编制会计分录如下：

借：银行存款 6 500

贷：待处置资产损溢——处置净收入 6 500

(4) 结算出售净收入应上缴国库。根据相关凭证，编制会计分录如下：

借：待处置资产损溢——处置净收入 6 500

贷：应缴国库款 6 500

(5) 款项上缴国库。根据相关凭证，编制会计分录如下：

借：应缴国库款 6 500

贷：银行存款 6 500

(三) 投资转出固定资产的核算

事业单位向其他单位投资转出固定资产，应按照评估价值加上相关税费作为投资成本，借记“长期投资”账户，贷记“非流动资产基金——长期投资”账户，按发生的相关税费，借记“其他支出”账户，贷记“银行存款”“应缴税费”等账户；同时，按照投出固定资产对应的非流动资产基金，借记“非流动资产基金——固定资产”账户，按照投出固定资产已计提折旧，借记“累计折旧”账户，按照投出固定资产的账面余额，贷记“固定资产”账户。

[例 11-64] 某事业单位以一账面原值为50 000元、已计提折旧10 000元的设备向其他单位投资，该设备经双方协商确认的价值为46 000元。根据相关凭证，编制会计分录如下：

借：长期投资——其他投资 46 000

贷：非流动资产基金——长期投资 46 000

同时：

借：非流动资产基金——固定资产 40 000

累计折旧 10 000

贷：固定资产 50 000

六、事业单位固定资产修理和固定资产清查的核算

(一) 固定资产修理的核算

固定资产在使用过程中，由于各个组成部分的耐用程度不同或者使用条件不同，因而往往发生固定资产的局部损坏，为了保持固定资产的正常运转和使用，充分发挥固定资产的使用效能，事业单位必须对固定资产进行必要的维修。事业单位固定资产修理的核算，可分两种情况：

第一种情况是对于经常性日常修理所发生的费用，由于修理费用数额较小，可随支随报。发生日常修理费用时，借记“事业支出”“经营支出”等账户，贷记“库存现金”“银行存款”等账户。

[例 11-65] 某事业单位以银行存款1 320元支付设备的日常维修费。根据相关凭证，编制会计分录如下：

借：事业支出——其他资金支出 1 320

贷：银行存款 1 320

如果款项是通过零余额账户用财政资金支付的，编制会计分录如下：

借：事业支出——财政补助支出 1 320

贷：零余额账户用款额度　　1 320

第二种情况是对于时间间隔长、数额较大的修理费用，可采用先提后用的方式，通过“专用基金——修购基金”账户核算。提取修购基金时，借记“事业支出”“经营支出”等账户，贷记“专用基金——修购基金”账户。发生修理费用时，借记“专用基金——修购基金”账户，贷记“银行存款”等账户。

［例11-66］某事业单位对日常办公用固定资产修理费用采用先提后用的方法，本期按规定的比例提取修购基金2 500元。根据相关凭证，编制会计分录如下：

借：事业支出——其他资金支出　　2 500

　贷：专用基金——修购基金　　2 500

［例11-67］某事业单位以银行存款3 800元支付日常办公用固定资产修理费，该事业单位已提修购基金。根据相关凭证，编制会计分录如下：

借：专用基金——修购基金　　3 800

　贷：银行存款　　3 800

在原有固定资产基础上进行改建、扩建、修缮后的固定资产，转入“在建工程”进行核算。

（二）固定资产清查的核算

事业单位的固定资产应当定期进行清查盘点，每年至少盘点一次。清查时，以财产管理部门为主，由会计部门、资产使用部门和职工代表参加。对清点结果，要写出清查报告，报告单位负责人。

1.固定资产清查的方法

在进行固定资产清查前，首先必须将固定资产全部登记入账，结出余额，并将固定资产总账、分类账、固定资产卡片等进行核对，做到账账相符。对固定资产清查时，要进行账实核对。清查的具体方法一般有以下3种：

（1）账实核对法，即根据固定资产账目与实物进行逐一核对，以查明固定资产实存数量，确保账实相符的一种方法。

（2）抄列实物清单法，即在进行清查时，直接根据单位的固定资产实物，实地逐项登记各种固定资产的品种、数量、价值等，以此查明单位固定资产实存数量的方法。这种方法工作量较大，一般在单位账目不清或有其他特殊原因需要查明实有固定资产数量时采用此种方法。

（3）卡实直接核对法，即在进行固定资产清查时，将固定资产实物与固定资产卡片进行逐项核对，以查明固定资产实物与固定资产卡片是否相符并查明固定资产实有数量的一种方法。

通过清查，对盘盈、盘亏的固定资产应编制“固定资产盘盈、盘亏报告表”，按规定的程序报经批准后，对盘盈固定资产应增设固定资产卡片，对盘亏的固定资产，应注销固定资产卡片，另行归档保存。

2.固定资产盘盈、盘亏的核算

（1）固定资产盘盈的核算。事业单位盘盈的固定资产，按照同类或类似固定资产的市场价格确定入账价值；同类或类似固定资产的市场价格无法可靠取得的，按照名义金额入账。

盘盈的固定资产，按照确定的入账价值，借记“固定资产”账户，贷记“非流动资产基金——固定资产”账户。

［例11-68］某事业单位年终资产清查时，发现一台账外打印机，该打印机当期市场价格是1 600元。根据相关凭证，编制会计分录如下：

借：固定资产　1 600

　贷：非流动资产基金——固定资产　1 600

（2）固定资产盘亏的核算。事业单位因盘亏减少的固定资产，转入待处置资产时，按照待处置固定资产的账面价值，借记“待处置资产损溢”账户，按照已计提折旧，借记“累计折旧”账户，按照固定资产的账面余额，贷记“固定资产”账户。报经批准予以处置时，按照处置固定资产对应的非流动资产基金，借记“非流动资产基金——固定资产”账户，贷记“待处置资产损溢”账户。

［例11-69］某事业单位年终进行固定资产盘点，发现盘亏电视机一台，账面价值为2 800元，已计提折旧1 080元。

①将该固定资产转入处置。根据相关凭证，编制会计分录如下：

借：待处置资产损溢——处置资产价值　1 720

　　累计折旧　1 080

　贷：固定资产　2 800

②经批准对该固定资产进行处置。根据相关凭证，编制会计分录如下：

借：非流动资产基金——固定资产　1 720

　贷：待处置资产损溢——处置资产价值　1 720

七、事业单位在建工程的核算

事业单位在建工程是指事业单位已经发生必要支出，但尚未完工交付使用的各种建筑（包括新建、改建、扩建、修缮等）和设备安装工程。

事业单位应设置“在建工程”账户，用来核算事业单位已经发生必要支出，但尚未完工交付使用的各种建筑（包括新建、改建、扩建、修缮等）和设备安装工程的实际成本。该账户属于资产类账户，借方登记各项工程的实际成本，贷方登记结转已完工工程的实际成本，期末借方余额反映尚未完工工程的实际成本。该账户应当按照工程性质和具体工程项目等进行明细核算。

（一）基本建设项目工程的核算

事业单位的基本建设投资应当按照国家有关规定单独建账、单独核算，同时按照规定至少按月并入“在建工程”账户及其他相关账户反映，事业单位应当在“在建工程”账户下设置“基建工程”明细账户，核算由基建账套并入的在建工程成本。

［例11-70］某事业单位用自有资金建设一栋实验楼，已完成场地整理、设计招标工作，实验楼造价15 000 000元，已和建筑公司签订了基建合同，建筑公司已进场施工，按合同规定用银行存款支付30%第一期工程款4 500 000元。根据相关凭证，编制会计分录如下：

借：事业支出——其他资金支出——项目支出——房屋建设工程　4 500 000

　贷：银行存款　4 500 000

同时：

借：在建工程——基建工程　4 500 000
　贷：非流动资产基金——在建工程　4 500 000

如果款项是通过零余额账户用财政资金支付的，则会计处理为：

借：事业支出——财政补助支出——项目支出——房屋建设工程　4 500 000
　贷：零余额账户用款额度　4 500 000

同时：

借：在建工程——基建工程　4 500 000
　贷：非流动资产基金——在建工程　4 500 000

[例11-71] 续例11-70，实验楼建设已完工70%，按合同规定用银行存款支付20%第二期工程款3 000 000元。根据相关凭证，编制会计分录如下：

借：事业支出——其他资金支出——项目支出——房屋建设工程　3 000 000
　贷：银行存款　3 000 000

同时：

借：在建工程——基建工程　3 000 000
　贷：非流动资产基金——在建工程　3 000 000

如果款项是通过零余额账户用财政资金支付的，则会计处理为：

借：事业支出——财政补助支出——项目支出——房屋建设工程　3 000 000
　贷：零余额账户用款额度　3 000 000

同时：

借：在建工程——基建工程　3 000 000
　贷：非流动资产基金——在建工程　3 000 000

[例11-72] 续例11-70和例11-71，经过半年的建设，上述实验楼建设已完工，经验收交付使用按合同规定用银行存款支付30%第三期工程款4 500 000元，预留20%工程质保金，工程发票已全额开具。根据相关凭证，编制会计分录如下：

借：事业支出——其他资金支出——项目支出——房屋建设工程　7 500 000
　贷：银行存款　4 500 000
　　其他应付款　3 000 000

同时：

借：在建工程——基建工程　7 500 000
　贷：非流动资产基金——在建工程　7 500 000

如果款项是通过零余额账户用财政资金支付的，则会计处理为：

借：事业支出——财政补助支出——项目支出——房屋建设工程　7 500 000
　贷：零余额账户用款额度　4 500 000
　　其他应付款　3 000 000

同时：

借：在建工程——基建工程　7 500 000
　贷：非流动资产基金——在建工程　7 500 000

完工结转固定资产，则会计处理为：

借：固定资产　15 000 000

贷：非流动资产基金——固定资产 15 000 000

同时：

借：非流动资产基金——在建工程 15 000 000

贷：在建工程——基建工程 15 000 000

［例11-73］续例11-70至例11-72，一年后，经验收实验楼使用没有质量问题，支付预留的20%工程质保金3 000 000元。根据相关凭证，编制会计分录如下：

借：其他应付款 3 000 000

贷：银行存款 3 000 000

如果款项是通过零余额账户用财政资金支付的，则会计处理为：

借：其他应付款 3 000 000

贷：零余额账户用款额度 3 000 000

（二）在建工程（非基本建设项目）的核算

1.建筑工程的核算

事业单位将固定资产转入改建、扩建或修缮等时，按照固定资产的账面价值转入在建工程进行核算，工程完工交付使用时，按照建筑工程所发生的实际成本，转入固定资产。

［例11-74］某事业单位用自有资金将一栋旧宿舍楼进行装修，已完成装修项目设计招标工作，装修费为2 000 000元，已和装修公司签订了装修合同，施工队已进场，按合同规定用银行存款支付50%第一期装修款1 000 000元。根据相关凭证，编制会计分录如下：

借：事业支出——其他资金支出——项目支出——大型修缮费 1 000 000

贷：银行存款 1 000 000

同时：

借：在建工程——维修工程 1 000 000

贷：非流动资产基金——在建工程 1 000 000

如果款项是通过零余额账户用财政资金支付的，则会计处理为：

借：事业支出——财政补助支出——项目支出——大型修缮费 1 000 000

贷：零余额账户用款额度 1 000 000

同时：

借：在建工程——维修工程 1 000 000

贷：非流动资产基金——在建工程 1 000 000

［例11-75］续例11-74，上述旧宿舍楼经过5个月装修完工，经验收合格，按合同规定用银行存款支付40%第二期装修款800 000元，预留10%工程质保金，发票已全额开具。根据相关凭证，编制会计分录如下：

借：事业支出——其他资金支出——项目支出——大型修缮费 1 000 000

贷：银行存款 800 000

其他应付款 200 000

同时：

借：在建工程——维修工程 1 000 000

贷：非流动资产基金——在建工程 1 000 000

如果款项是通过零余额账户用财政资金支付的，则会计处理为：

借：事业支出——财政补助支出——项目支出——大型修缮费　　1 000 000

　贷：零余额账户用款额度　　800 000

　　其他应付款　　200 000

同时：

借：在建工程——维修工程　　1 000 000

　贷：非流动资产基金——在建工程　　1 000 000

完工结转固定资产，则会计处理为：

借：固定资产　　2 000 000

　贷：非流动资产基金——固定资产　　2 000 000

同时：

借：非流动资产基金——在建工程　　2 000 000

　贷：在建工程——维修工程　　2 000 000

[例11-76] 续例11-74和例11-75，一年后，经验收实验楼使用没有质量问题，支付预留的10%质保金200 000元。根据相关凭证，编制会计分录如下：

借：其他应付款　　200 000

　贷：银行存款　　200 000

如果款项是通过零余额账户用财政资金支付的，则会计处理为：

借：其他应付款　　200 000

　贷：零余额账户用款额度　　200 000

2. 设备安装工程的核算

事业单位购入需要安装的设备，设备购买价款、相关税费以及固定资产交付使用前所发生的可归属于该项资产的运输费、装卸费、安装调试费和专业人员服务费等，需要通过“在建工程”账户进行核算，设备安装完工交付使用时再结转固定资产。

[例11-77] 某事业单位用自有资金购入一套需要安装的专业设备，用银行存款支付设备价款300 000元。根据相关凭证，编制会计分录如下：

借：事业支出——其他资金支出——项目支出——设备购置费　　300 000

　贷：银行存款　　300 000

同时：

借：在建工程——设备安装工程　　300 000

　贷：非流动资产基金——在建工程　　300 000

如果款项是通过零余额账户用财政资金支付的，则会计处理为：

借：事业支出——财政补助支出——项目支出——设备购置费　　300 000

　贷：零余额账户用款额度　　300 000

同时：

借：在建工程——设备安装工程　　300 000

　贷：非流动资产基金——在建工程　　300 000

[例11-78] 续例11-77，该事业单位用银行存款支付设备安装费20 000元。根据相关凭证，编制会计分录如下：

借：事业支出——其他资金支出——项目支出——设备购置费 20 000
　贷：银行存款 20 000
同时：
借：在建工程——设备安装工程 20 000
　贷：非流动资产基金——在建工程 20 000
如果款项是通过零余额账户用财政资金支付的，则会计处理为：
借：事业支出——财政补助支出——项目支出——设备购置费 20 000
　贷：零余额账户用款额度 20 000
同时：
借：在建工程——设备安装工程 20 000
　贷：非流动资产基金——在建工程 20 000

[例11-79] 续例11-77和例11-78，上述设备安装完工，经验收合格交付使用。根据相关凭证，编制会计分录如下：

借：固定资产 320 000
　贷：非流动资产基金——固定资产 320 000
同时：
借：非流动资产基金——在建工程 320 000
　贷：在建工程——设备安装工程 320 000

第四节 事业单位无形资产

一、无形资产的内容

事业单位的无形资产是指事业单位持有的没有实物形态的可辨认非货币性资产，包括专利权、商标权、土地使用权、非专利技术、著作权等。无形资产具有无实体性、专用性、地域性、时间性、不确定性等特征。

（一）专利权

专利权是指政府对发明者在某一产品的造型、配方、结构、制造工艺或程序的发明上给予其制造、使用和出售等方面的专门权利。专利权一般分为发明专利、实用新型专利和外观设计专利3种类型。专利权人拥有的专利受《中华人民共和国专利法》（以下简称《专利法》）保护。事业单位不应将其所拥有的一切专利权都予以资本化，作为无形资产核算。只有对那些能够给事业单位带来较大经济价值的，并且事业单位为此做了支出的专利，才能作为无形资产进行核算。

（二）商标权

商标是用来辨认特定商品或劳务的标记。商标权是指专门在某类指定的商品或产品上使用特定的名称或图案的权利。商标一般分为文字商标、图案商标和文图组合商标3种类型，商标只要经过注册登记，就获得了法律上的保护。单位自创的商标，其注册登记费用不大，不一定作为无形资产来核算。

（三）土地使用权

土地使用权是指事业单位对依法取得的国有土地在一定期间内享有开发、利用、经营等活动的权利。事业单位拥有的并未入账的土地使用权，不能作为无形资产核算；花费较大的代价取得的土地使用权，应予以资本化，将取得时所发生的一切支出作为土地使用权成本，记入“无形资产”账户。这里有两种情况：一是事业单位向土地管理部门申请土地使用权时，支付的出让金要作为无形资产入账；二是事业单位原先通过行政划拨获得土地使用权，没有入账的，在将土地使用权有偿转让、出租、抵押、作价入股和投资时，按规定要补缴土地出让金，补缴的出让金要作为无形资产入账。

（四）非专利技术

非专利技术又称“专有技术”“技术秘密”“技术诀窍”，是先进的、未公开的、未申请专利的、可以带来经济效益的各种技术知识和经验。事业单位的非专利技术一般是指在组织事业收入或经营收入过程中取得的有关生产、经营和管理方面未获得专利权的知识、经验和技巧。非专利技术不受《专利法》的保护，但却是一种事实上的专利，它可以进行转让和投资。

（五）著作权

著作权又称版权，是指文学、艺术和科学作品等的著作人依法对其作品所拥有的专门权利。著作权一般包括发表权、署名权、修改权、保护作品完整权、使用权和获得报酬权等。著作权受国家法律保护。

事业单位购入的不构成相关硬件不可缺少的组成部分的应用软件，应当作为无形资产核算。

二、无形资产的核算

（一）无形资产的计价

一般意义上，无形资产应按取得时的实际成本计价。事业单位不同来源形成的无形资产，其取得的实际成本并不相同。

（1）购入的无形资产，按购入时发生的实际成本计价。实际成本包括购买价款、相关税费以及可归属于该项资产达到预定用途所发生的其他支出。委托软件公司开发软件视同外购无形资产进行处理。

（2）自行开发并按法律程序申请取得的无形资产，按照依法取得时发生的注册费、聘请律师费等费用计价。

（3）投资者投入的无形资产，按评估确认的价值或协议价值计价。

（4）接受捐赠、无偿调入的无形资产，其成本按照有关凭据注明的金额加上相关税费等计价；没有相关凭据的，其成本比照同类或类似无形资产的市场价格加上相关税费等计价；没有相关凭据、同类或类似无形资产的市场价格也无法可靠取得的，该资产按照名义金额计价。

（二）无形资产增加的核算

事业单位应设置“无形资产”账户，用来核算单位的专利权、非专利技术、著作权、商标权、土地使用权等各种无形资产的增减变动及结存情况。它属于资产类账户，借方登记按各种方式取得的无形资产的成本，贷方登记无形资产摊销的金额和转出的成本。期末余额在借方，反映事业单位无形资产的原价。该账户按无形资产的类别设置明细账，进行明细分类核算。

[例11-80] 某事业单位用自有资金从某科研机构购入一项专利权，价值为56 000元

（暂不考虑税费），用银行存款支付。根据相关凭证，编制会计分录如下：

借：事业支出——其他资金支出　56 000

　贷：银行存款　56 000

同时：

借：无形资产——专利权　56 000

　贷：非流动资产基金——无形资产　56 000

如果款项是通过零余额账户用财政资金支付的，编制会计分录如下：

借：事业支出——财政补助支出　56 000

　贷：零余额账户用款额度　56 000

同时：

借：无形资产——专利权　56 000

　贷：非流动资产基金——无形资产　56 000

［例 11-81］某事业单位用自有资金委托软件公司开发一套管理软件，已和软件公司签订合同，软件开发费用为120 000元，按合同用银行存款支付首期费用60 000元。根据相关凭证，编制会计分录如下：

借：事业支出——其他资金支出　60 000

　贷：银行存款　60 000

如果款项是通过零余额账户用财政资金支付的，编制会计分录如下：

借：事业支出——财政补助支出　60 000

　贷：零余额账户用款额度　60 000

［例 11-82］续例 11-81，上述管理软件软件公司已开发完成，经安装测试，正式交付使用。按合同用银行存款支付剩余软件开发费用60 000元。根据相关凭证，编制会计分录如下：

借：事业支出——其他资金支出　60 000

　贷：银行存款　60 000

同时：

借：无形资产——专利权　120 000

　贷：非流动资产基金——无形资产　120 000

如果款项是通过零余额账户用财政资金支付的，编制会计分录如下：

借：事业支出——财政补助支出　60 000

　贷：零余额账户用款额度　60 000

同时：

借：无形资产——专利权　120 000

　贷：非流动资产基金——无形资产　120 000

［例 11-83］某事业单位上级主管部门无偿拨入一套管理软件供其使用，主管部门没有相关凭据，与该管理软件同类或类似的市场价格也无法可靠取得，该管理软件按照名义金额1元计价。根据相关凭证，编制会计分录如下：

借：无形资产——专利权　1

　贷：非流动资产基金——无形资产　1

（三）无形资产摊销的核算

1.无形资产摊销的要求

无形资产摊销是指在无形资产使用寿命内，按照确定的方法对应摊销金额进行系统分摊。

（1）除以名义金额计量的无形资产除外，事业单位应当对无形资产进行摊销。

（2）事业单位应当按照如下原则确定无形资产的摊销年限：法律规定了有效年限的，按照法律规定的有效年限作为摊销年限；法律没有规定有效年限的，按照相关合同或单位申请书中的受益年限作为摊销年限；法律没有规定有效年限、相关合同或单位申请书也没有规定受益年限的，按照不少于10年的期限摊销。

（3）事业单位应当采用年限平均法对无形资产进行摊销。

（4）事业单位无形资产的应摊销金额为其成本。

（5）事业单位应当自无形资产取得当月起，按月计提无形资产摊销。

（6）因发生后续支出而增加无形资产成本的，应当按照重新确定的无形资产成本，重新计算摊销额。

2.无形资产摊销核算

事业单位应设置“累计摊销”账户，用来核算事业单位无形资产计提的累计摊销。该账户属于资产类账户，借方登记因无形资产减少而核销的摊销额，贷方登记计提的无形资产摊销额。期末贷方余额，反映事业单位计提的无形资产摊销累计数。事业单位应当按照所对应无形资产的类别进行明细核算。

按月计提无形资产摊销时，按照应计提摊销金额，借记“非流动资产基金——无形资产”账户，贷记“累计摊销”账户。

［例11-84］某事业单位购入一项专利权，成本为120 000元，该专利权期限为5年，则每月的摊销额为2 000元。每月摊销时，根据相关凭证，编制会计分录如下：

借：非流动资产基金——无形资产	2 000	
贷：累计摊销		2 000

（四）无形资产减少的核算

1.转让、无偿调出、对外捐赠无形资产的核算

转让、无偿调出、对外捐赠无形资产，转入待处置资产时，按照待处置无形资产的账面价值，借记“待处置资产损溢”账户，按照已计提摊销，借记“累计摊销”账户，按照无形资产的账面余额，贷记“无形资产”账户。

实际转让、无偿调出、对外捐出时，按照处置无形资产对应的非流动资产基金，借记“非流动资产基金——无形资产”账户，贷记“待处置资产损溢”账户。处置收入扣除相关费用后的净收入，应上缴国库。

［例11-85］某事业单位对外转让一项专利权，该专利权的账面价值为60 000元，已摊销20 000元，转让价格为50 000元（不考虑税费），已通过银行收回价款。取得价款已上缴国库。

（1）转入待处置资产。根据相关凭证，编制会计分录如下：

借：待处置资产损溢——处置资产价值	40 000	
累计摊销	20 000	
贷：无形资产		60 000

(2) 报经批准予以核销。根据相关凭证，编制会计分录如下：

借：非流动资产基金——无形资产 40 000

　贷：待处置资产损溢——处置资产价值 40 000

(3) 取得处置收入。根据相关凭证，编制会计分录如下：

借：银行存款 50 000

　贷：待处置资产损溢——处置净收入 50 000

(4) 结算转让净收入应上缴国库。根据相关凭证，编制会计分录如下：

借：待处置资产损溢——处置净收入 50 000

　贷：应缴国库款 50 000

(5) 款项上缴国库。根据相关凭证，编制会计分录如下：

借：应缴国库款 50 000

　贷：银行存款 50 000

2.对外投资无形资产的核算

事业单位用已入账无形资产对外投资，按照评估价值加上相关税费作为投资成本，借记“长期投资”账户，贷记“非流动资产基金——长期投资”账户，按发生的相关税费，借记“其他支出”账户，贷记“银行存款”“应缴税费”等账户；同时，按照投出无形资产对应的非流动资产基金，借记“非流动资产基金——无形资产”账户，按照投出无形资产已计提摊销，借记“累计摊销”账户，按照投出无形资产的账面余额，贷记“无形资产”账户。

[例 11-86] 某事业单位以一项账面价值为 1 200 000 元的土地使用权对某公司进行投资。该土地使用权经双方协议作价 1 500 000 元。根据相关凭证，编制会计分录如下：

借：长期投资——其他投资 1 500 000

　贷：非流动资产基金——长期投资 1 500 000

同时：

借：非流动资产基金——无形资产 1 200 000

　贷：无形资产——土地使用权 1 200 000

3.无形资产核销的核算

无形资产预期不能为事业单位带来服务潜力或经济利益的，应当按规定报经批准后将该无形资产的账面价值予以核销。

转入待处置资产时，按照待核销无形资产的账面价值，借记“待处置资产损溢”账户，按照已计提摊销，借记“累计摊销”账户，按照无形资产的账面余额，贷记“无形资产”账户。报经批准予以核销时，按照核销无形资产对应的非流动资产基金，借记“非流动资产基金——无形资产”账户，贷记“待处置资产损溢”账户。处置收入扣除相关费用后的净收入，应上缴国库。

[例 11-87] 某事业单位一账面价值为 160 000 元的应用软件，已使用 10 年，已摊销 144 000 元。该应用软件已被其他软件代替，无升级利用价值，决定予以核销。根据相关凭证，编制会计分录如下：

借：待处置资产损溢——处置资产价值 16 000

　　累计摊销 144 000

贷：无形资产 160 000

借：非流动资产基金——无形资产 16 000

贷：待处置资产损溢——处置资产价值 16 000

本章小结

本章全面阐述了事业单位各项资产的含义、内容及核算方法。

资产是指事业单位占有或者使用的能以货币计量的经济资源，包括各种财产、债权和其他权利。事业单位的资产包括流动资产、固定资产、在建工程、无形资产和长期投资等。

流动资产是指可以在1年以内变现或者耗用的资产，包括现金、各种存款、零余额账户用款额度、应收及预付款项、存货等。

对外投资是指事业单位依法利用货币资金、实物、无形资产等方式向其他单位的投资，包括短期投资和长期投资。

固定资产是指使用期限超过1年、单位价值在1 000元以上（其中专用设备单位价值在1 500元以上），并在使用过程中基本保持原有物质形态的资产。固定资产包括房屋及建筑物，专用设备，通用设备，文物和陈列品，图书、档案，家具、用具、装具及动植物。

无形资产是指没有实物形态的可辨认非货币性资产，包括专利权、商标权、土地使用权、非专利技术、著作权等。

事业单位通过“库存现金”“银行存款”“零余额账户用款额度”“财政应返还额度”“短期投资”“应收票据”“应收账款”“预付账款”“其他应收款”“存货”“长期投资”“固定资产”“累计折旧”“无形资产”“累计摊销”“在建工程”“待处置资产损溢”等账户核算各资产项目的增减变动与结存情况。

第十二章

事业单位负债和净资产的核算

学习目标

通过本章的学习，要求明确事业单位负债、净资产的概念和具体内容；掌握事业单位各项负债和净资产的核算方法。

第一节 事业单位负债

事业单位负债是指事业单位所承担的能以货币计量、需要以资产或劳务偿付的债务，包括借入款项、应付账款、预收账款、其他应付款、各种应缴款项等。它是债权人对事业单位资产的要求权，反映了事业单位对其债权人所承担的全部经济责任。

一、事业单位借入款项的核算

（一）借入款项的内容

借入款项是事业单位从财政部门、上级单位、金融机构或其他单位借入的有偿使用的各种款项。事业单位的借入款项主要是用于临时性或特殊需要，弥补资金周转不足，无论用于哪个方面，只要借入了这项资金，就构成了一项负债。归还借入款项时，除了归还借入的本金，还应支付利息。期末尚未归还的借入款项的本金，应反映在“资产负债表”的负债有关项目内。

事业单位借入款项，按借款期限分为短期借款和长期借款。短期借款是事业单位借入的期限在1年内（含1年）的各种借款，长期借款是事业单位借入的期限超过1年（不含1年）的各种借款。

（二）借入款项的核算

1.短期借款的核算

事业单位应设置“短期借款”账户，用来核算借入的期限在1年内（含1年）的各种借款的借入和归还情况。本账户属于负债类账户，贷方登记借入短期借款的本金，借方登记偿还的短期借款本金，期末贷方余额反映尚未偿还的短期借款本金。该账户应按债权单位设置明细账，进行明细分类核算。

（1）取得短期借款的核算。

事业单位借入各种短期借款时，按照实际借入的金额，借记“银行存款”账户，贷记“短期借款”账户。

［例12-1］某事业单位1月1日从银行借入6个月的借款300 000元，用于事业单位日常支出，借款年利率为6%，到期一次还本付息。借入款项时，根据相关凭证，编制会计

分录如下：

借：银行存款　　300 000

　贷：短期借款　　300 000

（2）短期借款利息的核算。

事业单位支付短期借款利息时，借记“其他支出”账户，贷记“银行存款”账户。

［例12-2］续例12-1，该事业单位1月1日向银行借入期限为6个月的借款300 000元，7月1日还本时同时支付利息9 000元。支付利息时，根据相关凭证，编制会计分录如下：

借：其他支出　　9 000

　贷：银行存款　　9 000

（3）归还短期借款的核算。

事业单位归还借款时，借记“短期借款”账户，贷记“银行存款”账户。

［例12-3］续例12-1，该事业单位1月1日向银行借入期限为6个月的借款300 000元，7月1日偿还本金。偿还本金时，根据相关凭证，编制会计分录如下：

借：短期借款　　300 000

　贷：银行存款　　300 000

2.长期借款的核算

事业单位应设置“长期借款”账户，用来核算借入的期限超过1年（不含1年）的各种借款的借入和归还情况。本账户属于负债类账户，贷方登记借入长期借款的本金，借方登记偿还的长期借款本金，期末贷方余额反映尚未偿还的长期借款本金。该账户应按照贷款单位和贷款种类进行明细核算，对于基建项目借款，还应按具体项目进行明细核算。

（1）取得长期借款的核算。

事业单位借入各项长期借款时，按照实际借入的金额，借记“银行存款”账户，贷记“长期借款”账户。

［例12-4］某事业单位1月1日从银行借入3年期的借款5 000 000元，借款年利率为6%，分季度付息，到期一次还本。借入款项时，根据相关凭证，编制会计分录如下：

借：银行存款　　5 000 000

　贷：长期借款　　5 000 000

（2）长期借款利息的核算。

事业单位长期借款利息，按下列原则处理：

①为购建固定资产支付的专门借款利息，属于工程项目建设期间支付的，计入工程成本，按照支付的利息，借记“在建工程”账户，贷记“非流动资产基金——在建工程”账户；同时，借记“其他支出”账户，贷记“银行存款”账户。属于工程项目完工交付使用后支付的，计入当期支出但不计入工程成本，按照支付的利息，借记“其他支出”账户，贷记“银行存款”账户。

②其他长期借款利息，按照支付的利息金额，借记“其他支出”账户，贷记“银行存款”账户。

［例12-5］续例12-4，假定该事业单位1月1日从银行借入3年期、年利率为6%的借款5 000 000元，是用于事业单位的房屋建设，该房屋建设期1年。

借款当年每季度末支付利息75 000元时，根据相关凭证，编制会计分录如下：

借：其他支出 75 000

　贷：银行存款 75 000

同时：

借：在建工程——基建工程 75 000

　贷：非流动资产基金——在建工程 75 000

第一年年末房屋建设完工已交付使用，第二、第三年每季度末支付利息75 000元时，根据相关凭证，编制会计分录如下：

借：其他支出 75 000

　贷：银行存款 75 000

（3）归还长期借款的核算。

归还长期借款时，借记“长期借款”账户，贷记“银行存款”账户。

［例12-6］续例12-4，3年后，该事业单位从银行借入3年期、年利率为6%的借款5 000 000元到期，偿还借款本金，根据相关凭证，编制会计分录如下：

借：长期借款 5 000 000

　贷：银行存款 5 000 000

二、事业单位应付和预收款项的核算

应付和预收款项是指事业单位在日常经营活动和其他活动中，因购进材料、商品或接受劳务等，未及时与其他单位和个人结算而形成的债务。事业单位流动负债的主要内容，包括应付账款、应付票据、预收账款、其他应付款等。

（一）应付账款的核算

1.应付账款的内容

应付账款是指事业单位因购买材料、物资等而应付的款项。这是因为买卖双方在购销活动中由于取得物资与支付货款在时间上不一致而产生的负债。应付账款入账时间的确定，应区别情况处理：在货物和发票账单同时到达的情况下，一般待货物验收入库后，才按发票账单登记应付账款；在物资和发票账单不是同时到达的情况下，在实际中，采用在月份终了将所购物资用应付债务估计入账的办法。

2.应付账款的核算

事业单位应设置“应付账款”账户，用来核算事业单位因购买材料、物资等而产生的应付账款及偿还情况。它属于负债类账户，贷方登记应支付的款项，借方登记已支付或已转销或转作商业汇票结算方式的款项，期末贷方余额反映尚未支付的应付账款。该账户应按照供应单位设置明细账，进行明细分类核算。

事业单位购入材料、物资等已验收入库，但货款尚未支付时，应根据有关凭证，借记“存货”等有关账户，贷记“应付账款”账户。对于期末尚未收到发票账单的收料凭证，应分别材料、商品账户抄列清单，并按暂估价入账，借记“存货”等账户，贷记“应付账款——暂估应付账款”账户，下月初用红字做同样的记录，予以冲回，以便下月付款按正常程序进行处理。事业单位接受其他单位提供的劳务而发生的应付未付款项，应根据供应单位提供的发票账单，借记有关成本费用账户，贷记“应付账款”账户。单位偿付应付账款时，借记“应付账款”账户，贷记“银行存款”等账户。单位开出、承兑商业汇票抵冲应付账款时，借记“应付账款”账户，贷记“应付票据”账户。

［例12-7］某实行成本核算的事业单位购入材料一批，增值税专用发票上注明材料价款为60 000元，增值税税额为10 200元。材料已验收入库，货款未付。根据相关凭证，编制会计分录如下：

借：存货——材料　　60 000

　　应缴税费——应交增值税（进项税额）　　10 200

　贷：应付账款　　70 200

［例12-8］某实行成本核算的事业单位购入材料一批，材料已验收入库，月末仍未收到发票，暂估材料价值为40 000元。根据相关凭证，编制会计分录如下：

借：存货——材料　　40 000

　贷：应付账款——暂估应付账款　　40 000

下月初做红字冲销会计分录：

借：存货——材料　　40 000

　贷：应付账款——暂估应付账款　　40 000

［例12-9］续例12-8，收到上月供货方转来的增值税专用发票，注明价款为40 000元，增值税税额为6 800元。根据相关凭证，编制会计分录如下：

借：存货——材料　　40 000

　　应缴税费——应交增值税（进项税额）　　6 800

　贷：应付账款　　46 800

［例12-10］某事业单位以银行存款支付前欠应付材料款80 000元。根据相关凭证，编制会计分录如下：

借：应付账款　　80 000

　贷：银行存款　　80 000

如果款项是通过零余额账户用财政资金支付，编制会计分录如下：

借：应付账款　　80 000

　贷：零余额账户用款额度　　80 000

（二）应付票据的核算

1.应付票据的内容

应付票据是指事业单位因购买材料、物资等而开出、承兑的商业汇票，包括银行承兑汇票和商业承兑汇票。按有关规定，单位之间只有在商品交易的情况下，才能使用商业汇票结算方式。在商业汇票尚未到期前，视为一笔负债，期末反映在资产负债表上的“应付票据”项目内。付款单位应在商业汇票到期前，及时将款项足额交存其开户银行，可使银行在到期日凭票将款项划转给收款人、被背书人或贴现银行。

2.应付票据的核算

事业单位应设置“应付票据”账户，用来核算事业单位因购买材料、物资等而开出、承兑的商业汇票的实际情况。它属于负债类账户，贷方登记事业单位开出、承兑的商业汇票，借方登记商业汇票到期应付款，期末贷方余额，反映尚未到期付款的商业汇票。事业单位应设置应付票据备查簿，详细登记每一张应付票据的种类、号数、签发日期、到期日、票面金额、收款人姓名或单位名称，以及付款日期和金额等详细资料。应付票据到期付清时，应在应付票据备查簿内逐笔注销。

事业单位开出、承兑商业汇票时，借记“存货”等账户，贷记“应付票据”账户。以承兑商业汇票抵付应付账款时，借记“应付账款”账户，贷记“应付票据”账户。支付银行承兑汇票的手续费，借记“经营支出”“事业支出”等账户，贷记“银行存款”等账户。收到银行支付到期票据的付款通知时，借记“应付票据”账户，贷记“银行存款”等账户。

商业承兑汇票到期，本单位无力支付票款的，按照汇票票面金额，借记“应付票据”账户，贷记“应付账款”账户。

银行承兑汇票到期，本单位无力支付票款的，按照汇票票面金额，借记“应付票据”账户，贷记“短期借款”账户。

[例12-11] 某实行成本核算的事业单位采用商业承兑汇票结算方式购入一批材料，增值税专用发票记载材料的价款为20 000元，增值税税额为3 400元，材料已验收入库。开出2个月到期的商业承兑汇票。根据相关凭证，编制会计分录如下：

借：存货——材料　20 000
　　应缴税费——应交增值税（进项税额）　3 400
　贷：应付票据——商业承兑汇票　23 400

[例12-12] 续例12-11，该事业单位2个月前签发金额为23 400元的商业承兑汇票现在到期，按期付款。根据相关凭证，编制会计分录如下：

借：应付票据——商业承兑汇票　23 400
　贷：银行存款　23 400

如果款项是通过零余额账户用财政资金支付的，编制会计分录如下：

借：应付票据——商业承兑汇票　23 400
　贷：零余额账户用款额度　23 400

若票据到期不能如期支付票款时，则根据相关凭证，编制会计分录如下：

借：应付票据——商业承总汇票　23 400
　贷：应付账款　23 400

[例12-13] 某实行成本核算的事业单位购入材料一批，材料成本为40 000元，应交增值税税额为6 800元。单位开出期限为6个月带息商业承兑汇票一张，年利率为6%，材料已验收入库。根据相关凭证，编制会计分录如下：

借：存货——材料　40 000
　　应缴税费——应交增值税（进项税额）　6 800
　贷：应付票据——商业承兑汇票　46 800

[例12-14] 续例12-13，该事业单位6个月前签发金额为46 800元的商业承兑汇票现在到期，按期付款付息。根据相关凭证，编制会计分录如下：

借：应付票据——商业承兑汇票　46 800
　　经营支出　1 404
　贷：银行存款　48 204

如果款项是通过零余额账户用财政资金支付的，编制会计分录如下：

借：应付票据——商业承兑汇票　46 800

借：经营支出　　1 404

　贷：零余额账户用款额度　　48 204

若票据到期不能如期付款时，则根据相关凭证，编制会计分录如下：

借：应付票据——商业承兑汇票　　46 800

　　经营支出　　1 404

　贷：应付账款　　48 204

［例12-15］若例12-13和例12-14中该事业单位不实行成本核算，而且该批材料不用于产品生产，则根据相关凭证，编制会计分录如下：

借：存货——材料　　46 800

　贷：应付票据——商业承兑汇票　　46 800

票据到期偿还时，根据相关凭证，编制会计分录如下：

借：应付票据——商业承兑汇票　　46 800

　　事业支出　　1 404

　贷：银行存款　　48 204

如果款项是通过零余额账户用财政资金支付的，编制会计分录如下：

借：应付票据——商业承兑汇票　　46 800

　　事业支出　　1 404

　贷：零余额账户用款额度　　48 204

（三）预收账款的核算

1.预收账款的内容

预收账款是指事业单位按照合同规定向购货单位或接受劳务单位预收的款项。事业单位有时在销售产品或提供劳务以前，按合同规定，要向购货单位或接受劳务单位预收部分或全部款项。这些预收款项需要事业单位在一定期间内以交付货物或提供劳务来予以偿付。收到的款项是事业单位预收的账款，构成事业单位的一项负债，如预收货款、租金、报纸杂志订阅费等。在事业单位按照合同如期交货或提供劳务以后，预收账款才转为收入，债务才得以解除。

2.预收账款的核算

事业单位预收账款的核算，应视单位的具体情况而定。如果预收账款比较多，可以设置“预收账款”账户；预收账款不多的单位，也可将预收的账款直接记入“应收账款”账户的贷方。

“预收账款”账户是事业单位用来核算按照合同规定预收的款项。它属于负债类账户，贷方登记预收的货款和补收的货款，借方登记应抵消的预收货款和退回多收的货款，期末贷方余额反映按合同规定预收但尚未实际结算的款项。该账户应按购买单位设置明细账，进行明细分类核算。

事业单位预收账款时，借记“银行存款”“库存现金”等账户，贷记“预收账款”账户；货物销售实现或劳务兑现时，按售价或劳务价格借记“预收账款”账户，贷记有关收入账户。付款单位补付的款项，借记“银行存款”账户，贷记“预收账款”账户；退回多付的款项，做相反会计分录。

［例12-16］某事业单位向某公司提供劳务，按合同规定，预收对方单位劳务款5 000

元，对方单位通过银行存款支付。根据相关凭证，编制会计分录如下：

借：银行存款 5 000

贷：预收账款 5 000

［例12-17］续例12-16，该事业单位向某公司提供劳务，劳务款总额为18 000元。提供完劳务后，收到对方单位补付劳务款13 000元，对方单位通过银行存款支付。根据相关凭证，编制会计分录如下：

借：预收账款 18 000

贷：事业收入 18 000

借：银行存款 13 000

贷：预收账款 13 000

（四）其他应付款的核算

1.其他应付款的内容

事业单位的其他应付款是指事业单位除应缴税费、应缴国库款、应缴财政专户款、应付职工薪酬、应付票据、应付账款、预收账款之外的其他各项偿还期限在1年内（含1年）的应付及暂收款项。其他应付款与事业单位的主要业务活动一般无直接联系，但它也是事业单位一项待结算的负债，事业单位应对这些应付和暂存的款项定期进行清理和结算。

2.其他应付款的核算

事业单位应设置"其他应付款"账户，用来核算其他应付款的应付、暂收及支付情况。它属于负债类账户，贷方登记应付或暂收的款项，借方登记已经偿还的款项，期末贷方余额反映尚未偿还的款项。该账户应按应付、暂收款项的类别或单位、个人设置明细账，进行明细分类核算。

事业单位发生的各种应付、暂收款项，借记"银行存款""事业支出""经营支出"等账户，贷记"其他应付款"账户；支付时，借记"其他应付款"账户，贷记"银行存款"等账户。

［例12-18］某事业单位根据退休金统筹办法，按期提取统筹退休金16 000元。根据相关凭证，编制会计分录如下：

借：事业支出 16 000

贷：其他应付款 16 000

［例12-19］某实行内部成本核算的事业单位，经营租入一台机器，租期为6个月，应支付租赁费3 600元。根据相关凭证，编制会计分录如下：

借：经营支出 3 600

贷：其他应付款 3 600

［例12-20］某不实行内部成本核算的事业单位，支付租期为6个月的租入设备的租赁费3 600元。根据相关凭证，编制会计分录如下：

借：事业支出 3 600

贷：银行存款 3 600

如果款项是通过零余额账户用财政资金支付的，编制会计分录如下：

借：事业支出 3 600

贷：零余额账户用款额度 3 600

三、事业单位应缴款项的核算

应缴款项是指事业单位按照财政部门的规定应当缴纳的各种款项，包括按照规定应上缴国库和财政专户的款项、应缴税费，以及其他按国家有关规定应上缴的款项等。

（一）应缴国库款的核算

应缴国库款是指事业单位按规定应缴入国库的款项，主要包括事业单位代收的纳入预算管理的基金、行政性收费收入、罚没收入、无主财物变价收入、处置资产净收入和其他按预算管理规定应上缴国库的款项。应缴国库款属于国家财政性资金，事业单位应按规定收取，及时足额上缴财政，不能视为己有，不得截留、坐支，更不得隐匿挪作他用。

事业单位应设置“应缴国库款”账户，用来核算按规定应缴入国家预算的各种收入的收纳和解缴情况。它属于负债类账户，贷方登记发生的应缴国库款数，借方登记应缴国库款的上缴数，期末贷方余额反映应缴未缴国库款数。年终该账户汇算清缴后应无余额。该账户应当按照应缴国库的各款项类别设置明细账，进行明细分类核算。

事业单位取得应缴国库的各项款项时，借记“银行存款”等账户，贷记“应缴国库款”账户；上缴时，借记“应缴国库款”账户，贷记“银行存款”等账户。

[例 12-21] 某事业单位收到用银行存款支付的罚没收入 4 200 元。根据相关凭证，编制会计分录如下：

借：银行存款 4 200

　贷：应缴国库款——罚没收入 4 200

[例 12-22] 某事业单位收到用现金支付的行政性收费收入 600 元。根据相关凭证，编制会计分录如下：

借：库存现金 600

　贷：应缴国库款——行政性收费收入 600

[例 12-23] 某事业单位收到用银行存款支付的无主财物的变价收入 3 400 元。根据相关凭证，编制会计分录如下：

借：银行存款 3 400

　贷：应缴国库款——无主财物变价收入 3 400

[例 12-24] 某事业单位将例 12-21 到例 12-23 中的应缴国库款共 8 200 元缴入国库。根据相关凭证，编制会计分录如下：

借：应缴国库款——罚没收入 4 200

　　　　　　——行政性收费收入 600

　　　　　　——无主财物变价收入 3 400

　贷：银行存款 8 200

（二）应缴财政专户款的核算

应缴财政专户款是指事业单位按规定应缴入财政专户的款项，主要是指国家机关、事业单位为了履行和代行政府职能，依据国家法律、法规和具有法律效力的规章而收取、提取和安排使用的未纳入国家预算管理的各种财政性资金，如科学试验收入、勘察设计收入、咨询服务收入等。应缴入财政专户的款项在未缴之前，构成事业单位的一项负债，不能作为收入来处理。事业单位按规定代收的应缴入财政专户的款项必须上缴同级财政专户，支出由同级财政按收支两条线管理。对其中少数费用开支有特殊需要的款项，经财政部门核定收支计划后，可按确定比例或收支结余的数额定期缴入同级财政专户。

应缴财政专户款项缴入同级财政专户的缴款方式有3种：

（1）全额上缴。事业单位收到应缴财政专户款项时，不能直接作为收入处理，应全额缴入同级财政专户，支出由财政另行核拨。

（2）按比例上缴。事业单位收到应缴财政专户款项时，按财政部门核定的比例将部分应缴财政专户款项上缴财政专户，其留用部分可直接作为收入处理。

（3）结余上缴。当事业单位平时取得应缴财政专户款项时，可直接作为收入处理，年终再按该项应缴财政专户款项的结余数额上缴财政专户。

事业单位应设置“应缴财政专户款”账户，用来核算事业单位按规定应缴入财政专户款项的收缴情况。它属于负债类账户，该账户借方登记上缴财政专户的数，贷方登记收到应缴财政专户的各项收入数，期末贷方余额反映应缴未缴数。年终该账户无余额。该账户应按应缴财政专户款项的类别设置明细账，进行明细分类核算。

事业单位收到应缴财政专户的各项收入时，借记“银行存款”等账户，贷记“应缴财政专户款”账户；上缴财政专户时，做相反的会计分录。实行应缴财政专户款项结余上缴办法的单位定期结算应缴财政专户资金结余时，借记“财政补助收入”账户，贷记“应缴财政专户款”账户。

1.应缴财政专户款项全额上缴方式

［例12-25］某事业单位实行应缴财政专户款项全额上缴的办法，收到一笔银行存款，为应上缴财政专户的款项12 000元。根据相关凭证，编制会计分录如下：

借：银行存款	12 000	
贷：应缴财政专户款		12 000

［例12-26］续例12-25，该事业单位将上述应上缴财政专户的款项12 000元缴存财政专户。根据相关凭证，编制会计分录如下：

借：应缴财政专户款	12 000	
贷：银行存款		12 000

［例12-27］经财政部门审批，从财政专户转回给某事业单位上缴的资金5 000元。根据相关凭证，编制会计分录如下：

借：银行存款	5 000	
贷：财政补助收入		5 000

2.应缴财政专户款项按比例上缴方式

［例12-28］某事业单位实行应缴财政专户款项按比例上缴的办法，财政部门核定的上缴比例为70%。该事业单位收到一笔银行存款，为应缴财政专户的款项60 000元，应上缴42 000元。根据相关凭证，编制会计分录如下：

借：银行存款	60 000	
贷：财政补助收入		18 000
应缴财政专户款		42 000

［例12-29］续例12-28，该事业单位将应缴财政专户的款项42 000元上缴财政专户。根据相关凭证，编制会计分录如下：

借：应缴财政专户款　42 000

　贷：银行存款　42 000

3.应缴财政专户款项结余上缴方式

［例12-30］某事业单位实行应缴财政专户款项结余上缴的办法，收到一笔银行存款，为应缴财政专户的款项65 000元。根据相关凭证，编制会计分录如下：

借：银行存款　65 000

　贷：财政补助收入　65 000

［例12-31］续例12-30，该事业单位期末结算应缴财政专户资金结余18 000元。根据相关凭证，编制会计分录如下：

借：财政补助收入　18 000

　贷：应缴财政专户款　18 000

［例12-32］续例12-31，该事业单位以银行存款上缴应缴财政专户款18 000元。根据相关凭证，编制会计分录如下：

借：应缴财政专户款　18 000

　贷：银行存款　18 000

（三）应缴税费的核算

应缴税费是指事业单位按照税法等规定计算应缴纳的各种税费，主要包括事业单位应缴纳的增值税、城市维护建设税、教育费附加、企业所得税等。事业单位在其经济活动中发生纳税行为，必须缴纳税费，这些应缴税费，要按权责发生制原则处理，因而在尚未缴纳前形成事业单位的一项流动负债。

事业单位应设置“应缴税费”账户，用来核算事业单位应缴纳的各种税费。它属于负债类账户，借方登记已缴纳的各种税费，贷方登记应缴纳的各种税费，期末借方余额为多缴纳的税费，贷方余额为应缴纳未缴纳的税费。该账户应按所缴纳的税费种类设置明细账，进行明细分类核算。

1.应交增值税

增值税是对在我国境内销售货物，提供加工、修理修配劳务，提供建筑、金融、生活等销售服务，销售无形资产和不动产，以及进口货物的单位和个人，以其实现的增值额为征税对象征收的一种税。从事货物销售或进口，提供应税劳务、销售服务以及销售无形资产和不动产的一般纳税人，要根据货物、应税劳务、服务、无形资产和不动产销售额，或者进口货物金额，按规定的税率计算销项税额，扣除上一环节已纳增值税税额（即进项税额），其余额即为纳税人应缴纳的增值税税额。

营业税改征增值税（以下简称营改增）是指以前缴纳营业税的应税项目改成缴纳增值税。2016年3月18日召开的国务院常务会议决定，自2016年5月1日起，中国将全面推开营改增试点，将建筑业、房地产业、金融业、生活服务业全部纳入营改增试点，至此，营业税退出历史舞台，增值税制度将更加规范。这是自1994年分税制改革以来，财税体制的又一次深刻变革。

属于一般纳税人的事业单位为进行应交增值税的核算，应在应交增值税明细账中设置

“进项税额”“销项税额”“已交税金”“进项税额转出”等专栏。

［例12-33］某事业单位属于一般纳税人，购入材料一批，取得的增值税专用发票上注明价款为18 000元，增值税税额为3 060元，以银行存款支付。根据相关凭证，编制会计分录如下：

借：存货——材料　18 000
　　应缴税费——应交增值税（进项税额）　3 060
　贷：银行存款　21 060

如果款项是通过零余额账户用财政资金支付的，编制会计分录如下：

借：存货——材料　18 000
　　应缴税费——应交增值税（进项税额）　3 060
　贷：零余额账户用款额度　21 060

［例12-34］某事业单位销售产品取得经营收入50 000元，增值税税额为8 500元，款项收妥存入银行。根据相关凭证，编制会计分录如下：

借：银行存款　58 500
　贷：经营收入　50 000
　　　应缴税费——应交增值税（销项税额）　8 500

［例12-35］某事业单位当期销项税额与进项税额相抵的差额为12 000元，以银行存款缴纳增值税。根据相关凭证，编制会计分录如下：

借：应缴税费——应交增值税（已交税金）　12 000
　贷：银行存款　12 000

属于小规模纳税人的事业单位购进货物时，将支付的增值税计入材料的采购成本；销售货物或者提供劳务时，一般情况下，只开普通发票，按不含税价格的一定比率的征收率计算应交增值税。采用销售额和应纳税金合并定价，按照“销售额=含税金额÷（1+征收率）”公式还原为不含税销售额。

［例12-36］某事业单位属于小规模纳税人，购入材料一批，取得的专用发票上注明价款为3 000元，增值税税额为510元，以银行存款支付。根据相关凭证，编制会计分录如下：

借：存货——材料　3 510
　贷：银行存款　3 510

如果款项是通过零余额账户用财政资金支付的，编制会计分录如下：

借：存货——材料　3 510
　贷：零余额账户用款额度　3 510

［例12-37］某事业单位属于小规模纳税人，销售产品取得（不含税）经营收入10 000元，增值税税率为6%，款项收妥存入银行。根据相关凭证，编制会计分录如下：

借：银行存款　10 600
　贷：经营收入　10 000
　　　应缴税费——应交增值税（销项税额）　600

2.应交城市维护建设税及教育费附加

城市维护建设税是我国为了加强城市的维护建设，扩大和稳定城市维护建设资金的来源，而对有经营收入的单位和个人征收的一个税种。城市维护建设税以纳税人实际缴纳的消费税、增值税税额为计税依据，分别与消费税、增值税同时缴纳。教育费附加是对缴纳增值税、消费税的单位和个人征收的一种附加费，是发展地方性教育事业、扩大地方教育经费的资金来源。

事业单位的期末计算出应交城市维护建设税、教育费附加，借记“经营支出——销售税金”账户，贷记“应缴税费”“其他应付款”账户，缴纳税费时，借记“应缴税费”“其他应付款”账户，贷记“银行存款”账户。

［例12-38］某事业单位为小规模纳税人，转让一项专利权，取得转让收入200 000元（含税），款项已存入银行。增值税税率为6%，按税额7%和3%分别征收城市维护建设税和教育费附加。根据相关凭证，编制会计分录如下：

转让专利权应交增值税税额=200 000÷（1+6%）×6%=11 320.75（元）

借：银行存款	200 000	
贷：待处置资产损溢		188 679.25
应缴税费——应交增值税		11 320.75

月末计算出按规定应负担的城市维护建设税和教育费附加时，根据相关凭证，编制会计分录如下：

应交城市维护建设税税额=11 320.75×7%=792.45（元）

应交教育费附加=11 320.75×3%=339.62（元）

借：经营支出——销售税金	1 132.07	
贷：应缴税费——应交城市维护建设税		792.45
——应交教育费附加		339.62

［例12-39］续例12-38，该事业单位以银行存款缴纳税金及教育费附加时，根据相关凭证，编制会计分录如下：

借：应缴税费——应交增值税	11 320.75	
——应交城市维护建设税	792.45	
——应交教育费附加	339.62	
贷：银行存款		12 452.82

应交消费税、资源税的核算方法与应交城市维护建设税计算方法不同，核算方法相似。

3.应交企业所得税

企业所得税是事业单位在生产经营过程中就其生产经营所得和其他所得征收的一种税。生产经营所得和其他所得是指事业单位每一纳税年度中的收入总额减去按税法规定准予扣除的成本、费用、税金以及损失后的余额。企业所得税实行按年计算、分月份或季度预交，年终汇算清缴，多退少补的征收方法。

事业单位在计算出应交企业所得税时，借记“非财政补助结余分配”账户，贷记“应缴税费——应交企业所得税”账户；缴纳企业所得税时，借记“应缴税费——应交企业所得税”账户，贷记“银行存款”账户。

［例12-40］某从事经营活动的事业单位全年应税收益为1 500 000元，其中取得国库券利息收入15 000元，费用支出1 200 000元，其中用于某公司开业的赞助支出20 000元，1至11月份已预交企业所得税62 000元，企业所得税税率为25%，计算该事业单位年终应纳企业所得税税额。

（1）年度应纳税所得额=（1 500 000-1 200 000）-15 000+20 000=305 000（元）

（2）全年应纳企业所得税税额 =305 000×25%=76 250（元）

（3）年终汇算清缴应补缴应交企业所得税税额=76 250-62 000=14 250（元）

该单位计算出应补缴应交企业所得税时，根据相关凭证，编制会计分录如下：

借：非财政补助结余分配　　14 250

　贷：应缴税费——应交企业所得税　　14 250

补缴应交企业所得税时，根据相关凭证，编制会计分录如下：

借：应缴税费——应交企业所得税　　14 250

　贷：银行存款　　14 250

四、应付职工薪酬的核算

应付职工薪酬是指事业单位按有关规定应付给职工及为职工支付的各种薪酬，包括基本工资、绩效工资、国家统一规定的津贴补贴、社会保险费、住房公积金等。

基本工资是按国家统一规定应发给在职人员的岗位工资、薪级工资；绩效工资是按有关规定应发给在职人员的基础性绩效工资和奖励性绩效工资；国家统一规定的津贴补贴是指事业单位按照地方或部门、单位出台的规定应发给事业单位职工的地方或部门津贴补贴。

除以上应付工资和应付津贴补贴外，事业单位按照有关规定发给个人的其他收入，包括误餐费、夜餐费，出差人员的伙食补助费、市内交通费，出国人员的伙食费、公杂费、个人国外零用费，发给个人的一次性奖励等，是事业单位的应付其他个人收入。

事业单位向职工发放工资（离退休费）和地方（部门）津贴补贴应以银行卡的形式发放，中央和省级事业单位一律以银行卡的形式发放，不得发放现金。

事业单位应当按照规定将发放的工资（离退休费）、地方（部门）津贴补贴和其他个人收入情况在部门决算中单独反映。

为核算事业单位向职工发放的工资（离退休费）、各类地方（部门）津贴补贴、除工资（离退休费）及地方（部门）津贴补贴以外的其他个人收入，事业单位应设置“应付职工薪酬”账户。事业单位计算当期应付职工薪酬时，借记“事业支出”等相关账户，贷记“应付职工薪酬”账户；向职工支付工资、津贴补贴等薪酬时，借记“应付职工薪酬”账户，贷记“银行存款”“财政补助收入”“零余额账户用款额度”等账户。“应付职工薪酬”账户应当根据国家有关规定按照“工资（离退休费）”、“地方（部门）津贴补贴”、“其他个人收入”以及“社会保险费”、“住房公积金”等设置明细账，进行明细核算。

［例12-41］某事业单位（财政授权支付）某月发放在编职工工资，工资汇总表见表12-1。

表12-1 工资汇总表（在编职工） 单位：万元

基本工资	津贴补贴	绩效工资（奖金）	误餐补贴	加班工资	应付工资	代扣款项小计	个人所得税	社会保险费	住房公积金	水电费	实发工资
①	②	③	④	⑤	⑥	⑦	⑧	⑨	⑩	⑪	⑫
200	100	100	30	50	480	123.5	28.5	42	48	5	356.5

（1）计算编制内职工薪酬：

借：事业支出——财政补助支出——基本支出——工资福利支出——基本工资 2 000 000
——工资福利支出——津贴补贴 1 000 000
——工资福利支出——绩效工资 1 000 000
——工资福利支出——伙食补助费 300 000
——其他工资福利支出——加班工资 500 000

贷：应付职工薪酬——应付工资——在职人员（①+③+⑤） 3 500 000
——津贴补贴② 1 000 000
——其他个人收入④ 300 000

（2）向职工支付工资：

借：应付职工薪酬——应付工资——在职人员（①+③+⑤） 3 500 000
——津贴补贴② 1 000 000
——其他个人收入④ 300 000

贷：其他应收款——水电费 50 000
其他应付款——住房公积金 480 000
——社会保险费 420 000
应缴税费——应交个人所得税 285 000
零余额账户用款额度 3 565 000

（3）计算事业单位负担的应缴社保费126万元，住房公积金48万元，应付职工购房补贴10万元。

借：事业支出——财政补助支出——基本支出——工资福利支出——社会保险费 1 260 000
——对个人和家庭补助支出——住房公积 480 000
——对个人和家庭补助支出——购房补贴 100 000

贷：应付职工薪酬——社会保险费（单位部分） 1 260 000
——住房公积金（单位部分） 480 000
——购房补贴 100 000

（4）单位向社保局支付社保费168万元（42+126）、向住房公积金管理中心缴纳住房公积金96万元（48+48）、向职工支付购房补贴10万元、支付水电费5万元。

借：其他应收款——水电费 50 000
其他应付款——住房公积金 480 000
——社会保险费 420 000
应付职工薪酬——社会保险费（单位部分） 1 260 000
——住房公积金（单位部分） 480 000
——购房补贴 100 000
贷：零余额账户用款额度 2 790 000

（5）支付个人所得税28.5万元。

借：应缴税费——应交个人所得税 285 000
贷：零余额账户用款额度 285 000

最终，零余额账户用款额度支出664万元（工资支出480万元+社保费支出126万元+单位住房公积金支出48万元+单位购房补贴支出10万元）。

如果上述事业单位在编职工工资是用自有资金支付，支付时直接贷记“银行存款”账户。

［例12-42］某事业单位某月发放离退休工资，工资汇总表见表12-2。

表12-2 **工资汇总表（离退休）** 单位：万元

离退休费	增加离退费	地区差补贴	交通补贴	综合性补贴	生活补贴	应发工资	代扣水电费	实发工资
①	②	③	④	⑤	⑥	⑦	⑧	⑨
8.63	4.60	0.12	2.60	1.04	36	52.99	2	50.99

（1）计算离退休人员离退休费：

借：事业支出——财政补助支出——基本支出——对个人和家庭补助支出——离退休费 529 900
贷：应付职工薪酬——应付工资——离退休人员 529 900

（2）向离退休人员支付离退休费：

借：应付职工薪酬——应付工资——离退休人员 529 900
贷：零余额账户用款额度 509 900
其他应收款——水电费 20 000

（3）代缴离退休人员水电费：

借：其他应收款——水电费 20 000
贷：零余额账户用款额度 20 000

如果上述事业单位离退休人员离退休工资是用自有资金支付，支付时直接贷记“银行存款”账户。

第二节 事业单位净资产

事业单位净资产是指资产减去负债的差额，包括事业基金、非流动资产基金、专用基金、财政补助结转和结余、非财政补助结转等。

一、事业单位事业基金的核算

（一）事业基金的内容

事业基金是指事业单位拥有的非限定用途的净资产，其来源主要为非财政补助结余扣除结余分配后滚存的金额。

（二）事业基金的核算

事业单位应设置“事业基金”账户，用来核算事业单位拥有的非限定用途的净资产的增减变动及结存情况。它属于净资产类账户，贷方登记“非财政补助结余分配”“非财政补助结转”账户转入数等增加数，借方登记冲减数，贷方余额反映事业单位历年积存的非限定用途净资产的金额。

1.期末结转“非财政补助结余分配”的余额形成的事业基金

事业单位年终，将“非财政补助结余分配”账户余额转入事业基金，借记或贷记“非财政补助结余分配”账户，贷记或借记“事业基金”账户。

［例12-43］某事业单位年终“非财政补助结余分配”账户贷方余额为22 000元，结转“事业基金”账户。根据相关凭证，编制会计分录如下：

借：非财政补助结余分配　　22 000

　贷：事业基金——一般基金　　22 000

“非财政补助结余分配”账户余额为借方，如果有批复“用事业基金弥补收支差额预算”，直接冲减“事业基金——一般基金”账户，编制会计分录如下：

借：事业基金——一般基金

　贷：非财政补助结余分配

“非财政补助结余分配”账户余额为借方，没有批复“用事业基金弥补收支差额预算”，则挂账处理，编制会计分录如下：

借：其他应收款——待弥补经费差额

　借：非财政补助结余分配

2.项目已完成的非财政补助专项资金留归事业单位使用形成的事业基金

年末，对于项目已经完工的非财政补助专项资金，按规定将剩余资金留归事业单位使用转入事业基金，借记“非财政补助结转——××项目”账户，贷记“事业基金——一般基金”账户。

［例12-44］某事业单位某项目完工后，按规定将非财政补助专项结余资金8 500元留归本单位使用。根据相关凭证，编制会计分录如下：

借：非财政补助结转——××项目　　8 500

　贷：事业基金——一般基金　　8 500

3.在长期投资中形成的事业基金

以货币资金取得长期股权投资、长期债券投资，按照实际支付的全部价款（包括购买价款以及税金、手续费等相关税费）作为投资成本，借记“长期投资”账户，贷记“银行存款”等账户；同时，按照投资成本金额，借记“事业基金”账户，贷记“非流动资产基金——长期投资”账户。

对外转让或到期收回长期债券投资本息，按照实际收到的金额，借记“银行存款”等账户，按照收回长期投资的成本，贷记“长期投资——债券投资”账户，按照其差额，贷记或借记“其他收入——投资收益”账户；同时，按照收回长期投资对应的非流动资产基金，借记“非流动资产基金——长期投资”账户，贷记“事业基金——一般基金”账户。

［例12-45］某事业单位购买5年期国库券50 000元。根据相关凭证，编制会计分录如下：

借：长期投资——债券投资　　50 000

　贷：银行存款　　50 000

同时：

借：事业基金——一般基金　　50 000

　贷：非流动资产基金——长期投资　　50 000

［例12-46］续例12-45，半年后该事业单位转让上述国库券，收回51 000元。根据相关凭证，编制会计分录如下：

借：银行存款　　51 000

　贷：长期投资——债券投资　　50 000

　　其他收入——投资收益　　1 000

同时：

借：非流动资产基金——长期投资　　50 000

　贷：事业基金——一般基金　　50 000

二、事业单位非流动资产基金的核算

非流动资产基金是指事业单位非流动资产占用的金额，包括事业单位长期投资、固定资产、在建工程、无形资产等非流动资产占用的金额。

事业单位应设置“非流动资产基金”账户，用来核算事业单位长期投资、固定资产、在建工程、无形资产等非流动资产占用的金额的增减变动及结存情况。它属于净资产类账户，贷方登记在取得长期投资、固定资产、在建工程、无形资产等非流动资产或发生相关支出时形成的非流动资产基金额，借方登记处置长期投资、固定资产、无形资产等，以及以固定资产、无形资产等对外投资时，应当冲销该资产对应的非流动资产基金额。期末贷方余额，反映事业单位非流动资产占用的金额。本账户应当设置“长期投资”“固定资产”“在建工程”“无形资产”等明细账，进行明细分类核算。

［例12-47］某事业单位以银行存款支付购入不需要安装的专用设备一台150 000元。根据相关凭证，编制会计分录如下：

借：事业支出——其他资金支出——基本支出——设备购置费　　150 000

　贷：银行存款　　150 000

同时：

借：固定资产　　150 000

　贷：非流动资产基金——固定资产　　150 000

如果款项是通过零余额账户用财政资金支付的，编制会计分录如下：

借：事业支出——财政补助支出——基本支出——设备购置费　150 000

　贷：零余额账户用款额度　150 000

同时：

借：固定资产　150 000

　贷：非流动资产基金——固定资产　150 000

［例12-48］某事业单位以一账面原值为120 000元，已提折旧40 000元的设备向其他单位投资，该设备经双方协商确认的价值为90 000元。根据相关凭证，编制会计分录如下：

借：长期投资——其他投资　90 000

　贷：非流动资产基金——长期投资　90 000

同时：

借：非流动资产基金——固定资产　80 000

　　累计折旧　40 000

　贷：固定资产　120 000

三、事业单位专用基金的核算

（一）专用基金的内容

专用基金是指事业单位按规定提取或者设置的具有专门用途的净资产，主要包括修购基金、职工福利基金等。

专用基金按规定一般不直接参加业务经营活动，具有相对独立的特点：

（1）专用基金的取得均有专门的规定。如修购基金是按事业收入和经营收入的一定比例提取，职工福利基金则是根据结余的一定比例提取转入的，其他基金的提取和设置也都有专门的规定。

（2）各项专用基金都规定有专门的用途和使用范围，除财务制度规定允许合并使用以外，专用基金一般不得互相占用、挪用，也不准挤用其他开支。

（3）专用基金的使用均属一次性消耗，没有循环周转，不可能通过专用基金支出直接取得补偿。

事业单位对专用基金的管理，应遵循“先提后用、专设账户、专款专用”的原则。

“先提后用”是指各项专用基金必须根据规定的来源渠道，在取得资金以后，方能安排使用。

“专设账户”是指各项专用基金应单设账户进行管理和核算，不能与其他项目合并。

“专款专用”是指各种专用基金都要按照规定的用途和使用范围安排开支，支出不得超出资金规模，保证专用基金使用的合理、合法。

（二）专用基金的核算

事业单位应设置“专用基金”账户，用来核算按规定提取或者设置的有专门用途的净资产情况。它属于净资产类账户，贷方登记事业单位按规定转入、提取或设置的专用基金，借方登记专用基金的使用或冲减数，期末贷方余额为事业单位专用基金余额。该账户应按照专用基金的类别设置明细账户，进行明细分类核算。

1.修购基金的核算

修购基金是指按事业收入和经营收入的一定比例提取，在事业支出和经营支出的修缮费与设备购置费中列支（各列50%）后转入，以及按照其他规定转入用于事业单位固定资产维修和购置的资金。修购基金的支出范围仅限于固定资产的维修和购置，不得用于其他方面的开支。

修购基金在确定提取比例时，应本着收入多的多提、收入少的少提的原则，尽可能地保证修购基金达到一定的规模，并稳定增长。在实际工作中，一些事业收入和经营收入数额很少的事业单位，也可不提取修购基金。

事业单位修购基金按事业收入和经营收入的一定比例提取，并在事业支出和经营支出的修缮费和设备购置费中各列50%。提取修购基金的计算公式为：

提取额=事业收入×提取率+经营收入×提取率

事业单位在提取修购基金时，借记“事业支出——其他资金支出——修缮费（或设备购置费）”“经营支出——其他资金支出——修缮费（或设备购置费）”账户，贷记“专用基金——修购基金”账户。

［例12-49］某事业单位年度事业收入为2 000 000元，经营收入为800 000元，提取修购基金比例分别为5%和6%，则修购基金提取额为148 000元（2 000 000×5%+800 000×6%）。根据相关凭证，编制会计分录如下：

借：事业支出——其他资金支出——修缮费	50 000	
——设备购置费	50 000	
经营支出——修缮费	24 000	
——设备购置费	24 000	
贷：专用基金——修购基金		148 000

［例12-50］某事业单位用修购基金43 000元购置一台机器设备，款项已通过银行付讫，设备已投入使用。根据相关凭证，编制会计分录如下：

借：专用基金——修购基金	43 000	
贷：银行存款		43 000

同时：

借：固定资产——专用设备	43 000	
贷：非流动资产基金——固定资产		43 000

2.职工福利基金的核算

事业单位的职工福利基金是按规定从本年度非财政补助结余中提取职工福利基金，专门用于单位职工的集体福利设施、集体福利待遇等的资金。

职工福利基金与按标准在事业支出和经营支出中列支提取的国家工作人员福利费不同，前者主要用于集体福利的开支，如用于集体福利设施建设等，后者主要用于职工个人方面的开支，如用于职工生活困难补助等，福利费提取后也在专用基金账户核算，但二者应分开核算。

事业单位在按规定从本年度非财政补助结余中提取一定比例的职工福利基金时，必须严格按规定比例提取，不得随意提高职工福利基金的提取比例。其计算公式为：

职工福利基金提取额=可计提职工福利基金的非财政补助结余额×提取比例

年终，事业单位按规定比例从当年非财政补助结余计提职工福利基金时，借记“非财政补助结余分配——职工福利基金”等账户，贷记“专用基金——职工福利基金”账户。

使用福利基金时，借记“专用基金——职工福利基金”账户，贷记“银行存款”账户。

［例12-51］假定某事业单位年终非财政补助结余额为1 400 000元，按30%的比例提取职工福利基金。根据相关凭证，编制会计分录如下：

职工福利基金提取额=1 400 000×30%=420 000（元）

借：非财政补助结余分配——职工福利基金　　420 000

　贷：专用基金——职工福利基金　　420 000

3.医疗基金的核算

医疗基金是指未纳入公费医疗经费开支范围的事业单位，按当地财政部门规定的公费医疗经费开支标准从收入中提取，并参照公费医疗制度有关规定用于职工公费医疗开支的资金。

各地财政部门一般是在年初核定公费医疗经费人均预算定额的，并据此核拨给享受公费医疗待遇的事业单位公费医疗经费。未纳入公费医疗经费开支范围的事业单位，也应按当地财政部门确定的公费医疗经费人均预算定额提取医疗基金。医疗基金应按从事专业业务及其辅助活动的人员和从事生产经营活动的人员的不同，分别列入事业支出和经营支出的社会保险费中。其计算公式为；

医疗基金提取额=职工人数×提取标准（预算定额）

事业单位在提取医疗基金时，借记“事业支出——其他资金支出——社会保险费”或“经营支出——社会保险费”账户，贷记“专用基金——医疗基金”账户。使用时，借记“专用基金——医疗基金”账户，贷记“银行存款”账户。

［例12-52］某事业单位有从事专业业务活动及其辅助活动的人员120人和从事生产经营活动的人员30人，按财政部门确定的公费医疗费人均年度预算定额标准550元提取医疗基金。根据相关凭证，编制会计分录如下：

事业支出中应提医疗基金额=550×120=66 000（元）

经营支出中应提医疗基金额=550×30=16 500（元）

借：事业支出——其他资金支出——社会保险费　　66 000

　　经营支出——社会保险费　　16 500

　贷：专用基金——医疗基金　　82 500

［例12-53］某事业单位以银行存款2 300元支付职工医疗费。根据相关凭证，编制会计分录如下：

借：专用基金——医疗基金　　2 300

　贷：银行存款　　2 300

四、事业单位财政补助结转和结余的核算

（一）事业单位财政补助结转的核算

财政补助结转是指当年支出预算已执行但尚未完成或因故未执行，各项财政补助收入与其相关支出相抵后剩余，下年需按原用途继续使用的财政补助资金，包括基本支出结转和项目支出结转。

事业单位应设置“财政补助结转”账户，用来核算事业单位滚存的财政补助结转资金。它属于净资产类账户，贷方登记将财政补助收入转入的金额，借方登记将财政补助支出转入的金额，期末贷方余额反映事业单位财政补助结转资金数额。该账户应设置“基本支出”“项目支出”两个明细账户，并在“基本支出”明细账户下按照“人员经费”“日常公用经费”进行明细核算，在“项目支出”明细账户下按照具体项目进行明细核算；“基本支出”“项目支出”两个明细账户还应按照《政府收支分类科目》中“支出功能分类”的相关科目进行明细核算。

事业单位发生需要调整以前年度财政补助结转的事项，通过本账户核算。

［例12-54］某事业单位年终财政补助收支各账户余额如下：

财政补助收入——基本支出——人员经费	100万元（贷）
财政补助收入——基本支出——日常公用经费	50万元（贷）
财政补助收入——项目支出	200万元（贷）
事业支出——财政补助支出——基本支出——工资福利支出	90万元（借）
事业支出——财政补助支出——基本支出——对个人和家庭的补助	10万元（借）
事业支出——财政补助支出——基本支出——商品和服务支出	17万元（借）
事业支出——财政补助支出——基本支出——其他资本性支出	15万元（借）
事业支出——财政补助支出——项目支出——其他资本性支出	190万元（借）

年终，将“财政补助收入”账户余额结转到“财政补助结转”账户。根据相关凭证，编制会计分录如下：

借：财政补助收入——基本支出——人员经费	1 000 000	
——基本支出——日常公用经费	500 000	
——项目支出	2 000 000	
贷：财政补助结转——基本支出——人员经费		1 000 000
——基本支出——日常公用经费		500 000
——项目支出		2 000 000

年终，将“事业支出——财政补助支出”账户余额结转到“财政补助结转”账户。根据相关凭证，编制会计分录如下：

借：财政补助结转——基本支出——人员经费	1 000 000	
——基本支出——日常公用经费	320 000	
——项目支出	1 900 000	
贷：事业支出——财政补助支出——基本支出——工资福利支出		900 000
——基本支出——对个人和家庭的补助		100 000
——基本支出——商品和服务支出		170 000
——基本支出——其他资本性支出		150 000
——项目支出——其他资本性支出		1 900 000

同时，年终将零余额账户未使用额度注销，编制会计分录如下：

借：财政应返还额度——财政授权支付	280 000	
贷：零余额账户用款额度		280 000

财政补助结转各明细账户余额：

财政补助结转——基本支出——人员经费=100-100=0（万元）

财政补助结转——基本支出——日常公用经费=50-32=18（万元）（贷方）

财政补助结转——项目支出=200-190=10（万元）（贷方）

第二年第一季度申请额度返还，收到返还的额度。根据相关凭证，编制会计分录如下：

借：零余额账户用款额度 280 000

贷：财政应返还额度——财政授权支付 280 000

使用上年结转的18万元基本支出拨款支付办公费和10万元项目支出拨款购买专用设备。根据相关凭证，编制会计分录如下：

借：事业支出——财政补助支出——基本支出——商品和服务支出 180 000

——项目支出——其他资本性支出 100 000

贷：零余额账户用款额度 280 000

第二年年终将“事业支出——财政补助支出”账户余额结转“财政补助结转”账户。根据相关凭证，编制会计分录如下：

借：财政补助结转——基本支出——日常公用经费 180 000

——项目支出 100 000

贷：事业支出——财政补助支出——基本支出——商品和服务支出 180 000

——项目支出——其他资本性支出 100 000

财政补助结转明细账户余额：

财政补助结转——基本支出——日常公用经费=18-18=0（万元）

财政补助结转——项目支出=10-10=0（万元）

（二）事业单位财政补助结余的核算

财政补助结余是指事业单位各项财政补助项目资金收入与其相关支出相抵后剩余滚存的资金。

事业单位应设置“财政补助结余”账户，核算事业单位滚存的财政补助项目支出结余资金。它属于净资产类账户，贷方登记按照有关规定将符合财政补助结余性质的项目余额转入金额，借方登记财政补助结余转出的金额，期末贷方余额，反映事业单位财政补助结余资金数额。

事业单位发生需要调整以前年度财政补助结余的事项，通过本账户核算。

［例12-55］续例12-54，财政补助项目支出形成结转资金10万元，结转到“财政补助结余”账户。根据相关凭证，编制会计分录如下：

借：财政补助结转——项目支出 100 000

贷：财政补助结余 100 000

若财政部门将结余资金收回，编制会计分录如下：

借：财政补助结余 100 000

贷：财政应返还额度——财政授权支付 100 000

五、事业单位非财政补助结转的核算

非财政补助结转是指事业单位除财政补助收支以外的各专项资金收入与其相关支出相抵后剩余滚存的、必须按规定用途使用的结转资金。非财政专项资金的来源主要有地方拨款、上级主管部门拨入的专项资金、有限定用途的捐款收入、单位自定的专项资金等。

事业单位应设置“非财政补助结转”账户，核算除财政补助收支以外的各专项资金收入与其相关支出相抵后剩余滚存的、必须按规定用途使用的结转资金。它属于净资产类账户，贷方登记期末从“事业收入”“上级补助收入”“附属单位上缴收入”“其他收入”账户本期发生额中的非财政专项资金收入转入金额，借方登记从“事业支出”“其他支出”账户本期发生额中的非财政专项资金支出转入金额，期末贷方余额，反映事业单位非财政专项资金结转数额。

事业单位发生需要调整以前年度非财政补助结转的事项，通过本账户核算。

［例12-56］某事业单位收到地方财政部门拨入专项资金100万元。根据相关凭证，编制会计分录如下：

借：银行存款　1 000 000

　贷：事业收入——非财政专项资金收入　1 000 000

用专项资金80万元购置设备，另外，10万元用于商品服务支出。根据相关凭证，编制会计分录如下：

借：事业支出——非财政专项资金支出——设备购置费　800 000

　　　　　　　　　　　　　　　　——商品和服务支出　100 000

　贷：银行存款　900 000

年终，将非财政专项资金收入和支出进行结转。根据相关凭证，编制会计分录如下：

借：事业收入——非财政专项资金收入　1 000 000

　贷：非财政补助结转　1 000 000

借：非财政补助结转　900 000

　贷：事业支出——非财政专项资金支出——设备购置费　800 000

　　　　　　　　　　　　　　　　　——商品和服务支出　100 000

此时，“非财政补助结转”账户余额=100-90=10万元（贷方）

如果该项目已结束，剩余的专款缴回地方财政部门，编制会计分录如下：

借：非财政补助结转　100 000

　贷：银行存款　100 000

如果该项目已结束，剩余的专款留归本单位，编制会计分录如下：

借：非财政补助结转　100 000

　贷：事业基金——一般基金　100 000

［例12-57］某事业单位收到业务主管部门拨入科研项目资金60 000元。根据相关凭证，编制会计分录如下：

借：银行存款　60 000

　贷：事业收入——非财政专项资金收入　60 000

用科研项目资金支付差旅费30 000元，劳务费5 000元，材料费6 000元。根据相关凭证，编制会计分录如下：

借：事业支出——非财政专项资金支出——差旅费　30 000

　　　　　　　　　　　　　　　　——劳务费　5 000

　　　　　　　　　　　　　　　　——专用材料费　6 000

　贷：银行存款　41 000

年终，将非财政专项资金收入和支出进行结转。根据相关凭证，编制会计分录如下：

借：事业收入——非财政专项资金收入　60 000

　贷：非财政补助结转　60 000

借：非财政补助结转　　41 000

　贷：事业支出——非财政专项资金支出——差旅费　　30 000

　　　　　　　　　　　　　　　　　——劳务费　　5 000

　　　　　　　　　　　　　　　　　——专用材料费　　6 000

该科研项目年终未结束，则资金结转到下年使用，不需要额外进行会计处理。

六、事业单位结余及其分配的核算

（一）事业结余的核算

事业结余是指事业单位在一定期间（通常为一年）除财政补助收支、非财政专项资金收支和经营收支以外的各项收支相抵后的余额。它反映了事业单位开展专业活动及辅助活动的结果。

事业单位应设置“事业结余”账户，用来核算一定期间除财政补助收支、非财政专项资金收支和经营收支外的各项收支相抵后的余额。它属于净资产类账户，贷方登记从“事业收入”“上级补助收入”“附属单位上缴收入”“其他收入”账户本期发生额中非财政、非专项资金收入转入数，借方登记从“事业支出”“其他支出”账户本期发生额中的非财政、非专项资金支出，以及“对附属单位补助支出”“上缴上级支出”账户本期发生额转入数。期末如为贷方余额，反映事业单位自年初至报告期末累计实现的事业结余；如为借方余额，反映事业单位自年初至报告期末累计发生的事业亏损。年末结账后，本账户应无余额。

事业结余的核算主要有3个环节：

（1）期末，将除财政补助收入、非财政专项资金收入和经营收入以外的收入类账户的余额转入“事业结余”账户。借记“事业收入”“上级补助收入”“附属单位上缴收入”“其他收入”账户，贷记“事业结余”账户。

（2）期末，将除财政补助支出、非财政专项资金支出和经营支出以外的支出类账户的余额转入“事业结余”账户。借记“事业结余”账户，贷记“事业支出”“上缴上级支出”“对附属单位补助支出”“其他支出”账户。

（3）年终，将“事业结余”账户的余额，全数转入“非财政补助结余分配”账户，借记“事业结余”账户，贷记“非财政补助结余分配”账户；如为事业亏损，则做相反会计分录。

［例12-58］某事业单位年终决算时，有关账户的余额见表12-3。

表12-3　**账户余额表**　单位：元

账户名称	结账前余额
上级补助收入	1 000 000（贷）
附属单位上缴收入	400 000（贷）
事业收入	5 000 000（贷）
其他收入	500 000（贷）
事业支出	4 500 000（借）
上缴上级支出	800 000（借）
对附属单位补助支出	1 000 000（借）
其他支出	200 000（借）

年终，将各项收支转入事业结余。根据相关凭证，编制会计分录如下：

借：上级补助收入　　1 000 000

附属单位上缴收入	400 000	
事业收入	5 000 000	
其他收入	500 000	
贷：事业结余		6 900 000
借：事业结余	6 500 000	
贷：事业支出		4 500 000
上缴上级支出		800 000
对附属单位补助支出		1 000 000
其他支出		200 000

（二）经营结余的核算

经营结余是指事业单位在一定期间（通常为一年）各项经营收入与经营支出相抵后的余额。它反映了事业单位开展经营活动的结果。

事业单位应设置“经营结余”账户，用来核算一定期间各项经营收支相抵后余额弥补以前年度经营亏损后的余额。它属于净资产类账户，贷方登记经营收入转入数，借方登记经营支出转入数。期末如为贷方余额，反映事业单位自年初至报告期末累计实现的经营结余弥补以前年度经营亏损后的经营结余；如为借方余额，反映事业单位截至报告期末累计发生的经营亏损。

年终，应将实现的经营结余数全数转入“非财政补助结余分配”账户，结转后该账户应无余额。但如为亏损，则不结转。年末结账后，本账户一般无余额；如为借方余额，反映事业单位累计发生的经营亏损。

经营结余的核算主要包括3个环节：

（1）期末，将“经营收入”账户余额转入“经营结余”账户，借记“经营收入”账户，贷记“经营结余”账户。

（2）期末，将“经营支出”账户余额转入“经营结余”账户，借记“经营结余”账户，贷记“经营支出”账户。

（3）年终，“经营结余”账户如为贷方余额，表示当期盈余，贷方余额全数转入“非财政补助结余分配”账户，借记“经营结余”账户，贷记“非财政补助结余分配”账户，结转后本账户无余额；如为借方余额，则表示亏损，年终不予结转，等待以后年度用盈余弥补亏损。

[例12-59] 某事业单位年终决算时，“经营收入”账户余额为1 200 000元，“经营支出”账户余额为800 000元。年终，将各项经营收支转入经营结余。根据相关凭证，编制会计分录如下：

借：经营收入	1 200 000	
贷：经营结余		1 200 000
借：经营结余	800 000	
贷：经营支出		800 000

（三）事业单位非财政补助结余分配的核算

1.事业单位非财政补助结余分配的办法

事业单位非财政补助结余分配要按照国家的有关规定进行，如有企业所得税缴纳义务的事业单位提取应缴纳的企业所得税，按照国家有关规定提取职工福利基金，将剩余部分作为事业基金用于弥补以后年度单位收支差额。

2.非财政补助结余分配的要求

（1）正确计算非财政补助结余。事业单位应当按照规定的计算方法和计算内容，对单位全年的收支活动进行全面的清查、核对、整理和结算，凡属本年的各项收入，都要及时入账，凡属本年的各项支出，都要按规定的支出渠道列报，正确计算、如实反映全年收支结余情况。需要强调的是，经营收入要与经营支出对应进行结算，以正确反映经营收支结余，其他各项收入之和要与支出之和对应进行结算，以正确反映事业收支结余，二者不能混淆。

（2）按规定分配非财政补助结余。非财政补助结余的分配要严格按照国家有关规定办理。

3.非财政补助结余分配的核算

事业单位应设置“非财政补助结余分配”账户，用来核算当年非财政补助结余分配的情况和结果。它属于净资产类账户，贷方登记年终事业单位当年事业结余和经营结余转入数，借方登记事业单位计算出的应交企业所得税和提取的专用基金数，贷方余额反映未分配结余。分配后，应将当年未分配的结余从该账户全部转入“事业基金——一般基金”账户。结转后，该账户无余额。

（1）年终，将“事业结余”账户余额结转入“非财政补助结余分配”账户，借记或贷记“事业结余”账户，贷记或借记“非财政补助结余分配”账户；将“经营结余”账户贷方余额结转入“非财政补助结余分配”账户，借记“经营结余”账户，贷记“非财政补助结余分配”账户。

（2）有企业所得税纳税义务的事业单位计算出应缴纳的企业所得税，借记“非财政补助结余分配——应交企业所得税”账户，贷记“应缴税费——应交企业所得税”账户。

（3）事业单位计算出应提取的职工福利基金，借记“非财政补助结余分配——职工福利基金”账户，贷记“专用基金”账户。

（4）分配后，事业单位应将当年未分配结余全数转入“事业基金——一般基金”账户，借记“非财政补助结余分配”账户，贷记“事业基金——一般基金”账户。

［例12-60］年终，某事业单位将当年实现的“事业结余”账户贷方余额900 000元，“经营结余”账户贷方余额400 000元转入“非财政补助结余分配”账户。根据相关凭证，编制会计分录如下：

借：事业结余	900 000	
经营结余	400 000	
贷：非财政补助结余分配		1 300 000

［例12-61］续例12-60，该事业单位按25%税率计算缴纳企业所得税。应交企业所得税税额=400 000×25%=100 000（元）。根据相关凭证，编制会计分录如下：

借：非财政补助结余分配——应交企业所得税	100 000	
贷：应缴税费——应交企业所得税		100 000

［例12-62］续例12-60和例12-61，该事业单位按结余的30%计提职工福利基金。根据相关凭证，编制会计分录如下：

职工福利基金提取额=［900 000+（400 000-100 000）］×30%=360 000（元）

借：非财政补助结余分配——职工福利基金 360 000

贷：专用基金——职工福利基金 360 000

［例12-63］续例12-60至例12-62，年终，将“非财政补助结余分配”账户贷方余额840 000元转入“事业基金——一般基金”账户。根据相关凭证，编制会计分录如下：

借：非财政补助结余分配 840 000

贷：事业基金——一般基金 840 000

本章小结

本章全面阐述了事业单位负债和净资产的含义、内容与核算方法。

事业单位负债是指事业单位所承担的能以货币计量、需要以资产或劳务偿付的债务，包括借入款项、应付账款、应付票据、预收账款、其他应付款、应缴国库款、应缴财政专户款以及各项应缴税费等内容。

事业单位通过“短期借款”“应付票据”“应付账款”“预收账款”“其他应付款”“应缴国库款”“应缴财政专户款”“应缴税费”“应付职工薪酬”“长期借款”“长期应付款”等账户核算各负债项目的增减变动及结存情况。

事业单位净资产是指事业单位资产扣除负债后的余额，包括事业基金、非流动资产基金、专用基金、财政补助结转和结余、非财政补助结转等。

事业基金是指事业单位拥有的非限定用途的净资产，其来源主要为非财政补助结余扣除结余分配后滚存的金额。

非流动资产基金是指事业单位非流动资产占用的金额。

专用基金是指事业单位按规定提取或者设置的具有专门用途的净资产。

财政补助结转是指当年支出预算已执行但尚未完成或因故未执行，各项财政补助收入与其相关支出相抵后剩余，下年需按原用途继续使用的财政补助资金，包括基本支出结转和项目支出结转。

财政补助结余是指事业单位各项财政补助项目资金收入与其相关支出相抵后剩余滚存的资金。

非财政补助结转是指事业单位除财政补助收支以外的各专项资金收入与其相关支出相抵后剩余滚存的、必须按规定用途使用的结转资金。

事业单位通过“事业基金”“非流动资产基金”“专用基金”“财政补助结转”“财政补助结余”“非财政补助结转”“事业结余”“经营结余”“非财政补助结余分配”等账户核算各净资产项目的增减变动及结存情况。

第十三章

事业单位收入和支出的核算

学习目标

通过本章的学习，要求明确事业单位收入、支出的含义和具体内容；掌握事业单位各项收入、支出、专项资金及成本费用核算账户的设置及其核算方法。

第一节 事业单位收入

一、事业单位收入的内容

事业单位收入是指事业单位开展业务活动及其他活动依法取得的非偿还性资金。事业单位的收入包括财政补助收入、事业收入、上级补助收入、附属单位上缴收入、经营收入和其他收入等。

（一）事业单位收入的含义

事业单位收入具有以下四层含义：

1.事业单位收入是为开展业务活动和其他活动而取得的

事业单位一般不直接从事物质资料的生产、交通运输或商品经营活动，其主要是根据国家发展事业的方针政策，在精神生产领域组织和开展各项业务活动及其他有关活动。由于其主要的业务活动具有非生产性、非营利性的特点，因此事业单位业务活动的资金耗费，一般不能从所开展的各项业务活动的收入中得到完全的补偿，而必须从财政部门取得财政补助收入，从主管部门或上级单位获得上级补助收入、拨入专款来解决开展所承担的各项业务所需的资金。同时，事业单位利用自身的资源和条件，通过开展有偿服务活动和生产经营活动获取事业收入及经营收入等，以补偿业务活动和其他活动的资金耗费。

2.事业单位收入必须是依法取得的

事业单位取得各项收入，必须符合国家有关法律、法规和规章制度的规定。事业单位按照国家有关政策规定和财政预算取得财政补助收入及上级补助收入；根据政府物价部门核准的收费项目和收费标准，按照规定的程序办理有关的审批手续后才能向服务对象收费，事业单位开展的生产经营活动所取得的经营收入也必须按照国家有关政策规定获得。

3.事业单位收入是通过多种形式、多种渠道取得的

随着国家事业单位管理体制改革的不断深入，事业单位的收入来源和渠道呈多样化趋势，既有财政补助收入、上级补助收入、附属单位上缴收入，又有事业收入、经营收入以及对外投资收益、存款的利息收入等其他收入。

4.事业单位收入具有非偿还性

事业单位所取得的各项收入是不需要偿还的，可根据收入预算项目直接安排用于开展各相关项目的业务活动及其他活动的费用支出。事业单位取得需要偿还的资金应当作为“负债”处理。

（二）事业单位收入的主要内容

事业单位收入的主要内容包括：

1.财政补助收入

财政补助收入是指事业单位从同级财政部门取得的各类财政拨款，包括基本支出补助和项目支出补助。

2.上级补助收入

上级补助收入是指事业单位从主管部门或上级单位取得的非财政补助收入，是事业单位的主管部门或上级单位自身组织或调剂的收入拨给事业单位的资金。财政部门通过事业单位的主管部门或上级单位转拨的事业经费只能计入财政补助收入，不能作为上级补助收入处理。

3.事业收入

事业收入是指事业单位开展专业业务活动及其辅助活动取得的收入。所谓专业业务活动，是指事业单位根据各自的专业业务特点所从事或开展的主要业务活动，即事业单位各自的“主营业务”，如教育事业单位的招生教学活动、卫生事业单位的医疗保健活动、农业事业单位的农林技术推广活动、水利事业单位的排灌和抗旱活动、文化事业单位的演出和展览活动等。辅助活动是指与专业业务活动相关、直接为专业业务活动服务的行政管理活动、后勤服务活动及其他有关活动。通过开展上述活动取得的收入，均作为事业收入处理。

此外，事业单位按照国家有关规定应当上缴国库或者财政专户的资金，不计入事业收入；从财政专户核拨给事业单位的资金和经核准不上缴国库或者财政专户的资金，计入事业收入。

4.经营收入

经营收入是指事业单位在专业业务活动及其辅助活动之外开展非独立核算经营活动取得的收入。经营收入必须具备两个特征：（1）必须是经营活动取得的收入，而不是专业业务活动及其辅助活动取得的收入，如科研单位的产品（商品）销售收入、经营服务收入、工程承运收入、租赁收入、社会咨询服务活动收入，以及教育事业单位、学校利用闲置固定资产开展有偿服务所取得的收入。（2）必须是非独立核算的经营活动取得的收入，而不是独立核算的经营业务取得的收入。事业单位开办的独立核算单位的经营活动取得的收入，应按照企业会计制度进行核算。其上缴给事业单位的纯收入，作为附属单位缴款处理。

5.附属单位上缴收入

附属单位上缴收入是指事业单位附属独立核算单位按照有关规定上缴的收入，包括附属的事业单位上缴的收入和附属的企业上缴的利润等。附属单位补偿本单位在支出中垫支的各种费用，应当冲减相应支出，不能计入附属单位上缴收入。

6.其他收入

其他收入是指除财政补助收入、事业收入、上级补助收入、附属单位上缴收入和经营收入以外的各项收入，包括投资收益、利息收入、捐赠收入等。

（三）事业单位收入的管理

事业单位收入是开展专业业务活动及其辅助活动的资金来源，各单位都应重视和加强收入的管理和核算，具体要求如下：

1.要根据业务性质合理确认收入的实现

事业单位的收入应当在收到款项时予以确认，如财政补助收入、上级补助收入、事业收入等。其他收入以单位实际收到的数额予以确认；采用权责发生制的单位取得的经营收入，可以在提供劳务或发出商品，同时收讫价款或者取得索取价款的凭据时予以确认。对于长期项目的收入，应当根据年度完成进度予以合理确认。事业单位取得收入为非货币资金时，应当根据有关凭据确认其价值，没有凭据可供确认的，参照市场价格确定。

2.要划清各项收入界限

正确划分各项收入是加强事业单位收入管理、做好收入核算的基础。对财政补助收入应严格按照国家规定的事业经费账户、内容程序进行申报、领发、使用、核销，并按照预算级次和预算账户进行明细核算；对按规定上缴预算的收入要及时上缴，应上缴财政专户的收入要及时上缴财政专户，不能直接作为事业收入处理。对于经营和服务性收入，应依法缴纳各种税费。在收入核算中还应注意划清以下各项收入的界限：

第一，划清财政补助收入与上级补助收入的界限。财政补助收入属于财政预算资金，上级补助收入属于非财政预算资金。

第二，划清事业收入与经营收入的界限。事业单位根据本单位的业务特点进行的专业业务活动及其辅助活动所取得的收入属于事业收入。事业单位在专业业务活动及其辅助活动之外开展非独立核算经营活动取得的收入属于经营收入。

第三，划清经营收入与附属单位上缴收入的界限。附属非独立核算单位，其经营活动所取得的收入属于本单位的经营收入；附属独立核算单位，只就其上缴款计入本单位的附属单位上缴收入。

二、事业单位财政补助收入的核算

财政补助收入是事业单位收入的主要来源，是事业单位会计核算和监督的主要对象。

事业单位应设置“财政补助收入”账户，用来核算事业单位从同级财政部门取得的各类财政拨款，包括基本支出补助和项目支出补助。它属于收入类账户，贷方登记实际收到的财政补助收入数额，借方登记财政补助收入的缴回和转销数；平时余额在贷方，反映拨入经费的累计数。年终结账时，将该账户贷方余额全数转入“财政补助结转”账户。结账后，该账户无余额。

该账户应当设置“基本支出”和“项目支出”两个明细科目；两个明细科目下按照《政府收支分类科目》中“支出功能分类”的相关科目进行明细核算；同时在“基本支出”明细科目下按照“人员经费”和“日常公用经费”进行明细核算，在“项目支出”明细科目下按照具体项目进行明细核算。

（一）财政直接支付方式下的核算

在国库集中支付制度下，财政直接支付是指财政部门直接将款项支付给收款单位，不支付给事业单位。这一般适用于大额的、重要的、经常性支出，比如工资支出、工程采购支出、物品和服务采购支出等。预算单位应在收到财政国库支付执行机构委托代理银行转来的“财政直接支付入账通知书”时，按入账通知书中标明的金额确认收入。支付时，直接借记有关支出账户，贷记“财政补助收入”账户。

对于由财政直接支付的工资，借记“事业支出——财政补助支出”账户，贷记“财政补助收入”账户；对于由财政直接支付的购买材料、接受服务的款项，借记“存货——材料”等账户，贷记“财政补助收入”账户；对于由财政直接支付的购置固定资产设备的款项，借记“事业支出——财政补助支出”账户，贷记“财政补助收入”账户，同时，借记“固定资产”账户，贷记“非流动资产基金——固定资产”账户。

［例13-1］某事业单位2016年8月份发生如下财政补助收入业务：

（1）该单位由财政统发工资，在职工收到工资后，事业单位会计依据工资单、“财政直接支付入账通知书”等相关票据记账，8月份工资总额为200 000元。根据相关凭证，编制会计分录如下：

借：事业支出——财政补助支出——基本支出——工资支出　　200 000

　贷：财政补助收入　　200 000

（2）购买生产用的甲材料，取得增值税专用发票，价款为30 000元，增值税税额为5 100元，材料已验收入库（该单位为增值税一般纳税人）。根据相关凭证，编制会计分录如下：

借：存货——材料——甲材料　　30 000

　　应缴税费——应交增值税（进项税额）　　5 100

　贷：财政补助收入　　35 100

（3）购入办公设备复印机一台，价款为20 000元。根据相关凭证，编制会计分录如下：

借：事业支出——财政补助支出——基本支出　　20 000

　贷：财政补助收入　　20 000

同时：

借：固定资产　　20 000

　贷：非流动资产基金——固定资产　　20 000

（二）财政授权支付方式下的核算

国库收付制度改革后，财政授权支付方式适用于未纳入财政直接支付的财政性资金和零星支出。事业单位应于收到零余额账户代理银行盖章的“授权支付到账通知书”时，按“授权支付到账通知书”标明的额度确认收入。

收到“授权支付到账通知书”后，借记“零余额账户用款额度”账户，贷记“财政补助收入”账户。

事业单位购买物品、接受服务等支用额度时，借记“事业支出”、“经营支出”或“存货”账户，贷记“零余额账户用款额度”账户；对于事业单位购买固定资产时，借记“事业支出”账户，贷记“零余额账户用款额度”账户，同时，借记“固定资产”账户，贷记“非流动资产基金——固定资产”账户。

［例13-2］某事业单位2016年3月发生如下财政补助收入业务：

（1）收到代理银行转来的“授权支付到账通知书”。收到财政授权支付额度250 000元。根据相关凭证，编制会计分录如下：

借：零余额账户用款额度　　250 000

　贷：财政补助收入　　250 000

（2）提取现金2 000元备用。根据相关凭证，编制会计分录如下：

借：库存现金　2 000

　贷：零余额账户用款额度　2 000

（3）购买办公用品，价款为500元。根据相关凭证，编制会计分录如下：

借：事业支出——财政补助支出——基本支出　500

　贷：零余额账户用款额度　500

（4）购买一台办公设备，价款为40 000元。根据相关凭证，编制会计分录如下：

借：事业支出——财政补助支出——基本支出　40 000

　贷：零余额账户用款额度　40 000

同时：

借：固定资产　40 000

　贷：非流动资产基金——固定资产　40 000

（三）财政实拨资金方式下的核算

未纳入国库集中收付制度改革的事业单位，财政部门将资金直接拨入事业单位的开户银行。事业单位按收款通知书所列金额，借记“银行存款”账户，贷记“财政补助收入”账户。

［例13-3］某事业单位2016年6月发生如下财政补助收入业务：

（1）8日收到财政部门拨入事业经费350 000元，已转入本单位银行账户。根据相关凭证，编制会计分录如下：

借：银行存款　350 000

　贷：财政补助收入　350 000

（2）25日将本月份多拨的事业经费50 000元缴回财政部门。根据相关凭证，编制会计分录如下：

借：财政补助收入　50 000

　贷：银行存款　50 000

三、事业单位上级补助收入的核算

事业单位应设置“上级补助收入”账户，用来核算事业单位从主管部门和上级单位取得的非财政补助收入。它属于收入类账户，贷方登记事业单位收到主管部门和上级单位拨入的非财政补助资金的实际数，借方登记缴回及转销数，平时余额在贷方，反映上级补助收入累计数。期末，将“上级补助收入”账户本期发生额中的专项资金收入结转入“非财政补助结转”账户，借记“上级补助收入”账户下各专项资金收入明细账户，贷记“非财政补助结转”账户；将“上级补助收入”账户本期发生额中的非专项资金收入结转入“事业结余”账户，借记“上级补助收入”账户下各非专项资金收入明细账户，贷记“事业结余”账户。期末结账后，该账户应无余额。

事业单位应当按照发放补助单位、补助项目、《政府收支分类科目》中“支出功能分类”相关科目等进行明细核算。上级补助收入中如有专项资金收入，还应按具体项目进行明细核算。

［例13-4］某事业单位当年发生上级补助收入的业务如下：

（1）收到上级单位拨来的弥补正常业务活动经费不足的非财政补助收入500 000元。根据相关凭证，编制会计分录如下：

借：银行存款 500 000

贷：上级补助收入 500 000

（2）年终结账时，将“上级补助收入”账户的非专项资金收入贷方余额500 000元结转“事业结余”账户。根据相关凭证，编制会计分录如下：

借：上级补助收入 500 000

贷：事业结余 500 000

四、事业单位事业收入的核算

事业单位对事业收入的确认，一般采用收付实现制原则，即以款项的实际收付为标准来确认和计量本期收入和费用。

事业单位应设置“事业收入”账户，用来核算事业单位的事业收入。它属于收入类账户，贷方登记专业业务活动及其辅助活动取得的收入，借方登记专业业务活动及其辅助活动取得的收入退回数和转销数，平时贷方余额为事业收入的累计数。属于一般纳税人的单位取得事业收入时，按实际收到的价款扣除增值税销项税额，贷记“事业收入”账户，按计算出应交增值税的销项税款，贷记“应缴税费——应交增值税（销项税额）”账户，借记“银行存款”等账户。期末，将“事业收入”账户本期发生额中的专项资金收入结转入“非财政补助结转”账户，借记“事业收入”账户下各专项资金收入明细账户，贷记“非财政补助结转”账户；将“事业收入”账户本期发生额中的非专项资金收入结转入“事业结余”账户，借记“事业收入”账户下各非专项资金收入明细账户，贷记“事业结余”账户。期末结账后，本账户应无余额。

事业单位应当按照事业收入类别、项目、《政府收支分类科目》中“支出功能分类”相关科目等进行明细核算。事业收入中如有专项资金收入，还应按具体项目进行明细核算。

现根据事业单位取得各项事业收入的方式、来源以及管理要求的不同，举例说明事业收入核算的具体方法。

［例13-5］某学校未采用财政专户返还方式管理的事业收入，收到学杂费2 000 000元，当天存入银行，按规定全部由学校管理使用。根据相关凭证，编制会计分录如下：

借：银行存款 2 000 000

贷：事业收入 2 000 000

［例13-6］某学校采用财政专户返还方式管理的事业收入，事业收入实行“收支两条线”管理办法，按财政部门规定，学费收入2 000 000元，按时缴入财政部门指定的财政专户。财政部门根据学校经费预算按月返还事业收入200 000元。

（1）收到学费存入银行。根据相关凭证，编制会计分录如下：

借：银行存款 2 000 000

贷：应缴财政专户款 2 000 000

（2）将学费收入2 000 000元在规定时间内上缴财政专户。根据相关凭证，编制会计分录如下：

借：应缴财政专户款 2 000 000

贷：银行存款 2 000 000

（3）日常收到财政部门返还的事业收入200 000元。根据相关凭证，编制会计分录

（采用实拨方式）如下：

借：银行存款　200 000

　贷：事业收入　200 000

［例13-7］某事业单位属于一般纳税人，取得科研中间产品销售收入10 000元，同时向对方收取增值税销项税额1 700元，共计11 700元，款项已收妥存入银行。根据相关凭证，编制会计分录如下：

借：银行存款　11 700

　贷：事业收入　10 000

　　应缴税费——应交增值税（销项税额）　1 700

若该批产品中有20%出现质量问题发生退货，事业单位退还货款2 000元，增值税税额为340元。根据相关凭证，编制会计分录如下：

借：事业收入　2 000

　应缴税费——应交增值税（销项税额）　340

　贷：银行存款　2 340

［例13-8］某事业单位实行预算外资金全额上缴财政专户管理办法，收到财政部门核拨给本单位使用的预算外资金100 000元。采用财政部门实拨方式时，根据相关凭证，编制会计分录如下：

借：零余额账户用款额度　100 000

　贷：事业收入　100 000

［例13-9］某学校收到上级主管部门拨入所属小学预算外资金20 000元。根据相关凭证，编制会计分录如下：

借：银行存款　20 000

　贷：其他应付款——××小学　20 000

［例13-10］某事业单位实行预算外资金上缴财政专户管理办法，12月份取得预算外资金300 000元，年终结算出应交财政专户资金结余150 000元，已于12月31日缴讫。

（1）收到预算外资金时，根据相关凭证，编制会计分录如下：

借：银行存款　300 000

　贷：事业收入　300 000

如果收到财政集中支付的预算外资金时，编制会计分录如下：

借：零余额账户用款额度　300 000

　贷：事业收入　300 000

（2）年终结算出应缴财政专户资金时，根据相关凭证，编制会计分录如下：

借：事业收入　150 000

　贷：应缴财政专户款　150 000

（3）用银行存款缴纳结余资金时，根据相关凭证，编制会计分录如下：

借：应缴财政专户款　150 000

　贷：银行存款　150 000

［例13-11］某事业单位实行预算外资金按比例上缴财政专户管理办法，当月取得预算外收入50 000元，上缴比例为50%。根据相关凭证，编制会计分录如下：

借：银行存款 50 000

贷：事业收入 25 000

应缴财政专户款 25 000

［例 13-12］某事业单位收到主管部门拨入非财政专项资金200 000元。根据相关凭证，编制会计分录如下：

借：银行存款 200 000

贷：上级补助收入——非财政专项资金收入 200 000

［例 13-13］某事业单位年终将事业收入账户中非财政非专项资金明细账贷方余额3 000 000元结转“事业结余”账户，非财政专项资金明细账贷方余额200 000元结转“非财政补助结转”账户。根据相关凭证，编制会计分录如下：

借：事业收入——非财政非专项资金收入 3 000 000

贷：事业结余 3 000 000

借：事业收入——非财政专项资金收入 200 000

贷：非财政补助结转 200 000

五、事业单位经营收入的核算

事业单位应严格划清事业收入与经营收入的界限，划清所属单位上缴收入与经营收入的界限。事业单位在专业业务活动及其辅助活动以外，不便或无法独立核算的小规模经营活动所取得的收入，属于单位的经营收入，如科研单位对外开展有偿的社会咨询服务活动所取得的收入，各类学校对外开展社会服务活动、利用闲置的固定资产开展有偿服务所取得的收入。学校按物价部门核定的标准向学生收取的学费、住宿费则属于学校的专业业务收入，应列入单位的“事业收入”账户中核算。事业单位所属经营规模较大、实行独立核算的经营单位应执行企业会计制度，对其经营收入实行独立核算、其上缴事业单位的纯收入，应在“附属单位上缴收入”账户中核算。如学校的校办企业，设置独立的会计机构或单独配备会计人员，开立独立的银行账户，单独设置会计账簿，对其经营活动实行独立核算，计算盈亏。当学校收到校办企业按规定上缴（或分配）的纯收入，应作为附属单位上缴收入，而不能作为经营收入处理。

事业单位应设置“经营收入”账户，用来核算事业单位在专业业务活动及其辅助活动以外开展非独立核算业务的经营收入情况。它属于收入类账户，贷方登记取得的各项经营收入，借方登记冲减的经营收入和期末结转额；平时余额在贷方，反映本期经营收入的累计额。年终结账时，将该账户贷方余额全数转入“经营结余”账户后，该账户无余额。该账户应当按照经营活动类别、项目、《政府收支分类科目》中“支出功能分类”相关科目等进行明细核算。

［例 13-14］某职业学院为小规模纳税人，所属非独立核算的培训中心将闲置的客房对外提供服务，取得现金500元（为不含税住宿费收入），增值税税额为30元。根据相关凭证，编制会计分录如下：

借：库存现金 530

贷：经营收入 500

应缴税费——应交增值税（销项税额） 30

［例 13-15］某职业学院属小规模纳税人，所属电子研究所安装一批接收机出售给其

他学院，不含税价格为30 000元，增值税税额为1 800元，合同规定将价格的10%作为产品质量保证金，半年后未出现质量问题，全额返还。收到转账支票1张，金额为28 800元，已存入银行。根据相关凭证，编制会计分录如下：

借：银行存款　28 800

　　应收账款——××学院　3 000

　　贷：经营收入　30 000

　　　　应缴税费——应交增值税（销项税额）　1 800

［例13-16］某事业单位科研所收到广告设计费5 000元（含税），开具增值税普通发票，增值税税率为6%，款项已存入银行。根据相关凭证，编制会计分录如下：

应交增值税税额=5 000÷（1+6%）×6%=283.02（元）

借：银行存款　5 000

　　贷：经营收入　4 716.98

　　　　应缴税费——应交增值税（销项税额）　283.02

［例13-17］某职业学院年终结账时，经营收入贷方余额为123 000元，全额转入“经营结余”账户。根据相关凭证，编制会计分录如下：

借：经营收入　123 000

　　贷：经营结余　123 000

六、事业单位附属单位上缴收入和其他收入的核算

（一）附属单位上缴收入的核算

附属单位上缴收入是指事业单位附属的独立核算单位按规定标准或比例缴纳的各项收入，包括上缴的收入和利润。事业单位附属独立核算单位一般是指具有独立法人资格的单位。事业单位收到附属单位返还本单位垫付的各种费用，应当冲减相应的支出。事业单位对附属单位经营项目的投资所取得的投资收益，属于事业单位的其他收入，应作为其他收入处理。

事业单位应设置“附属单位上缴收入”账户，用来核算附属独立核算单位按规定上缴的收入。它属于收入类账户，贷方登记收到附属独立核算单位实际上缴的收入，借方登记退回数和转销数，平时余额在贷方，反映附属单位缴款的累计数。期末，将“附属单位上缴收入”账户本期发生额中的专项资金收入结转入“非财政补助结转”账户，借记“附属单位上缴收入”账户下各专项资金收入明细账户，贷记“非财政补助结转”账户；将“附属单位上缴收入”账户本期发生额中的非专项资金收入结转入“事业结余”账户，借记“附属单位上缴收入”账户下各非专项资金收入明细账户，贷记“事业结余”账户。期末结账后，该账户应无余额。

该账户应当按照附属单位、缴款项目、《政府收支分类科目》中“支出功能分类”相关科目等进行明细核算。附属单位上缴收入中如有专项资金收入，还应按具体项目进行明细核算。

［例13-18］某事业单位12月发生附属独立核算单位缴款业务如下：

（1）收到所属独立核算的修配厂上缴利润100 000元，已存入银行。根据相关凭证，编制会计分录如下：

借：银行存款　100 000

贷：附属单位上缴收入 100 000

(2) 收到所属独立核算的招待所的分成收入200 000元，已存入银行。根据相关凭证，编制会计分录如下：

借：银行存款 200 000

贷：附属单位上缴收入 200 000

(3) 经核实，招待所上缴分成收入中，有50 000元是偿还单位垫付的水电费支出。根据相关凭证，编制会计分录如下：

借：附属单位上缴收入 50 000

贷：事业支出——其他资金支出——水电费 50 000

(4) 年终结账时，将“附属单位上缴收入”账户中非专项资金明细账贷方余额350 000元结转“事业结余”账户。根据相关凭证，编制会计分录如下：

借：附属单位上缴收入——非财政非专项资金收入 350 000

贷：事业结余 350 000

如果附属单位上缴收入中有专项资金收入，上缴专项资金收入。根据相关凭证，编制会计分录如下：

借：银行存款

贷：附属单位上缴收入——非财政专项资金收入

年终结账时，将“附属单位上缴收入——非财政专项资金收入”账户结转“非财政补助结转”账户。根据相关凭证，编制会计分录如下：

借：事业收入——非财政专项资金收入

贷：非财政补助结转

(二) 其他收入的核算

其他收入是指事业单位除财政补助收入、事业收入、上级补助收入、附属单位上缴收入和经营收入以外的各项收入，包括投资收益、利息收入、捐赠收入、现金盘盈收入、存货盘盈收入、收回已核销应收及预付款项、无法偿付的应付及预收款项等。

事业单位应设置“其他收入”账户，用来核算其他收入的增加、退回和结转情况。它属于收入类账户，贷方登记实际收到的其他收入数，借方登记其他收入的退回及结转数，平时余额在贷方，反映其他收入的累计余额。期末，将本账户本期发生额中的专项资金收入结转入“非财政补助结转”账户，借记“其他收入”账户下各专项资金收入明细账户，贷记“非财政补助结转”账户；将“其他收入”账户本期发生额中的非专项资金收入结转入“事业结余”账户，借记“其他收入”账户下各非专项资金收入明细账户，贷记“事业结余”账户。期末结账后，该账户无余额。

该账户应当按照其他收入的类别、《政府收支分类科目》中“支出功能分类”相关科目等进行明细核算。对于事业单位对外投资实现的投资净损益，应单设“投资收益”明细科目进行核算；其他收入中如有专项资金收入（如限定用途的捐赠收入），还应按具体项目进行明细核算。

[例13-19] 某职业学院月末收到银行存款利息12 500元。根据相关凭证，编制会计分录如下：

借：银行存款 12 500

贷：其他收入——利息收入 12 500

［例 13-20］某职业学院年终收到附属独立核算单位交来本单位项目投资收益 200 000 元，房屋及场地租金 20 000 元，款项已收妥存入银行。根据相关凭证，编制会计分录如下：

借：银行存款 220 000

贷：其他收入——投资收益 200 000

——固定资产出租 20 000

［例 13-21］某职业学院收到校友赠送的柜式空调机两台，价值为 19 800 元，空调机已安装完毕交付使用。根据相关凭证，编制会计分录如下：

借：固定资产 19 800

贷：非流动资产基金——固定资产 19 800

［例 13-22］某职业学院年终结账时，将“其他收入”账户中的非专项资金收入贷方余额 252 300 元转入“事业结余”账户。根据相关凭证，编制会计分录如下：

借：其他收入 252 300

贷：事业结余 252 300

第二节 事业单位支出

一、事业单位支出的内容

事业单位的支出是指事业单位开展业务活动及其他活动发生的资金耗费和损失，包括事业支出、经营支出、对附属单位补助支出、上缴上级支出和其他支出等。

由于事业单位的业务活动和其他活动复杂多样，造成了事业单位支出的多样性。加强对各项业务活动和其他活动资金耗费的管理和核算，对于提高资金的使用效益，保证各项业务的完成和事业计划的实现，具有重要的意义。

1. 事业支出

事业支出是事业单位开展专业业务活动及其辅助活动发生的基本支出和项目支出。它是事业单位的主要支出。

2. 经营支出

经营支出是事业单位在专业业务活动及其辅助活动之外开展非独立核算经营活动发生的支出。

3. 对附属单位补助支出

对附属单位补助支出是指事业单位用财政补助收入之外的收入对附属单位补助发生的支出。

4. 上缴上级支出

上缴上级支出是事业单位按照财政部门和主管部门的规定上缴上级单位的支出。

5. 其他支出

其他支出是指事业单位除事业支出、上缴上级支出、对附属单位补助支出、经营支出以外的各项支出。

二、事业单位事业支出的核算

（一）事业支出及其内容

事业支出是事业单位开展专业业务活动及其辅助活动发生的基本支出和项目支出。

事业支出按其用途分为三大类：

第一类：人员支出，反映单位开支的在职职工和临时聘用人员的各类劳动报酬，以及为上述人员缴纳的各项社会保险费等。

（1）基本工资，反映按国家统一规定支付的基本工资，包括工作人员的固定工资和国家规定比例的津贴，各类学校毕业生见习期间的临时待遇等。

（2）津贴，反映单位在基本工资之外按国家规定开支的津贴和补贴。津贴包括政府特殊津贴、艰苦边远地区津贴、各类学校的教龄津贴、班主任津贴、特殊教育津贴、医院的护龄津贴、运动员津贴等。补贴包括书报费补贴、价格补贴、地区性补贴、冬季取暖补贴、防暑降温补贴、职工上下班交通费补贴、伙食补贴等（不含住宅电话补贴费和住房补贴）。

（3）奖金，反映单位按国家规定开支的各类奖金，如国家统一规定的机关事业单位年终一次性奖金、运动员奖金等。

（4）社会保险缴费，反映单位按国家规定为职工缴纳的基本养老、医疗、失业、工伤等社会保险费。

（5）伙食补助，反映单位发给职工的伙食补助费，如误餐补助等。

（6）绩效工资，反映单位人员的绩效工资。

（7）其他工资福利支出，反映上述项目未包括的人员支出，如各种加班工资、病假两个月以上期间的人员工资、编制外长期聘用人员及临时工工资等。

第二类：公用支出，反映单位购买商品和劳务的支出。

（1）办公费，反映单位购买财务会计制度规定不符合固定资产确认标准的日常办公用品、报纸杂志的支出。

（2）印刷费，反映单位的印刷费支出。

（3）咨询费，反映单位咨询方面的支出。

（4）手续费，反映单位的各类手续费支出。

（5）水费，反映单位的水费、污水处理费等支出。

（6）电费，反映单位的电费支出。

（7）邮电费，反映单位的信函、包裹、货物等物品的邮寄费及电话费、电报费、传真费、网络通信费等支出。

（8）取暖费，反映单位取暖用燃料费、热力费、炉具购置费、锅炉临时工的工资、节煤奖以及由单位统一支付的在职职工和离退休人员宿舍取暖费等支出。

（9）物业管理费，反映单位的办公用房、职工宿舍等的物业管理费，包括综合治理、绿化、卫生等支出。

（10）差旅费，反映单位工作人员出差的住宿费、旅费、伙食补助费、杂费，干部及大中专学生调遣费、调干家属差旅费补助等支出。

（11）因工出国（境）费，反映单位工作人员公务出国（境）的住宿费、旅费、伙食补助费、杂费、培训费等支出。

（12）维修（护）费，反映单位固定资产（不包括车船等交通工具）的修理和维护费用、网络信息系统运行与维护费用，以及按规定提取的修购基金等支出。

（13）租赁费，反映租赁办公用房、宿舍、专用通信网以及其他设备等方面的费用。

（14）会议费，反映会议中按规定开支的房租费、伙食补助费以及各种文件资料的印刷费、会议场地租用费等。

（15）公务接待费，反映单位按规定开支的各类公务接待（含外宾接待）费用。

（16）专用材料费，反映单位购买专用材料的支出，具体包括药品及医疗耗材，农用材料，兽医用品，实验室用品，专用服装，消耗性体育用品，专用工具和仪器，艺术部门专用材料和用品，广播电视台发射台发射机的电力、材料等方面的费用。

（17）劳务费，反映支付给单位和个人的劳务费用，如钟点工工资，稿酬、翻译费、评审费等。

（18）委托业务费，反映因委托外单位办理业务而支付的委托业务费。

（19）工会经费，反映单位按规定提取的工会经费。

（20）福利费，反映单位按规定提取的福利费。

（21）公务用车运行维护费，反映公务用车租用费、燃料费、维修费、过桥过路费、保险费、安全奖励费用等支出。

（22）其他交通工具运行维护费，反映单位除公务用车外的其他各类交通工具（如船舶、飞机）的燃料费、维修费、过桥过路费、保险费、安全奖励费用等支出。

（23）培训费，反映各类培训支出。按标准提取的“职工教育经费”，也在本账户反映。

（24）办公设备购置，反映用于购置并按财务会计制度规定纳入固定资产核算范围的办公家具和办公设备的支出。

（25）专用设备购置，反映用于购买具有专门用途，并按财务会计制度规定纳入固定资产核算范围的各类专用设备的支出，如通信设备、发电设备、交通监控设备、气象设备、进出口监督设备、卫星转发器等。

（26）公务用车购置，反映公务用车车辆购置支出（含车辆购置税）。

（27）其他交通工具购置，反映单位除公务用车外的其他各类交通工具（如船舶）购置支出。

（28）图书资料购置费，反映单位购置的按固定资产管理的各类图书、资料的支出。

（29）其他商品和服务支出，反映上述账户未包括的日常公用支出，如行政赔偿费和诉讼费、国内组织的会员费、来访费、广告宣传费、其他劳务费及离退休人员特需费、公用经费等。

第三类：对个人和家庭的补助支出，反映单位对个人和家庭的无偿性补助支出。

（1）离休费，反映行政、事业单位和军队移交政府安置的离休人员的离休费，护理费和其他补贴。

（2）退休费，反映行政、事业单位和军队移交政府安置的退休人员的退休费和其他补贴。

（3）退职（役）费，反映行政、事业单位退职人员的生活补贴，一次性支付给职工或军官、军队无军籍退职职工、运动员的退职补助，一次性支付给军官、文职干部、士官、义务兵的退役费，按月支付给自主择业的军队转业干部的退役金。

（4）抚恤金，反映按规定开支的烈属、牺牲及病故人员家属的一次性和定期抚恤金，伤残人员的抚恤金，离退休人员等其他人员的各项抚恤金。

（5）生活补助，反映按规定开支的抚恤对象定期定量生活补助费、退役军人生活补助费、行政事业单位职工和遗属生活补助，因公负伤等住院治疗、住疗养院期间的伙食补助费，长期赡养人员补助费，由于国家实行退耕还林禁牧舍饲政策补偿给农民的现金、粮食支出，对农村党员、复员军人及村干部的补助支出，看守人员和犯人的伙食费、药费等。

（6）救济费，反映按规定开支的城乡贫困人员、灾民、归侨、外侨及其他人员的生活救济费，包括城市居民最低生活保障费，随同资源枯竭矿山破产但未参加养老保险统筹的矿山所属集体企业退休人员按最低生活保障标准发放的生活费，农村五保户供养对象、贫困户、麻风病人的生活救济费，精简退职老弱残职工救济费，福利、救助机构发生的收养费以及救助支出等。实物形式的救济也在此账户反映。

（7）医疗费，反映行政、事业单位在职职工、离退休人员的医疗费，军队移交政府安置的离退休人员的医疗费，学生医疗费，优抚对象医疗补助，以及国家规定资助农民参加新型农村合作医疗的支出和对城乡贫困家庭的医疗救助支出。

（8）助学金，反映各类学校学生助学金、奖学金、学生贷款、出国留学（实习）人员生活费、青少年业余体校学员伙食补助费和生活费补贴，按照协议由我方负担或享受我方奖学金的来华留学生、进修生生活费等。

（9）奖励金，反映政府各部门的奖励支出，如对个体私营经济的奖励、计划生育目标责任奖励，独生子女父母奖励等。

（10）生产补助，反映各种对个人发放的生产补贴支出，如国家对农民发放的农机购置补贴、良种补贴、粮食直补以及发放给残疾人的各种生产经营补贴。

（11）住房公积金，反映行政、事业单位按人事部和财政部规定的基本工资与津贴补贴以及规定比例为职工缴纳的住房公积金。

（12）提租补贴，反映按房改政策规定的标准，行政、事业单位向职工（含离退休人员）发放的租金补贴。

（13）购房补贴，反映按房改政策规定，行政、事业单位向符合条件的职工（含离退休人员）、军队（含武警）向转役复员离退休人员发放的用于购买住房的补贴。

（14）其他对个人和家庭的补助支出，反映未包括在上述账户的对个人和家庭的补助支出，如婴幼儿补贴、职工探亲旅费、退职人员及随行家属路费、符合条件的退役回乡义务兵一次性建房补助、符合安置条件的城镇退役士兵自谋职业的一次性经济补助费、对农户的生产经营补贴等。

（二）事业支出的报销

事业支出的报销应当按下列规定办理：

（1）单位发给个人的工资、津贴、补贴和抚恤救济金、助学金等，应按实发金额，凭本人签收的凭证列报支出。

（2）购入办公用品、专用材料一般可在购入时凭票直接列报。但是，成批采购、数量较大需入库保管的常用专用材料，应先列入“存货”账户核算，实际领用时再列报支出。

（3）社会保险缴费、职工福利费和工会经费，按规定的标准和计算基数按月计提、缴纳，列报事业支出。

（4）固定资产修购基金按核定的比例计提，直接列报支出。

（5）购入固定资产，经验收后按实际成本列报支出，同时记入“固定资产”和“非流动资产基金——固定基金”账户。

（6）其他各项费用，均以实际报销数列报支出。

（三）事业支出的核算

事业单位应设置“事业支出”账户，用来核算事业单位开展各项专业业务活动及其辅助活动所发生的基本支出和项目支出。它属于支出类账户，借方登记实际发生的事业支出额，实行内部成本核算的事业单位结转已销业务成果或产品的实际成本，贷方登记当年支出回收数，平时余额在借方，反映实际支出累计数。

期末，将“事业支出”账户（财政补助支出）本期发生额结转入“财政补助结转”账户，借记“财政补助结转——基本支出结转、项目支出结转”账户，贷记“事业支出”账户（财政补助支出——基本支出、项目支出）或“事业支出”账户（基本支出——财政补助支出、项目支出——财政补助支出）；将“事业支出”账户（非财政专项资金支出）本期发生额结转入“非财政补助结转”账户，借记“非财政补助结转”账户，贷记“事业支出”账户（非财政专项资金支出）或“事业支出”账户（项目支出——非财政专项资金支出）；将“事业支出”账户（其他资金支出——基本支出、项目支出）本期发生额结转入“事业结余”账户，借记“事业结余”账户，贷记“事业支出”账户（其他资金支出——基本支出、项目支出）或“事业支出”账户（基本支出——其他资金支出、项目支出——其他资金支出）。期末结账后，该账户应无余额。

“事业支出”账户应当按照“基本支出”和“项目支出”，“财政补助支出”、“非财政专项资金支出”和“其他资金支出”等层级设置明细账进行明细核算，并按照《政府收支分类科目》中“支出功能分类”相关科目进行明细核算；“基本支出”和“项目支出”明细科目下应当按照《政府收支分类科目》中“支出经济分类”的款级科目进行明细核算；同时在“项目支出”明细科目下按照具体项目进行明细核算。

［例13-23］某事业单位发生基本事业支出业务如下：

（1）用自有资金现金购买办公用品一批，凭有关部门验收的购货发票500元填制记账凭证。根据相关凭证，编制会计分录如下：

借：事业支出——其他资金支出——基本支出——办公费　　500

　贷：库存现金　　500

（2）某事业单位工资、离退休费用自有资金支付，本月应付工资总额为220 000元，其中，在职人员工资为125 000元，在职人员的岗位津贴为60 000元，离退休人员的离退休费为35 000元；扣回在职职工养老保险5 000元，水电费20 000元，房租3 500元。根据相关凭证，编制会计分录如下：

借：事业支出——其他资金支出——基本支出——工资福利支出——基本工资　　125 000

　　　　——工资福利支出——津贴补贴　　60 000

　　　　——对个人和家庭补助支出——离退休费　　35 000

　贷：应付职工薪酬——应付工资——在职人员　　125 000

　　　　——地方津贴补贴　　60 000

　　　　——应付工资——离退休人员　　35 000

发放工资时，根据相关凭证，编制会计分录如下：

借：应付职工薪酬——应付工资——在职人员 125 000
——地方津贴补贴 60 000
——应付工资——离退休人员 35 000
贷：银行存款 191 500
其他应付款——社会保险费 5 000
其他应收款——水电费 20 000
——住房基金 3 500

上缴养老保险、水电费，扣除的房租用作单位的住房基金。根据相关凭证，编制会计分录如下：

借：其他应付款——社会保险费 5 000
其他应收款——水电费 20 000
——住房基金 3 500
贷：银行存款 25 000
专用基金——住房基金 3 500

如果该事业单位在职人员、离退休人员工资是通过零余额账户用财政资金支付的，编制会计分录如下：

借：应付职工薪酬——应付工资——在职人员 125 000
——地方津贴补贴 60 000
——应付工资——离退休人员 35 000
贷：零余额账户用款额度 191 500
其他应付款——社会保险费 5 000
其他应收款——水电费 20 000
——住房基金 3 500

上缴养老保险、水电费，扣除的房租用作单位的住房基金。根据相关凭证，编制会计分录如下：

借：其他应付款——社会保险费 5 000
其他应收款——水电费 20 000
——住房基金 3 500
贷：零余额账户用款额度 25 000
专用基金——住房基金 3 500

(3) 单位用银行存款购入办公用计算机5台，价值为33 000元。根据相关凭证，编制会计分录如下：

借：事业支出——其他资金支出——基本支出——设备购置费 33 000
贷：银行存款 33 000

同时：

借：固定资产 33 000
贷：非流动资产基金——固定资产 33 000

如果款项是通过零余额账户用财政资金支付的，编制会计分录如下：

借：事业支出——财政补助支出——基本支出——设备购置费 33 000

贷：零余额账户用款额度 33 000

同时：

借：固定资产 33 000

贷：非流动资产基金——固定资产 33 000

（4）收到银行转来付款通知，划转本月水电费35 000元，电话费3 000元。根据相关凭证，编制会计分录如下：

借：事业支出——其他资金支出——基本支出——水电费 35 000

——邮电费 3 000

贷：银行存款 38 000

如果款项是通过零余额账户用财政资金支付的，编制会计分录如下：

借：事业支出——财政补助支出——基本支出——水电费 35 000

——邮电费 3 000

贷：零余额账户用款额度 38 000

（5）用自有资金现金支付汽车司机过桥过路费及车公里补助580元、汽车修理费200元。根据相关凭证，编制会计分录如下：

借：事业支出——其他资金支出——基本支出——交通费 780

贷：库存现金 780

（6）开出转账支票支付办公用房维修费用20 000元。根据相关凭证，编制会计分录如下：

借：事业支出——其他资金支出——基本支出——维修费 20 000

贷：银行存款 20 000

如果款项是通过零余额账户用财政资金支付的，编制会计分录如下：

借：事业支出——财政补助支出——基本支出——维修费 20 000

贷：零余额账户用款额度 20 000

（7）开出支票，缴纳职工住房公积金38 000元，其中单位负担19 000元，职工个人负担19 000元。根据相关凭证，编制会计分录如下：

借：应付职工薪酬——住房公积金（单位部分） 19 000

其他应付款——住房公积金 19 000

贷：银行存款 38 000

如果款项是通过零余额账户用财政资金支付的，编制会计分录如下：

借：应付职工薪酬——住房公积金（单位部分） 19 000

其他应付款——住房公积金 19 000

贷：零余额账户用款额度 38 000

（8）开出支票，支付会计师事务所审计费7 000元。根据相关凭证，编制会计分录如下：

借：事业支出——其他资金支出——基本支出——委托业务费 7 000

贷：银行存款 7 000

如果款项是通过零余额账户用财政资金支付的，编制会计分录如下：

借：事业支出——财政补助支出——基本支出——委托业务费 7 000

贷：零余额账户用款额度 7 000

(9) 开出支票，支付公务接待费2 000元。根据相关凭证，编制会计分录如下：

借：事业支出——其他资金支出——基本支出——公务接待费 2 000

贷：银行存款 2 000

如果款项是通过零余额账户用财政资金支付的，编制会计分录如下：

借：事业支出——财政补助支出——基本支出——公务接待费 2 000

贷：零余额账户用款额度 2 000

(10) 开出支票，支付会议费8 000元。根据相关凭证，编制会计分录如下：

借：事业支出——其他资金支出——基本支出——会议费 8 000

贷：银行存款 8 000

如果款项是通过零余额账户用财政资金支付的，编制会计分录如下：

借：事业支出——财政补助支出——基本支出——会议费 8 000

贷：零余额账户用款额度 8 000

(11) 职工外出开会，用公务卡支付了交通费1 600元、住房费1 200元，现回单位报销差旅费。根据相关凭证，编制会计分录如下：

借：事业支出——其他资金支出——基本支出——差旅费 2 800

贷：银行存款 2 800

如果款项是通过零余额账户用财政资金支付的，编制会计分录如下：

借：事业支出——财政补助支出——基本支出——差旅费 2 800

贷：零余额账户用款额度 2 800

(12) 通过银行汇款支付职工外出培训费用5 000元。根据相关凭证，编制会计分录如下：

借：事业支出——其他资金支出——基本支出——培训费 5 000

贷：银行存款 5 000

如果款项是通过零余额账户用财政资金支付的，编制会计分录如下：

借：事业支出——财政补助支出——基本支出——培训费 5 000

贷：零余额账户用款额度 5 000

(13) 按工资总额的2%提取工会经费，当月在职职工工资总额为3 800 000元。根据相关凭证，编制会计分录如下：

借：事业支出——其他资金支出——基本支出——工会经费 76 000

贷：其他应付款——工会经费 76 000

上缴或拨付工会经费时，根据相关凭证，编制会计分录如下：

借：其他应付款——工会经费 76 000

贷：银行存款 76 000

(14) 期末结账时，将“事业支出——其他资金支出——基本支出”账户累计借方余额4 800 000元，转入“事业结余”账户，“事业支出——财政补助支出——基本支出”账户累计借方余额3 600 000元，转入“财政补助结转——基本支出结转”账户。根据相关凭证，编制会计分录如下：

借：事业结余 4 800 000

贷：事业支出——其他资金支出——基本支出 4 800 000

借：财政补助结转——基本支出结转 3 600 000

贷：事业支出——财政补助支出——基本支出 3 600 000

事业单位项目支出核算方法与基本支出核算方法相似。

三、事业单位经营支出的核算

经营支出是指事业单位在专业业务活动及其辅助活动之外开展非独立核算经营活动发生的各项支出。有经营活动的事业单位应当正确划分事业支出和经营支出。单位所有非独立核算的全部经营支出都应纳入“经营支出”账户核算，且经营支出应与相关的经营收入相配比。

事业单位应设置“经营支出”账户，用来核算事业单位在专业业务活动及其辅助活动之外开展非独立核算经营活动发生的各项支出。它属于支出类账户，借方登记经营支出的实际数，贷方登记经营支出的收回数和转销数；平时余额在借方，反映本期经营支出累计数。年终结账时，将“经营支出”账户借方余额全部转入“经营结余”账户，结账后，该账户无余额。

“经营支出”账户应当按照经营活动类别、项目、《政府收支分类科目》中“支出功能分类”相关科目等进行明细核算。

[例13-24] 某事业单位发生经营支出业务如下：

（1）后勤管理部门支付停车场维修费5 000元。根据相关凭证，编制会计分录如下：

借：经营支出——维修费 5 000

贷：银行存款 5 000

（2）计算停车场聘用的收费员、保安员工资23 000元。根据相关凭证，编制会计分录如下：

借：经营支出——工资 23 000

贷：应付职工薪酬——其他工资 23 000

（3）电子研究所因经营活动购入无线接收机检测设备1台，价值为4 800元，经测试合格已交付使用。根据相关凭证，编制会计分录如下：

借：经营支出——设备购置费 4 800

贷：银行存款 4 800

同时：

借：固定资产——专用设备 4 800

贷：非流动资产基金——固定资产 4 800

（4）电子研究所经营活动实行内部成本核算，期末结转已销售200台无线接收机的生产成本，每台21元。根据相关凭证，编制会计分录如下：

借：经营支出——产品销售成本 4 200

贷：存货——产成品 4 200

（5）银行转付本月电费25 000元，其中，专业业务活动分摊20 000元，经营活动分摊5 000元。根据相关凭证，编制会计分录如下：

借：事业支出——其他资金支出——基本支出——水电费 20 000

经营支出——水电费 5 000

贷：银行存款　25 000

（6）年终，将"经营支出"账户借方余额350 000元，转入"经营结余"账户。根据相关凭证，编制会计分录如下：

借：经营结余　350 000

贷：经营支出　350 000

四、事业单位上缴上级支出的核算

上缴上级支出是指事业单位按照财政部门和主管部门的规定上缴上级单位的支出。它与主管部门或上级单位的"附属单位上缴收入"相对应。

事业单位应设置"上缴上级支出"账户，用来核算事业单位按照财政部门和主管部门的规定上缴上级单位支出的数额。它属于支出类账户，借方登记上缴上级单位的款额，贷方登记退回的上缴额和转销额，平时余额在借方，反映上缴上级支出的累计发生额。年终结账时，将借方余额全部转入"事业结余"账户，结账后，该账户无余额。

"上缴上级支出"账户应当按照收缴款项单位、缴款项目、《政府收支分类科目》中"支出功能分类"相关科目等进行明细核算。

［例13-25］某事业单位发生上缴上级支出的业务如下：

（1）12月20日按规定，从银行存款中划转200 000元，上缴上级单位。根据相关凭证，编制会计分录如下：

借：上缴上级支出　200 000

贷：银行存款　200 000

（2）年终，上级单位调整计划，开户行收到上级单位退还上缴款50 000元。根据相关凭证，编制会计分录如下：

借：银行存款　50 000

贷：上缴上级支出　50 000

（3）年终，将上缴上级支出账户借方余额150 000元转入"事业结余"。根据相关凭证，编制会计分录如下：

借：事业结余　150 000

贷：上缴上级支出　150 000

五、事业单位对附属单位补助支出的核算

对附属单位补助支出是指事业单位用财政补助收入之外的收入对附属单位补助发生的支出。事业单位的附属单位由于上级财政拨款和自身组织的收入不能满足开展业务活动及完成所承担的事业计划的经费需要，因此需要上级单位用非财政经费给予一定的补充。事业单位可以用单位业务活动所取得的自有资金或其他附属单位上缴的款项拨付。

事业单位应设置"对附属单位补助支出"账户，用来核算事业单位用财政补助收入之外的收入对附属单位补助的支出情况。它属于支出类账户，借方登记对附属单位补助的实际支出数，贷方登记对附属单位补助的收回数和转销数，平时余额在借方，反映对附属单位补助支出的累计发生额。年终结账时，将该账户借方余额全部转入"事业结余"账户，结账后，该账户无余额。

"对附属单位补助支出"账户应当按照接受补助单位、补助项目、《政府收支分类科目》中“支出功能分类”相关科目等进行明细核算。

[例13-26] 某事业单位发生对附属单位补助支出的业务如下：

（1）用银行存款拨给附属××单位补助款100 000元。根据相关凭证，编制会计分录如下：

借：对附属单位补助支出——××单位　　100 000

　贷：银行存款　　100 000

（2）因计划调整，年终附属××单位按规定退回补助款20 000元，已收妥存入银行。根据相关凭证，编制会计分录如下：

借：银行存款　　20 000

　贷：对附属单位补助支出——××单位　　20 000

（3）年终，将“对附属单位补助支出”账户借方余额80 000元转入“事业结余”账户。根据相关凭证，编制会计分录如下：

借：事业结余　　80 000

　贷：对附属单位补助支出——××单位　　80 000

六、事业单位其他支出的核算

事业单位其他支出是指事业单位除事业支出、上缴上级支出、对附属单位补助支出、经营支出以外的各项支出，包括利息支出、捐赠支出、现金盘亏损失、资产处置损失、接受捐赠（调入）非流动资产发生的税费支出等。

事业单位应设置“其他支出”账户，用来核算事业单位的其他支出情况。它属于支出类账户，借方登记其他支出的实际支出数，贷方登记其他支出的收回数和转销数，平时余额在借方，反映其他支出的累计发生额。

期末，将“其他支出”账户本期发生额中的专项资金支出结转入“非财政补助结转”账户，借记“非财政补助结转”账户，贷记“其他支出”账户下各专项资金支出明细账户；将“其他支出”账户本期发生额中的非专项资金支出结转入“事业结余”账户，借记“事业结余”账户，贷记“其他支出”账户下各非专项资金支出明细账户。期末结账后，该账户应无余额。

“其他支出”账户应当按照其他支出的类别、《政府收支分类科目》中“支出功能分类”相关科目等设置明细账，进行明细核算。其他支出中如有专项资金支出，还应按具体项目设置明细账进行明细核算。

[例13-27] 某事业单位收到银行扣款通知，已从单位账户上扣付银行借款利息25 000元。根据相关凭证，编制会计分录如下：

借：其他支出——利息支出　　25 000

　贷：银行存款　　25 000

[例13-28] 某事业单位参与扶贫济困活动，捐助扶贫济困资金25 000元。根据相关凭证，编制会计分录如下：

借：其他支出——捐赠支出　　25 000

　贷：银行存款　　25 000

[例13-29] 某事业单位每日现金账款核对中发现现金短缺50元，属于无法查明原因的部分，报经批准后作为其他支出。根据相关凭证，编制会计分录如下：

借：其他支出——库存现金短款　　50

贷：库存现金 50

第三节 事业单位非财政专项资金

一、事业单位非财政专项资金的内容

事业单位接受国家和上级主管部门安排的专项业务、承建专项工程和建设项目，需要财政及上级主管部门拨给相应的资金来完成。这就涉及财政部门和上级主管部门及其附属单位之间专项资金的划拨结算业务。事业单位的非财政专项资金是指地方、上级主管部门或者其他单位拨入、具有指定项目或用途、需要单独报账的资金，包括科研课题经费、挖潜改造资金、科技三项费用、特大防汛抗旱经费等。

事业单位取得的有指定项目和用途的专项资金，应当专款专用、单独核算，并按照规定向相关部门报送专项资金使用情况；项目完成后，应当报送专项资金支出决算和使用效果的书面报告，接受相关部门的检查、验收。事业单位必须按以下要求，加强对专项资金的管理：

第一，严格执行专款专用的原则。事业单位要按照专项资金拨付单位批准的计划或规定的渠道取得资金，按照规定的用途使用资金，做到既保证所承担的项目或批准计划的完成，又讲求经济效益。对完工的专项工程或中途撤销的项目，应及时做好决算，将剩余的款物上缴原拨款单位或部门或者经批准转为事业基金留用，不得任意挪用。

第二，严格执行单独报账的原则。事业单位要按照专项资金拨付单位的要求，提供专项资金核算资料和报表，单独报账，便于拨付单位监督管理，考核专项资金使用效果。

第三，严格划清专项资金与事业单位其他各项资金的使用和核算界限。专项资金不得用于原指定项目以外的支出，单位的其他支出也不得列入用专项资金完成的专项工程成本。单位从其他渠道取得的各项收入均不得列入专项资金核算。

二、事业单位非财政专项资金的核算

（一）非财政专项资金收入的核算

非财政专项资金收入是指事业单位收到地方、上级主管部门或其他单位拨入的有指定项目或用途并需要单独报账的专项资金。

事业单位通过“事业收入——非财政专项资金收入”账户，用来核算事业单位收到地方、上级主管部门或其他单位拨入的专项资金的收入、使用和剩余资金的处理情况。它属于收入类账户，贷方登记实际收到的专项拨款数，借方登记专项拨款的缴回数和转销数，平时余额在贷方，反映拨入专项拨款的累计数，期末将“事业收入——非财政专项资金收入”账户的贷方余额转入“非财政补助结转”账户。

[例13-30] 某科研单位发生拨入非财政专款业务如下：

（1）收到银行通知，上级主管部门拨入专项资金600 000元，其中A项目400 000元，B项目200 000元。根据相关凭证，编制会计分录如下：

借：银行存款 600 000

贷：事业收入——非财政专项资金收入——A项目 400 000

——B项目 200 000

(2) 按上级主管部门要求，将B项目资金200 000元拨付承担该项目的附属单位。根据相关凭证，编制会计分录如下：

借：事业支出——非财政专项资金支出——B项目　　200 000
　贷：银行存款　　200 000

(3) 期末，A项目、B项目非财政专项资金收入结转“非财政补助结转”账户。根据相关凭证，编制会计分录如下：

借：事业收入——非财政专项资金收入——A项目　　400 000
　　　　　　　　　　　　　　　　——B项目　　200 000
　贷：非财政补助结转　　600 000
借：非财政补助结转　　200 000
　贷：事业支出——非财政专项资金支出——B项目　　200 000

(二) 非财政专项资金支出的核算

非财政专项资金支出是指由地方、上级主管部门和其他单位拨入的指定项目或用途并需要单独报账的专项资金的实际支出，主要有科研课题经费、挖潜改造资金、科技三项费用等指定项目或用途的支出。专项支出可根据项目的规模，按费用的性质和核算要求进行分类，设置若干费用项目。

事业单位通过“事业支出——非财政专项资金支出”账户，用来核算事业单位各种专项资金的实际支出数。它属于支出类账户，借方登记单位按拨款单位指定的项目或用途实际开支的费用，贷方登记非财政专项资金支出的收回数和项目完工有关部门单独列报的支出数以及转销数，平时余额在借方，反映非财政专项资金支出的累计数。期末将“事业支出——非财政专项资金支出”账户的借方余额转入“非财政补助结转”账户。

[例13-31] 某科研单位发生非财政专款支出的业务如下：

(1) 用上级拨入的A项目经费购置笔记本电脑3台，价值为15 000元。根据相关凭证，编制会计分录如下：

借：事业支出——非财政专项资金支出——A项目——设备购置费　　15 000
　贷：银行存款　　15 000
同时：
借：固定资产　　15 000
　贷：非流动资产基金——固定资产　　15 000

(2) 用上级拨入的A项目经费购买课题的试验材料45 000元，办公用品5 000元。根据相关凭证，编制会计分录如下：

借：事业支出——非财政专项资金支出——A项目——专用材料费　　45 000
　　　　　　　　　　　　　　　　　　　　　——办公费　　5 000
　贷：银行存款　　50 000

(3) 期末，A项目实际支出360 000元，B项目实际支出200 000元，结转“非财政补助结转”账户。根据相关凭证，编制会计分录如下：

借：非财政补助结转　　560 000
　贷：事业支出——非财政专项资金支出——A项目　　360 000
　　　　　　　　　　　　　　　　　　——B项目　　200 000

（4）该A项目、B项目按计划完成，A项目结余资金40 000元留归科研单位使用。根据相关凭证，编制会计分录如下：

借：非财政补助结转　40 000

　贷：事业基金——一般基金　40 000

若A项目结余资金40 000元退还上级单位。根据相关凭证，编制会计分录如下：

借：非财政补助结转　40 000

　贷：银行存款　40 000

第四节　事业单位成本费用

一、事业单位成本费用的内容、核算的特点及内部成本核算的办法

为了加强事业单位财务管理，挖掘内部潜力，节约费用，增强单位成本意识，提高资金使用效益，按照《事业单位财务规则》规定："事业单位应当加强经济核算，可以根据开展业务活动及其他活动的实际需要，实行内部成本核算办法。"

（一）事业单位成本费用的内容

成本费用是实行内部成本核算的事业单位，核算、归集产品或商品的实际成本费用。成本费用账户设置，既要与国家统一规定的事业支出账户相衔接，又要符合成本核算的要求，便于各项费用的归集分配。事业单位从事多项业务活动发生的支出，包括可以直接计入成本的人员经费、材料费、业务费和其他费用等直接费用，分配计入成本的管理费用、财务费用和其他间接费用。

直接人员经费包括事业单位直接从事事业活动及经营活动人员的基本工资、津贴、奖金等。直接材料费指事业单位在进行事业活动和经营活动中直接消耗的各种材料、燃料和动力等。直接业务费是事业单位为开展事业活动和经营活动直接消耗的业务经费。其他直接费用包括从事事业活动和经营活动人员的职工福利费、社会保险缴费等。

管理费用是指事业单位为管理、组织事业活动和经营活动发生的各项费用。财务费用指事业单位为筹集资金所发生的各项费用。其他间接费用是指还未列入管理费用和财务费用的其他间接费用。成本费用的二级明细账户，可按照事业支出或经营支出的"目"级账户设置。事业单位下列支出不能列入成本：为购置和建造固定资产、无形资产和其他资产的支出；对外投资的支出；被没收的财物；支付的滞纳金、罚款、违约金、赔偿金，以及各种赞助、捐赠支出；国家法律、法规规定以外的各种支出；国家规定不得列入成本的其他支出。

（二）事业单位成本费用核算的特点

（1）实行内部成本核算办法。所谓内部成本核算办法，是指只对内部管理使用的，对外既不计算也不报告成本的核算办法。但是，事业单位实行内部成本核算，必须符合事业单位财务管理的基本要求，保证事业单位财务管理体制的统一性和完整性，其成本费用支出项目必须与事业支出账户相衔接。也就是说，在进行成本项目设计时，既要满足内部成本核算的需要，又要与国家统一规定的事业支出账户相衔接。实行企业化管理的事业单位，其业务运行是按照取得经济效益的原则进行的，具备实行完全成本核算的条件，可以执行企业会计制度。

（2）以提高管理水平和资金使用效益为目的。不少的科研院所、医院、农业事业单位等都已实行内部成本核算，有的高等院校也在试行人才成本核算。这种成本核算，虽然不是为了计算盈亏，但对考核业务成果、制定收费标准、筹划资金来源、进行经济决算，能够提供真实的会计信息。同时，实行内部成本核算也是事业单位推进经济责任制的需要，是加强预算管理、提高资金使用效益的需要。

（3）是不完全的成本核算。企业财务制度规定，企业实行制造成本法，把企业生产经营过程中的全部成本费用划分为直接材料、直接工资、其他直接费用、制造费用、销售费用、管理费用和财务费用，成本核算的内容是完整的。与企业成本核算相比，事业单位的内部成本核算内容没有那么完整，有些费用项目可能没有发生，有些费用项目发生了但又无法进行准确的成本核算。

（4）是不严格的成本核算。企业成本核算要求按照权责发生制的原则确定成本费用的开支，严格划清本期成本费用和下期成本费用的界限、在产品成本和产成品成本的界限、各种产品之间的成本界限，各项成本费用的计算分配方法是非常严密的；而事业单位一般不具备真正意义上的成本核算条件，各种成本费用的界限无法划分，计算分配方法也难以严格。

具体哪些事业单位实行内部成本核算、哪些事业单位不实行内部成本核算，主要由财政部门与主管部门共同商定。例如《农业事业单位财务制度》规定，农业事业单位可以根据开展业务活动及其他活动的实际需要实行内部成本核算办法。

（三）内部成本核算的办法

实行内部成本核算的事业单位，其成本项目的确定和计算分配成本的方法，必须做到在一定时期内的统一性和完整性，其成本费用开支项目必须与事业支出账户相衔接。在成本核算程度和制度方面，可有两种选择：

（1）单设成本账户。有关成本的支出经分配直接或间接计入成本账户，然后再将成本按要求的支出种类分解列示于收入支出表。在具体操作上，事业单位成本费用的一级明细账户可以参照企业财务制度设计为直接费用、制造费用、管理费用、财务费用等，也可以根据本单位的实际情况进行适当的简化合并；二级明细账户可按照事业支出的"目"级账户设计。这样，既满足了内部成本核算的需要，又能与国家统一规定的事业支出账户相衔接，有关成本费用就能够还原到国家统一规定的支出账户中去。

（2）不单设成本账户。有关支出直接计入相应的支出账户，而另以成本计算表计算有关产成品的成本。

二、事业单位成本费用的核算

实行内部成本核算的事业单位，应设置"存货——成本费用"账户，用来核算事业单位应列入劳务（产品、商品）成本的各项费用。该账户属于资产类账户，借方登记实行内部成本核算的事业单位应列入劳务（产品、商品）成本的各项费用，贷方登记完工并验收入库的产品成本，余额在借方，反映未完工产品的成本。本账户应按经营类别或产品品种设置明细账，对于成本核算业务较复杂的单位，可根据需要自行设置必要的成本核算账户。

［例13-32］某事业单位对主要经营项目实行内部成本核算，本期发生成本费用的业务如下：

（1）本期产品生产耗用材料1 000千克，价值为25 000元，其中A产品耗用材料600千克，价值为15 000元，B产品耗用材料400千克，价值为10 000元。根据相关凭证，编制会计分录如下：

借：存货——成本费用——A产品——直接材料（专用材料费）　15 000
　　　　　　　　　　——B产品——直接材料（专用材料费）　10 000
　贷：存货——材料　25 000

（2）本期通过银行代发生产工人的工资及附加费12 000元，其中A产品负担8 000元，B产品负担4 000元，车间管理人员工资2 400元。根据相关凭证，编制会计分录如下：

借：存货——成本费用——A产品——直接工资（基本工资）　8 000
　　　　　　　　　　——B产品——直接工资（基本工资）　4 000
　　　　　　　　　　——制造费用（基本工资）　2 400
　贷：应付职工薪酬　14 400
借：应付职工薪酬　14 400
　贷：银行存款　14 400

（3）用银行存款转付本期水电费33 600元，其中经营支出分摊水电费30 000元，产品生产支出分摊水电费3 600元。根据相关凭证，编制会计分录如下：

借：经营支出——水电费　30 000
　　存货——成本费用——制造费用（水电费）　3 600
　贷：银行存款　33 600

（4）期末，A产品已完工，计算分摊A、B两种产品应分摊的制造费用，其中A产品分摊4 000元，B产品分摊2 000元。根据相关凭证，编制会计分录如下：

借：存货——成本费用——A产品——制造费用　4 000
　　　　　　　　　　——B产品——制造费用　2 000
　贷：存货——成本费用——制造费用　6 000

（5）结转已完工入库A产品生产成本27 000元。根据相关凭证，编制会计分录如下：

借：存货——产成品——A产品　27 000
　贷：存货——成本费用——A产品　27 000

本章小结

本章讲述了事业单位收入和支出的含义、内容和核算方法，同时，介绍了事业单位非财政专项资金和成本费用的核算方法。

事业单位的收入是指事业单位开展业务及其他活动，依法取得的非偿还性资金。事业单位的收入包括财政补助收入、事业收入、上级补助收入、附属单位上缴收入、经营收入和其他收入等。

财政补助收入是指事业单位从同级财政部门取得的各类财政拨款，包括基本支出补助和项目支出补助。

事业收入是指事业单位开展专业业务活动及其辅助活动取得的收入。其中：按照国家有关规定应当上缴国库或者财政专户的资金，不计入事业收入；从财政专户核拨给事业单位的资金和经核准不上缴国库或者财政专户的资金，计入事业收入。

上级补助收入是指事业单位从主管部门和上级单位取得的非财政补助收入。

附属单位上缴收入是指事业单位附属独立核算单位按照有关规定上缴的收入。

经营收入是指事业单位在专业业务活动及其辅助活动之外开展非独立核算经营活动取得的收入。

其他收入是指除财政补助收入、事业收入、上级补助收入、附属单位上缴收入和经营收入以外的各项收入，包括投资收益、利息收入、捐赠收入等。

事业单位通过“财政补助收入”“上级补助收入”“事业收入”“经营收入”“附属单位上缴收入”“其他收入”账户核算各项收入的取得及结转情况。

事业单位支出是指事业单位开展业务及其他活动发生的资金耗费和损失。事业单位的支出包括事业支出、对附属单位补助支出、上缴上级支出、经营支出和其他支出等。

事业支出是指事业单位开展专业业务活动及其辅助活动发生的基本支出和项目支出。

对附属单位补助支出是指事业单位用财政补助收入之外的收入对附属单位补助发生的支出。

上缴上级支出是指事业单位按照财政部门和主管部门的规定上缴上级单位的支出。

经营支出是指事业单位在专业业务活动及其辅助活动之外开展非独立核算经营活动发生的支出。

其他支出是指事业单位除事业支出、对附属单位补助支出、上缴上级支出和经营支出以外的各项支出，包括利息支出、捐赠支出等。

事业单位通过“事业支出”“经营支出”“对附属单位补助支出”“上缴上级支出”“其他支出”账户核算各项支出的发生及结转情况。

事业单位的非财政专项资金是指地方、上级主管部门或者其他单位拨入，具有指定项目或用途，需要单独报账的资金，包括科研课题经费、挖潜改造资金、科技三项费用、特大防汛抗旱经费等。事业单位通过“事业收入——非财政专项资金收入”“事业支出——非财政专项资金支出”等账户核算各项非财政专项资金收支业务。

第十四章

事业单位年终清理结算和会计报表

学习目标

通过本章的学习，要求明确事业单位年终清理结算、结账和编制年终决算报表的工作内容、要求和程序；掌握事业单位年终清理结算、结账业务的核算方法，以及编制会计报表的基本方法。

第一节 年终清理结算和结账

年终，事业单位应根据财政部门或上级主管部门年终决算的要求，将本期内所发生的各项经济业务全部登记入账，并进行对账工作，包括账证核对、账账核对、账实核对，在保证账证相符、账账相符和账实相符的基础上办理年度结账，编制决算报表。

一、事业单位年终清理结算

事业单位年终清理结算的主要内容有：

（1）清理、核对年度预算收支各项目数字和各项缴拨款项数字。年终前，要按财务会计规定及各级财政部门或主管部门对单位预算的批复文件，对全年预算数（包括追加、追减预算数和上、下划拨数字）以及应上缴、拨补的款项等，都要按规定逐笔进行清理结算，保证上下级之间年度预算数、领拨经费和上缴、下拨数一致。为了准确反映各项收支数额，凡属于本年度的应拨、应缴款项，应当在12月31日前汇达对方账户。

（2）清理、核对各项收支款项。凡属本年的各项收入，都要及时入账；本年的各项应缴预算款和应缴财政专户的预算外资金要在年终前全部上缴。属于本年的各项支出，要按规定的支出渠道和用途如实列报。单位年度支出决算，一律以基层用款单位截至12月31日的本年实际支出数为准。

（3）清理各项往来款项。事业单位的各项往来款项，年终前要全面进行清理。按照有关规定应转作各项支出或各项收入的往来款项要及时转入各有关支出、收入账户，列入本年度决算。

（4）清理货币资金。事业单位年终要及时与开户银行对账，银行存款对账单的余额要同本单位银行存款账户账面余额核对相符。现金账面余额要同库存现金核对相符。有价证券账面数字要同库存的有价证券核对相符。

（5）清理财产物资。年终前，应对各项财产物资进行清查盘点，发生盘盈、盘亏、毁损的，要及时查明原因，报经有关部门批准，按规定做出处理，调整账务，做到账账相符、账实相符。

二、事业单位年终结账

事业单位应在年终清理结算的基础上进行结账。年终结账包括年度转账、结清旧账、记入新账。

(1) 年终转账。在确认全年所有发生的经济业务已经全部登记入账，经核对无误后，计算出各账户借方、贷方的12月份发生额和全年累计数，结出12月末余额。

(2) 结清旧账。年终将需要结出本年累计发生额的账户结出全年总累计数，对年终无余额的账户，在摘要栏内注明“本年累计”字样，并在下面画双红线，表示本账户全部结清；对年终有余额的账户，在“本年累计”下行的摘要栏内注明“结转下年”字样，再在下面画双红线，表示年终余额转入新账，结束旧账。

(3) 记入新账，根据年终结账后各账户余额，编制年终决算的“资产负债表”和有关明细账户余额表，将表列各账户的余额数直接记入下一会计年度新建有关会计账簿的第一行余额栏内，并在摘要栏注明“上年结转”字样，以区别新年度发生数。

事业单位年度决算经财政部门或主管部门批复后，若需调整决算数字时，应做相应调整。

第二节 事业单位会计报表

一、事业单位会计报表的意义和编制要求

(一) 会计报表的意义

事业单位会计报表是反映事业单位财务状况和收支情况的书面文件，是财政部门和上级主管部门了解情况、掌握政策、指导单位预算执行工作的重要资料，也是编制下年度单位财务收支计划的基础。

事业单位对在开展各项业务活动中所发生的会计事项，已依照会计制度和会计处理程序进行全面、系统的记录，因此事业单位在一定时期内的财务状况和一定时期内预算资金的使用结果，都会在这些会计记录里得到反映，但是这些日常核算资料比较分散、零乱，不能集中、概括地反映事业单位的财务状况和收支情况。为了向财政部门、上级单位以及税务、银行等相关单位提供必要的财务会计信息，就需要把日常核算资料定期加以整理、归类、调整和汇总，编制各种会计报表以适应各方面的需要。所以编制和分析会计报表是会计工作的一项重要内容，这对于加强事业单位的预算管理、提高资金使用效果有重要的意义：

1.事业单位的会计报表可为国家的宏观经济管理提供事业单位的有关信息

会计报表提供的综合会计信息，可使国家宏观经济管理部门及时了解、掌握各事业单位预算拨款、业务活动收入、费用支出以及净收益等状况。这对于国家宏观经济管理部门合理使用预算资金，考核事业单位财务成果，加强对事业单位的财务管理，都是非常必要的。财政部门或上级主管部门通过对会计报表所提供资料的分析，便于及时发现事业单位在预算资金管理工作中存在的问题和不足，有利于财政部门或上级主管部门督促事业单位认真执行财经制度和预算制度，遵守财经纪律。

2.事业单位的会计报表可为预算执行部门及单位的各方投资者提供可利用的管理信息

事业单位的会计报表为财政部门或上级主管部门提供单位预算执行过程及其结果，为投资者提供其投入资金的经营使用效果，有利于财政部门或上级主管部门对事业单位履行管理职责，有利于各方投资者了解预算的进度、资金的使用情况。

3.事业单位会计报表可为债权人提供所需的经济信息

事业单位的出资人和债权人利用单位会计报表，可以分析单位财务状况和偿还能力，监督单位执行国家财经法规制度、履行经济合同，并据此做出拨款、出资、贷款、提供信用担保等决策。

4.事业单位会计报表的分析可为加强单位的财务管理发挥积极作用

通过定期编制会计报表的工作，可以对本单位在一定时期内的收入、支出、资产、负债、净资产的增减变动情况及其结果进行全面的总结，便于及时发现和纠正预算管理工作中存在的问题，以保证单位财务预算的顺利实施。

（二）会计报表的编制要求

为了保证会计报表质量，有效地发挥会计报表的作用，各单位必须按照财政部门统一规定的格式和内容填列，全面、真实、准确、及时地反映单位预算执行情况，为此必须做到如下几点：

（1）会计报表应按照《事业单位会计制度》规定的格式、内容和期限向财政部门或上级主管部门编制、报送。

（2）要以审核无误的会计账簿记录为准，保证报表收支数据真实、内容完整，做到账表相符、表表相符。

（3）编报前要进行账务清理，核实收支数字，清理货币资金和核对债权债务，清查财产物资，办理年终结账、转账，做到不瞒报、漏报。

（4）年终决算要统筹安排，精心组织，上级单位要在编制本级会计报表的基础上，将所属单位的会计报表按编报部门预算口径统一纳入部门汇总决算会计报表。部门汇总决算会计报表要以所属单位上报并经审核的会计数字为准，不得随意调整科目、估列代编。

（5）要根据财政部门和上级主管部门的有关决算的编制要求，编制年度决算会计报表，编写财务情况说明书。财务情况说明书的内容包括：年度财务预算执行情况，收入、支出与前期相比增减变动情况，产生变动的原因，财务管理工作的经验和教训以及今后改进的方法和措施等。

（6）会计报表应按规定的时间报送。月份会计报表应于月份终了后3日内报出；季度会计报表应于季度终了后5日内报出；年度会计报表应按财政部决算通知规定及主管部门要求的格式和期限报出。年度会计报表应抄送同级国有资产管理部门。

二、事业单位会计报表的种类

事业单位会计报表按不同标准分类，主要有以下几种：

（一）按编制单位分类

会计报表按编制单位，可分为单位会计报表和汇总会计报表。

单位会计报表是由作为会计主体的单位编制的会计报表。

汇总会计报表是由主管部门根据所属单位上报的会计报表汇总编制的会计报表。

（二）按经济内容分类

会计报表按经济内容，可分为资产负债表、收支决算表、收入决算表、支出决算表、事业支出明细表、经营支出明细表、财政补助收支决算表、事业基金增减变动情况表、专用基金增减变动情况表等。

（三）按编报时间分类

会计报表按编报时间，可分为月报、季报和年报。

月报是反映单位截至报告月份资金活动和收入支出情况的会计报表。月报一般包括资产负债表、收入支出表。

季报是反映事业单位季度财务预算执行情况和资金活动情况的会计报表，以分析检查单位财务预算执行情况为重点。季报除了资产负债表、收入支出明细表以外，还包括收入支出总表以及对单位财务状况的简要说明。

年报又称年度决算，是全面反映事业单位年度资金活动和收支情况及收支结果的会计报表，包括会计报表的主要报表、会计报表附表、会计报表附注及财务情况说明书等。

（四）按报送对象分类

会计报表按报送对象，可分为对外会计报表和内部会计报表。

对外会计报表是报送给事业单位外部有关方面，满足外部会计信息使用者需要的会计报表。

内部会计报表是报送给本单位领导和有关部门负责人以满足内部管理需要的会计报表，如内部单位经费预算执行情况表、成本费用明细表等。

三、事业单位会计报表的编制

事业单位年度会计报表包括资产负债表、收入支出表、财政补助收入支出表以及事业支出明细表和经营支出明细表等。现就其主要报表的内容和编制方法说明如下：

（一）资产负债表

资产负债表是反映事业单位在某一特定日期全部资产、负债和净资产情况的报表。它能够反映事业单位在某一时点占有或使用的经济资源和负担的债务状况，以及事业单位的偿债能力和财务前景。它是事业单位最基本、最重要的报表，应于每月末、季末、年末报出。

1.资产负债表的结构

资产负债表的结构严格地被分为左右两方（见表14-1），其项目按会计科目的类别分别排列。左方列示资产和支出项目，右方列示负债、净资产和收入项目。这种资产负债表的会计等式为：年末月份资产=负债+净资产；非年末月份或年终结账前资产=负债+净资产+收入。资产负债表左右两方的金额一定相等、平衡。

资产负债表的基本格式可分为表首和表内两部门。表首部分包括编制单位、编制报表的日期和采用计价的货币单位。表内部分左右两边各分为科目部类（左边为资产部类，包括资产和支出科目；右边为负债部类，包括负债、净资产和收入科目）年初数、期末数等。

2.资产负债表的编制方法

资产负债表内各项目上的数据应根据审核无误的账簿记录来填列。表内各项目与事业单位所设置的账户或明细账户基本上是一致的，其编制方法如下：

（1）年初余额。

资产负债各项目的“年初余额”应根据上年末资产负债表“期末余额”栏目所列数据填列。如果本年度资产负债表内各栏目名称和内容与上年度不相一致，应对上年末资产负债表各项目的名称和数字按照本年度的规定进行调整，并据以填入本年度资产负债表的“年初数”栏，并在年度报表说明书中加以说明。

表 14-1　　资产负债表　　会事业 01 表

编制单位：　　年　月　日　　单位：元

资产	期末余额	年初余额	负债和净资产	期末余额	年初余额
流动资产:			流动负债:		
货币资金			短期借款		
短期投资			应缴税费		
财政应返还额度			应缴国库款		
应收票据			应缴财政专户款		
应收账款			应付职工薪酬		
预付账款			应付票据		
其他应收款			应付账款		
存　货			预收账款		
其他流动资产			其他应付款		
流动资产合计			其他流动负债		
非流动资产:			流动负债合计		
长期投资			非流动负债:		
固定资产			长期借款		
固定资产原价			长期应付款		
减:累计折旧			非流动负债合计		
在建工程			负债合计		
无形资产			净资产:		
无形资产原价			事业基金		
减:累计摊销			非流动资产基金		
待处置资产损溢			专用基金		
非流动资产合计			财政补助结转		
			财政补助结余		
			非财政补助结转		
			非财政补助结余		
			1.事业结余		
			2.经营结余		
			净资产合计		
资产总计			负债和净资产总计		

（2）期末余额。

资产负债表“期末余额”应根据本年度各账户调整后期末余额或经过试算平衡后的科目余额表填列，具体说明如下：

资产类项目：

①“货币资金”项目，反映事业单位期末库存现金、银行存款和零余额账户用款额度的合计数。本项目应当根据“库存现金”“银行存款”“零余额账户用款额度”科目的期末余额合计填列。

②“短期投资”项目，反映事业单位期末持有的短期投资成本。本项目应当根据“短期投资”科目的期末余额填列。

③“财政应返还额度”项目，反映事业单位期末财政应返还额度的金额。本项目应当根据“财政应返还额度”科目的期末余额填列。

④“应收票据”项目，反映事业单位期末持有的应收票据的票面金额。本项目应当根据“应收票据”科目的期末余额填列。

⑤“应收账款”项目，反映事业单位期末尚未收回的应收账款余额。本项目应当根据“应收账款”科目的期末余额填列。

⑥“预付账款”项目，反映事业单位预付给商品或者劳务供应单位的款项。本项目应当根据“预付账款”科目的期末余额填列。

⑦“其他应收款”项目，反映事业单位期末尚未收回的其他应收款余额。本项目应当根据“其他应收款”科目的期末余额填列。

⑧“存货”项目，反映事业单位期末为开展业务活动及其他活动耗用而储存的各种材料、燃料、包装物、低值易耗品及达不到固定资产标准的用具、装具、动植物等的实际成本。本项目应当根据“存货”科目的期末余额填列。

⑨“其他流动资产”项目，反映事业单位除上述各项之外的其他流动资产，如将在1年内（含1年）到期的长期债券投资。本项目应当根据“长期投资”等科目的期末余额分析填列。

⑩“长期投资”项目，反映事业单位持有时间超过1年（不含1年）的股权和债权性质的投资。本项目应当根据“长期投资”科目期末余额减去其中将于1年内（含1年）到期的长期债券投资余额后的金额填列。

⑪“固定资产”项目，反映事业单位期末各项固定资产的账面价值。本项目应当根据“固定资产”科目期末余额减去“累计折旧”科目期末余额后的金额填列。

“固定资产原价”项目，反映事业单位期末各项固定资产的原价。本项目应当根据“固定资产”科目的期末余额填列。

“累计折旧”项目，反映事业单位期末各项固定资产的累计折旧。本项目应当根据“累计折旧”科目的期末余额填列。

⑫“在建工程”项目，反映事业单位期末尚未完工交付使用的在建工程发生的实际成本。本项目应当根据“在建工程”科目的期末余额填列。

⑬“无形资产”项目，反映事业单位期末持有的各项无形资产的账面价值。本项目应当根据“无形资产”科目期末余额减去“累计摊销”科目期末余额后的金额填列。

“无形资产原价”项目，反映事业单位期末持有的各项无形资产的原价。本项目应当根据“无形资产”科目的期末余额填列。

“累计摊销”项目，反映事业单位期末各项无形资产的累计摊销。本项目应当根据“累计摊销”科目的期末余额填列。

⑭“待处置资产损溢”项目，反映事业单位期末待处置资产的价值及处置损溢。本项目应当根据“待处置资产损溢”科目的期末借方余额填列；如“待处置资产损溢”科目期末为贷方余额，则以“-”号填列。

⑮“非流动资产合计”项目，按照“长期投资”“固定资产”“在建工程”“无形资产”“待处置资产损溢”项目金额的合计数填列。

负债类项目：

⑯“短期借款”项目，反映事业单位借入的期限在1年内（含1年）的各种借款。本项目应当根据“短期借款”科目的期末余额填列。

⑰“应缴税费”项目，反映事业单位应缴未缴的各种税费。本项目应当根据“应缴税费”科目的期末贷方余额填列；如“应缴税费”科目期末为借方余额，则以“-”号填列。

⑱“应缴国库款”项目，反映事业单位按规定应缴入国库的款项（应缴税费除外）。本项目应当根据“应缴国库款”科目的期末余额填列。

⑲“应缴财政专户款”项目，反映事业单位按规定应缴入财政专户的款项。本项目应当根据“应缴财政专户款”科目的期末余额填列。

⑳“应付职工薪酬”项目，反映事业单位按有关规定应付给职工及为职工支付的各种薪酬。本项目应当根据“应付职工薪酬”科目的期末余额填列。

㉑“应付票据”项目，反映事业单位期末应付票据的金额。本项目应当根据“应付票据”科目的期末余额填列。

㉒“应付账款”项目，反映事业单位期末尚未支付的应付账款的金额。本项目应当根据“应付账款”科目的期末余额填列。

㉓“预收账款”项目，反映事业单位期末按合同规定预收但尚未实际结算的款项。本项目应当根据“预收账款”科目的期末余额填列。

㉔“其他应付款”项目，反映事业单位期末应付未付的其他各项应付及暂收款项。本项目应当根据“其他应付款”科目的期末余额填列。

㉕“其他流动负债”项目，反映事业单位除上述各项之外的其他流动负债，如承担的将于1年内（含1年）偿还的长期负债。本项目应当根据“长期借款”“长期应付款”等科目的期末余额分析填列。

㉖“长期借款”项目，反映事业单位借入的期限超过1年（不含1年）的各项借款本金。本项目应当根据“长期借款”科目的期末余额减去其中将于1年内（含1年）到期的长期借款余额后的金额填列。

㉗“长期应付款”项目，反映事业单位发生的偿还期限超过1年（不含1年）的各种应付款项。本项目应当根据“长期应付款”科目的期末余额减去其中将于1年内（含1年）到期的长期应付款余额后的金额填列。

净资产类项目：

㉘“事业基金”项目，反映事业单位期末拥有的非限定用途的净资产。本项目应当根

据“事业基金”科目的期末余额填列。

㉙“非流动资产基金”项目，反映事业单位期末非流动资产占用的金额。本项目应当根据“非流动资产基金”科目的期末余额填列。

㉚“专用基金”项目，反映事业单位按规定设置或提取的具有专门用途的净资产。本项目应当根据“专用基金”科目的期末余额填列。

㉛“财政补助结转”项目，反映事业单位滚存的财政补助结转资金。本项目应当根据“财政补助结转”科目的期末余额填列。

㉜“财政补助结余”项目，反映事业单位滚存的财政补助项目支出结余资金。本项目应当根据“财政补助结余”科目的期末余额填列。

㉝“非财政补助结转”项目，反映事业单位滚存的非财政补助专项结转资金。本项目应当根据“非财政补助结转”科目的期末余额填列。

㉞“非财政补助结余”项目，反映事业单位自年初至报告期末累计实现的非财政补助结余弥补以前年度经营亏损后的余额。本项目应当根据“事业结余”“经营结余”科目的期末余额合计填列；如“事业结余”“经营结余”科目的期末余额合计为亏损数，则以“-”号填列。在编制年度资产负债表时，本项目金额一般应为“0”；若不为“0”，本项目金额应为“经营结余”科目的期末借方余额（以“-”号填列）。

“事业结余”项目，反映事业单位自年初至报告期末累计实现的事业结余。本项目应当根据“事业结余”科目的期末余额填列；如“事业结余”科目的期末余额为亏损数，则以“-”号填列。在编制年度资产负债表时，本项目金额应为“0”。

“经营结余”项目，反映事业单位自年初至报告期末累计实现的经营结余弥补以前年度经营亏损后的余额。本项目应当根据“经营结余”科目的期末余额填列；如“经营结余”科目的期末余额为亏损数，则以“-”号填列。在编制年度资产负债表时，本项目金额一般应为“0”；若不为“0”，本项目金额应为“经营结余”科目的期末借方余额（以“-”号填列）。

资产负债表完成后应进一步检查核对：资产总计与负债和净资产总计数额是否一致，如不一致，必须查明原因，进行调整；年初余额是否与上年度资产负债表期末数一致，如不一致，必须查明原因，进行调整。

（二）收入支出表

1.收入支出表的结构

收入支出表是反映事业单位在某一会计期间内各项收入、支出和结转结余情况，以及年末非财政补助结余的分配情况的报表。

事业单位收入支出表是事业单位最基本、最主要的报表之一，通过收入支出表，可以了解事业单位经营成果、评价业绩、预测未来事业发展趋向。它包括收入支出总表、收入支出决算表、收入决算表、支出决算表等。

收入支出表的格式见表14-2。

2.收入支出表的编制方法

收入支出表“本月数”栏反映各项目的本月实际发生数。在编制年度收入支出表时，应当将本栏改为“上年数”栏，反映上年度各项目的实际发生数；如果本年度收入支出表规定的各个项目的名称和内容同上年度不一致，应对上年度收入支出表各项目的名称和

表 14-2

收入支出表

会事业 02 表

编制单位：　　　　年　月　　　　单位：元

项　目	本月数	本年累计数
一、本期财政补助结转结余		
财政补助收入		
减：事业支出（财政补助支出）		
二、本期事业结转结余		
（一）事业类收入		
1.事业收入		
2.上级补助收入		
3.附属单位上缴收入		
4.其他收入		
其中：捐赠收入		
减:（二）事业类支出		
1.事业支出（非财政补助支出）		
2.上缴上级支出		
3.对附属单位补助支出		
4.其他支出		
三、本期经营结余		
经营收入		
减：经营支出		
四、弥补以前年度亏损后的经营结余		
五、本年非财政补助结转结余		
减：非财政补助结转		
六、本年非财政补助结余		
减：应交企业所得税		
减：提取专用基金		
七、转入事业基金		

数字按照本年度的规定进行调整，填入本年度收入支出表的“上年数”栏。

收入支出表“本年累计数”栏反映各项目自年初起至报告期末止的累计实际发生数。编制年度收入支出表时，应当将本栏改为“本年数”。

收入支出表“本月数”栏各项目的内容和填列方法：

本期财政补助结转结余：

（1）“本期财政补助结转结余”项目，反映事业单位本期财政补助收入与财政补助支出相抵后的余额。本项目应当按照收入支出表中“财政补助收入”项目金额减去“事业支出（财政补助支出）”项目金额后的余额填列。

（2）“财政补助收入”项目，反映事业单位本期从同级财政部门取得的各类财政拨款。本项目应当根据“财政补助收入”科目的本期发生额填列。

（3）“事业支出（财政补助支出）”项目，反映事业单位本期使用财政补助发生的各项事业支出。本项目应当根据“事业支出——财政补助支出”科目的本期发生额填列，或者根据“事业支出——基本支出（财政补助支出）”“事业支出——项目支出（财政补助支出）”科目的本期发生额合计填列。

本期事业结转结余：

（4）“本期事业结转结余”项目，反映事业单位本期除财政补助收支、经营收支以外的各项收支相抵后的余额。本项目应当按照收入支出表中“事业类收入”项目金额减去“事业类支出”项目金额后的余额填列；如为负数，以“-”号填列。

（5）“事业类收入”项目，反映事业单位本期事业收入、上级补助收入、附属单位上缴收入、其他收入的合计数。本项目应当按照收入支出表中“事业收入”“上级补助收入”“附属单位上缴收入”“其他收入”项目金额的合计数填列。

“事业收入”项目，反映事业单位开展专业业务活动及其辅助活动取得的收入。本项目应当根据“事业收入”科目的本期发生额填列。

“上级补助收入”项目，反映事业单位从主管部门和上级单位取得的非财政补助收入。本项目应当根据“上级补助收入”科目的本期发生额填列。

“附属单位上缴收入”项目，反映事业单位附属独立核算单位按照有关规定上缴的收入。本项目应当根据“附属单位上缴收入”科目的本期发生额填列。

“其他收入”项目，反映事业单位除财政补助收入、事业收入、上级补助收入、附属单位上缴收入、经营收入以外的其他收入。本项目应当根据“其他收入”科目的本期发生额填列。

“捐赠收入”项目，反映事业单位接受现金、存货捐赠取得的收入。本项目应当根据“其他收入”科目所属相关明细科目的本期发生额填列。

（6）“事业类支出”项目，反映事业单位本期事业支出（非财政补助支出）、上缴上级支出、对附属单位补助支出、其他支出的合计数。本项目应当按照收入支出表中“事业支出（非财政补助支出）”“上缴上级支出”“对附属单位补助支出”“其他支出”项目金额的合计数填列。

“事业支出（非财政补助支出）”项目，反映事业单位使用财政补助以外的资金发生的各项事业支出。本项目应当根据“事业支出——非财政专项资金支出”“事业支出——其他资金支出”科目的本期发生额合计填列，或者根据“事业支出——基本支出（其他资金支出）”“事业支出——项目支出（非财政专项资金支出、其他资金支出）”科目的本期发生额合计填列。

“上缴上级支出”项目，反映事业单位按照财政部门和主管部门的规定上缴上级单位的支出。本项目应当根据“上缴上级支出”科目的本期发生额填列。

“对附属单位补助支出”项目，反映事业单位用财政补助收入之外的收入对附属单位补助发生的支出。本项目应当根据“对附属单位补助支出”科目的本期发生额填列。

“其他支出”项目，反映事业单位除事业支出、上缴上级支出、对附属单位补助支出、经营支出以外的其他支出。本项目应当根据“其他支出”科目的本期发生额填列。

本期经营结余：

（7）“本期经营结余”项目，反映事业单位本期经营收支相抵后的余额。本项目应当按照收入支出表中“经营收入”项目金额减去“经营支出”项目金额后的余额填列；如为负数，以“-”号填列。

（8）“经营收入”项目，反映事业单位在专业业务活动及其辅助活动之外开展非独立核算经营活动取得的收入。本项目应当根据“经营收入”科目的本期发生额填列。

（9）“经营支出”项目，反映事业单位在专业业务活动及其辅助活动之外开展非独立核算经营活动发生的支出。本项目应当根据“经营支出”科目的本期发生额填列。

弥补以前年度亏损后的经营结余：

（10）“弥补以前年度亏损后的经营结余”项目，反映事业单位本年度实现的经营结余扣除本年初未弥补经营亏损后的余额。本项目应当根据“经营结余”科目年末转入“非财政补助结余分配”科目前的余额填列；如该年末余额为借方余额，以“-”号填列。

本年非财政补助结转结余：

（11）“本年非财政补助结转结余”项目，反映事业单位本年除财政补助结转结余之外的结转结余金额。如收入支出表中“弥补以前年度亏损后的经营结余”项目为正数，本项目应当按照收入支出表中“本期事业结转结余”“弥补以前年度亏损后的经营结余”项目金额的合计数填列；如为负数，以“-”号填列。如收入支出表中“弥补以前年度亏损后的经营结余”项目为负数，本项目应当按照收入支出表中“本期事业结转结余”项目金额填列；如为负数，以“-”号填列。

（12）“非财政补助结转”项目，反映事业单位本年除财政补助收支外的各专项资金收入减去各专项资金支出后的余额。本项目应当根据“非财政补助结转”科目本年贷方发生额中专项资金收入转入金额合计数减去本年借方发生额中专项资金支出转入金额合计数后的余额填列。

本年非财政补助结余：

（13）“本年非财政补助结余”项目，反映事业单位本年除财政补助之外的其他结余金额。本项目应当按照收入支出表中“本年非财政补助结转结余”项目金额减去“非财政补助结转”项目金额后的金额填列；如为负数，以“-”号填列。

（14）“应交企业所得税”项目，反映事业单位按照税法规定应缴纳的企业所得税金额。本项目应当根据“非财政补助结余分配”科目的本年发生额分析填列。

（15）“提取专用基金”项目，反映事业单位本年按规定提取的专用基金金额。本项目应当根据“非财政补助结余分配”科目的本年发生额分析填列。

转入事业基金：

（16）“转入事业基金”项目，反映事业单位本年按规定转入事业基金的非财政补助结余资金。本项目应当按照收入支出表中“本年非财政补助结余”项目金额减去“应交企业所得税”“提取专用基金”项目金额后的余额填列；如为负数，以“-”号填列。

上述（10）至（16）项目，只有在编制年度收入支出表时才填列；编制月度收入支出表时，可以不设置此7个项目。

（三）财政补助收入支出表

1.财政补助收入支出表的结构

财政补助收入支出表反映事业单位某一会计年度财政补助收入、支出、结转及结余情况。它是事业单位最基本、最主要的报表之一。通过财政补助收入支出表，可以了解事业单位财政补助基本支出、项目支出期初结转、结余及特征情况，本年度财政补助基本支出、项目支出收入、支出情况以及年末财政补助基本支出、项目支出结转结余情况，反映事业单位财政资金使用变动情况。

财政补助收入支出表的格式见表14-3。

2.财政补助收入支出表的编制

财政补助收入支出表的“上年数”栏内各项数字，应当根据上年度财政补助收入支出表“本年数”栏内数字填列。

财政补助收入支出表的“本年数”栏各项目的内容和填列方法：

（1）“年初财政补助结转结余”项目及其所属各明细项目，反映事业单位本年初财政补助结转和结余余额。各项目应当根据上年度财政补助收入支出表中“年末财政补助结转结余”项目及其所属各明细项目“本年数”栏的数字填列。

（2）“调整年初财政补助结转结余”项目及其所属各明细项目，反映事业单位因本年发生需要调整以前年度财政补助结转结余的事项，而对年初财政补助结转结余的调整金额。各项目应当根据“财政补助结转”“财政补助结余”科目及其所属明细科目的本年发生额分析填列。如调整减少年初财政补助结转结余，以“-”号填列。

（3）“本年归集调入财政补助结转结余”项目及其所属各明细项目，反映事业单位本年度取得主管部门归集调入的财政补助结转结余资金或额度金额。各项目应当根据“财政补助结转”“财政补助结余”科目及其所属明细科目的本年发生额分析填列。

（4）“本年上缴财政补助结转结余”项目及其所属各明细项目，反映事业单位本年度按规定实际上缴的财政补助结转结余资金或额度金额。各项目应当根据“财政补助结转”“财政补助结余”科目及其所属明细科目的本年发生额分析填列。

（5）“本年财政补助收入”项目及其所属各明细项目，反映事业单位本年度从同级财政部门取得的各类财政拨款金额。各项目应当根据“财政补助收入”科目及其所属明细科目的本年发生额填列。

（6）“本年财政补助支出”项目及其所属各明细项目，反映事业单位本年度发生的财政补助支出金额。各项目应当根据“事业支出”科目所属明细科目本年发生额中的财政补助支出数填列。

表 14-3　　**财政补助收入支出表**　　会事业 03 表

编制单位：　　年度　　单位：元

项　目	本年数	上年数
一、年初财政补助结转结余		—
（一）基本支出结转		—
1.人员经费		—
2.日常公用经费		—
（二）项目支出结转		—
××项目		—
（三）项目支出结余		—
二、调整年初财政补助结转结余		—
（一）基本支出结转		—
1.人员经费		—
2.日常公用经费		—
（二）项目支出结转		—
××项目		—
（三）项目支出结余		—
三、本年归集调入财政补助结转结余		
（一）基本支出结转		
1.人员经费		
2.日常公用经费		
（二）项目支出结转		
××项目		
（三）项目支出结余		
四、本年上缴财政补助结转结余		
（一）基本支出结转		
1.人员经费		
2.日常公用经费		
（二）项目支出结转		
××项目		
（三）项目支出结余		
五、本年财政补助收入		
（一）基本支出		
1.人员经费		
2.日常公用经费		
（二）项目支出		
××项目		
六、本年财政补助支出		
（一）基本支出		
1.人员经费		
2.日常公用经费		
（二）项目支出		
××项目		
七、年末财政补助结转结余		—
（一）基本支出结转		—
1.人员经费		—
2.日常公用经费		—
（二）项目支出结转		—
××项目		—
（三）项目支出结余		—

（7）“年末财政补助结转结余”项目及其所属各明细项目，反映事业单位截至本年末的财政补助结转和结余余额。各项目应当根据“财政补助结转”“财政补助结余”科目及其所属明细科目的年末余额填列。

四、事业单位会计报表说明及会计报表附注

（一）事业单位会计报表说明

事业单位年度决算报表应编制会计报表说明。会计报表说明是会计报表不可或缺的组成部分，是对在资产负债表、收入支出表等会计报表中列示项目的文字描述或明细资料，以及对未能在这些会计报表中列示项目的说明等。会计报表中的数字是经过分类与汇总后得到的结果，是对事业单位发生的经济事项的高度简化和浓缩的数字，如果没有形成这些数字所使用的会计政策、理解这些数字所必需的说明，会计报表就不可能充分发挥效用。因此，会计报表说明与资产负债表、收入支出表等会计报表具有同等的重要性，是会计报表的重要组成部分，是会计报表使用者了解事业单位的财务状况、收支情况的主要补充。

事业单位会计报表说明的内容，应该包括事业单位会计报表的编制范围、依据，编制单位的基本情况，收支总体情况，资产、负债、净资产状况，财政补助收支预算执行情况，基本支出、项目支出具体情况，主要财务指标分析及其他有关情况说明。

（二）事业单位会计报表附注

事业单位会计报表附注是对在会计报表中列示项目所做的进一步说明，以及对未能在这些会计报表中列示项目的说明等。编制附注的目的是通过对会计报表本身做补充说明，以更加全面、系统地反映事业单位财务状况、收支情况的全貌，从而有助于向会计报表的使用者提供更为有用的信息，做出更加科学合理的决策。

事业单位的会计报表附注至少应当披露下列内容：

（1）遵循《事业单位会计准则》《事业单位会计制度》的声明。

（2）单位整体财务状况、业务活动情况的说明。

（3）会计报表中列示的重要项目的进一步说明，包括其主要构成、增减变动情况等。

（4）重要资产处置情况的说明。

（5）重大投资、借款活动的说明。

（6）以名义金额计量的资产名称、数量等情况，以及以名义金额计量理由的说明。

（7）以前年度结转结余调整情况的说明。

（8）有助于理解和分析会计报表需要说明的其他事项。

本章小结

本章讲述了事业单位年终清理结算、结账业务，以及主要会计报表的内容和编制方法。

年度终了，事业单位应根据财政部门或上级主管部门年终决算的要求，将本期内所发生的各项经济业务全部登记入账，并进行对账工作，包括账证核对、账账核对和账实核对，在保证账证相符、账账相符和账实相符的基础上办理年度结账，编制决算报表。

事业单位会计报表是反映事业单位财务状况和收支情况的书面文件，是财政部门和上级主管部门了解情况、掌握政策、指导单位预算执行工作的重要资料，也是编制下年度单位财务收支计划的基础。按照反映的经济内容，事业单位会计报表可分为资产负债表、收支决算表、收入决算表、支出决算表、事业支出明细表、经营支出明细表、财政补助收支决算表、事业基金增减变动情况表、专用基金增减变动情况表等。